Handelsrecht
mit Gesellschaftsrecht

Von Prof. Dr. iur. Rainer Wörlen
Fachhochschule Schmalkalden
Fachbereich Wirtschaftsrecht

unter Mitarbeit von
Prof. Dr. iur. Karin Metzler-Müller
Verwaltungsfachhochschule Wiesbaden

9., überarbeitete und verbesserte Auflage

Carl Heymanns Verlag 2008

Bibliografische Information der Deutschen Bibliothek

Die Deutsche Bibliothek verzeichnet diese Publikation in der Deutschen Nationalbibliografie; detaillierte bibliografische Daten sind im Internet über http://dnb.ddb.de abrufbar.

1. Auflage	1992
2. Auflage	1996
3. Auflage	1998
4. Auflage	1999
5. Auflage	2002
6. Auflage	2003
7. Auflage	2005
8. Auflage	2006
9. Auflage	2008

© Carl Heymanns Verlag GmbH · Köln · München 2008
Ein Unternehmen von Wolters Kluwer Deutschland

E-Mail: info@wolterskluwer.de
http://www.wolterskluwer.de

ISBN 978-3-452-26795-5

Satz: John + John, Köln

Druck und Verarbeitung: Drukkerij Wilco, NL-Amersfoort

Gedruckt auf säurefreiem und alterungsbeständigem Papier

Für Antje, Toni und Mick

»Am Handel
lernt man den Wandel«*

* *Simrock*, Nr. 4319

Vorwort

Das Buch wendet sich in erster Linie an Studierende der Wirtschaftswissenschaften und verwandter Disziplinen, deren Studienplan »Handelsrecht« aufweist. Es soll und kann aber auch juristischen Studienanfängern sowie künftigen Dipl.-Wirtschaftsjuristen (FH) als **erster Einstieg** sehr hilfreich sein.

Die Zielsetzung dieses Buchs ist im nachfolgenden Vorwort zur 1. Auflage eingehend beschrieben. Das didaktische Konzept »Lernen im Dialog« hat sich bewährt und wurde beibehalten.

Den Studierenden, die mit diesem Buch arbeiten, sei die Lektüre des nachfolgenden »Vorworts zur ersten Auflage – zugleich eine Arbeitsanleitung« wärmstens empfohlen!

Kritischen Anregungen zur Vorauflage bin ich gerne gefolgt und habe einige Verbesserungen vorgenommen.

Die Literatur wurde wesentlich umfangreicher und wie die Rechtsprechung auf den möglich neuesten Stand gebracht.

Während der stets überschaubare Umfang dieses Buchs (die verminderte Seitenzahl gegenüber der Vorauflage ergibt sich aus dem neuen Druckformat) unverändert gelassen wurde, habe ich die »Literatur zur Vertiefung« um eine Vielzahl von Aufsätzen, insbesondere aus den drei großen, für Studierende besonders verständlichen Ausbildungszeitschriften JA, JURA und JuS, erweitert. Dabei habe ich mich – abgesehen von einigen fundamentalen Ausnahmen – auf Beiträge ab 1998 (Handelsrechtsreform) beschränkt.

Was hier nicht dargestellt oder näher ausgeführt wird, ist in der »Literatur zur Vertiefung«, auf die am Ende von Kapiteln und Unterabschnitten verwiesen wird, bei Bedarf nachzulesen.

Mein Dank für konstruktive Kritik und Hinweise auf Druckfehler in der Vorauflage gilt nicht nur freundlichen Kolleginnen und Kollegen, sondern auch vielen Studierenden, die das Buch sehr aufmerksam gelesen und mir zahlreiche E-Mails geschickt haben.

Hinweise und Anregungen zur Verbesserung nehme ich weiterhin stets gerne und dankbar entgegen. Die Fehler, die *jedem* hin und wieder unterlaufen, können nur berichtigt werden, wenn sie mir mitgeteilt werden.

Meine Privatanschrift lautet:
Hauptstr. 472 – Residenz 46
53639 Königswinter
Fax: 02223/900170
E-Mail: r.woerlen@t-online.de
Internet: www.r-woerlen.de.

Königswinter/Schmalkalden, November 2007   *Rainer Wörlen*

Aus dem Vorwort zur 1. Auflage
– zugleich eine Arbeitsanleitung –

Das vorliegende Buch basiert auf meinen Vorlesungen zum »Wirtschaftsrecht« im Fachbereich Versicherungswesen der Fachhochschule Köln. Zum »Wirtschaftsrecht« im Sinne des dort gültigen Studienplans zählen insbesondere die »Grundbegriffe« des gesamten Bürgerlichen Rechts, wobei der Schwerpunkt selbstverständlich auf den wirtschaftlich relevanteren ersten drei Büchern des BGB liegt, während das Familien- und das Erbrecht nur kurz angesprochen werden. Darüber hinaus erhalten die künftigen Diplom-Betriebswirte im Rahmen ihres Grundstudiums kurze Einführungen in das Handelsrecht (inklusive ein wenig Gesellschaftsrecht) sowie in das Arbeitsrecht.

Im Wintersemester 1990/91 habe ich einen Lehrauftrag »Recht für Wirtschaftswissenschaftler« an der wirtschaftswissenschaftlichen Fakultät der Heinrich-Heine-Universität Düsseldorf durchgeführt. Die Arbeit mit den Studierenden des dortigen Studiengangs »Betriebswirtschaftslehre« sowie die ermunternden Rezensionen zu meinen Büchern zum BGB haben gezeigt, dass das *inhaltliche* Konzept dieser Bücher als Einstiegsliteratur für Studierende der Wirtschaftswissenschaften und des Wirtschaftsrechts an Fachhochschulen und Universitäten gleichermaßen geeignet ist.

»Einführungen«, »Grundzüge« und dergleichen haben gemeinsam, dass sie niemals vollständig sein können. So ist es nicht Ziel dieses Buchs, die Vielzahl der auf dem Markt befindlichen, zum Teil vorzüglichen und viel umfassenderen Einführungswerke nur um eine andersartige Stoffauswahl zu ergänzen (auf einige dieser Werke wird oft unter der Überschrift »Literatur zur Vertiefung« ebenso verwiesen wie auf spezielle Lehrbücher).

Der *Zweck meiner Bücher* ist vielmehr ein »didaktisch-pädagogischer«: *Den Studierenden soll der Stoff nicht in einem vortragsähnlichen Monolog nahegebracht werden, sondern – wie es in der praxis- und anwendungsbezogenen Lehre an Fachhochschulen üblich ist – in Form eines »Lehrgesprächs«.* Ihnen soll anhand von zur Thematik hinführenden Fragen oft Gelegenheit gegeben werden, sich *zunächst eigene Gedanken* zu machen, bevor sie die Antworten lesen, die den Stoff lehrbuchartig darbieten.

Bei der Darstellung des Stoffs wird weitgehend die sogenannte »Fall-Methode« angewandt: »Das Recht« wird in der Praxis des täglichen Lebens von Rechtsfällen (Rechtsstreitigkeiten) beherrscht; so liegt es nahe, eine praxis- und anwendungsbezogene Lehre am »Fall« zu orientieren. Ein solcher Fall endet regelmäßig mit einer Frage, und zu dieser Frage sollten die Studierenden bei der Durcharbeitung dieses Buchs wiederum – *auch ohne besondere Aufforderung* – zunächst *eigene Überlegungen* anstellen, bevor sie weiterlesen.

Erfolgreiches Lernen bedeutet schließlich nicht nur **Lesen** und **Nachdenken,** sondern immer und immer wieder: **Wiederholen!** Um den Studierenden Gelegenheit zu geben zu überprüfen, was von dem zuvor im Lehrgespräch Erarbeiteten (bzw. hier Gelesenen) im Gedächtnis haften geblieben ist, werden ihnen am Ende von Teilabschnitten Stoffgliederungsübersichten, Merksätze und Prüfungsschemata dargeboten. Sollte man bei der Lektüre dieser Übersichten feststellen, dass man der Zusammenfassung nicht ohne Schwierigkeiten folgen kann, sollte man tunlichst zurückblättern, um den Stoff nachzuarbeiten! Gegebenenfalls mache man sich Notizen, um einem »Problem« anhand von vertiefender Literatur nachzugehen.

Juristische »Probleme« werden ohnehin in diesem Buch bewusst nicht ausführlich erörtert – dies bleibe den Juristen »unter sich« überlassen! ... In einem juristischen Einführungswerk, das sich in erster Linie an Wirtschaftswissenschaftler, aber auch an Anfänger, die Jura oder Wirtschaftsrecht studieren, wendet, sollten Zitate wie »BGHZ« oder »BGH NJW« *grundsätzlich*, ebenso, wie solche von umfangreichen »Klassiker«-Lehrbüchern oder dickleibigen Kommentaren, sehr zurückhaltend verwendet werden!

Um Missverständnisse dieser »Kritik« zu vermeiden: Solche Zitate sind in Einführungswerken wie dem vorliegenden zurückhaltend zu verwenden, wenn sie dazu dienen sollen, die Studierenden zu animieren, einen angesprochenen »Meinungsstreit« zu einem juristischen »Problem« durch die Lektüre dieser Zitate (z.B.: »vgl. dazu *Baumbach/Hopt,* Einl. v. § 1, Rdnr. 33, m. w. N. zum Meinungsstreit«) *nachzuarbeiten!* Das trägt meist eher zur Verwirrung als zur Klärung bei. Zur Nacharbeitung des dargebotenen Stoffs dienen die konkreten Literaturhinweise »Zur Vertiefung« am Ende von Abschnitten innerhalb des Textes.

Wenn z. B. »*Baumbach/Hopt*«, ein sog. »Lehrbuchklassiker«, ein BGH-Urteil, ein ganz spezieller Zeitschriftenaufsatz u.Ä. in meinen Fußnoten manchmal dennoch erscheinen, dann i. d. R. nur, um – der Zitierwahrheit entsprechend – zu *belegen,* dass die eine oder andere Passage den Formulierungen dieser zitierten Werke nachempfunden wurde (weil man es selbst treffender nicht mehr ausdrücken kann)...

Damit die Studierenden durch die Fußnoten in diesem Buch nicht unnütz vom Lernen abgelenkt werden, empfehle ich, wie folgt zu verfahren:

Betrachten Sie nur **fett gedruckte Fußnotentexte** als Pflichtlektüre!

Den *kursiv gedruckten Fußnotentexten* sollten Sie nur nachgehen, wenn Sie Zeit und Interesse haben, etwas *mehr* zu erfahren als in den Prüfungen von Ihnen verlangt wird.

Die mager gedruckten Fußnotentexte brauchen Sie überhaupt nicht zu lesen (= »Belege/Zitierwahrheit«).

Schließlich soll dieses Buch bei der Stoffvermittlung auch ein wenig an die zivilrechtliche, gutachtliche Denkweise heranführen, deren Beherrschung für die Anfertigung von Prüfungsklausuren geboten ist. Bisweilen wird der Stoff, den ein Fall vermitteln soll, daher in gutachtenähnlicher Form »klausurmäßig« aufbereitet.

Zur Perfektionierung Ihrer Klausurtechnik sollten die Studierenden meine (in demselben Verlag erschienene) »Anleitung zur Lösung von Zivilrechtsfällen« durcharbeiten (vgl. Literaturverzeichnis).

Es ist kein Zufall, dass in diesem Vorwort so häufig vom »*Arbeiten*« (*Durch*arbeiten und *Nach*arbeiten – auch *Vor*arbeiten kann nicht schaden!) die Rede ist. Es soll ja zugleich eine *Arbeits*anleitung sein.

»Ohne Arbeit kein Erfolg!« oder »Ohne Fleiß kein Preis!« sind nicht etwa Allgemeinplätze, sondern »die reine Wahrheit, nichts als die Wahrheit!« Das Arbeiten (Synonym: Studieren!) kann dieses Buch, wie auch andere, nicht ersetzen. Es kann und soll die Arbeit aber erleichtern und auflockern!

Bevor Sie mit der Lektüre beginnen, noch ein letzter Ratschlag, der, obwohl eigentlich selbstverständlich, nicht oft genug wiederholt werden kann: **Lesen Sie jede zitierte Vorschrift (=§!) sorgfältig durch.** Wenn Sie dieses Buch durcharbeiten, ist die ständige Benutzung (Lektüre) von Texten des HGB und BGB unerlässlich. Ausreichend und empfehlenswert ist die Anschaffung der neuesten Auflagen der entsprechenden Textsammlungen »Beck-Texte im dtv«: BGB (Nr. 5001 mit einer lesenswerten Einführung von *Köhler*) und HGB (Nr. 5002 mit einer Einführung von *Fleischer*). Gleiches gilt für die NWB-Textausgabe »Wichtige Gesetze des Wirtschaftsprivatrechts« mit der Einführung von *Güllemann*. Den Hinweis »*Lesen!*« werden Sie im Text dieses Buchs immer wieder finden. Wenn ich die Wichtigkeit der Gesetzeslektüre in meiner »*Anleitung zur Lösung von Zivilrechtsfällen*« noch mit dem Satz »Die halbe Juristenwahrheit steht im Gesetz« unterstrichen habe, so möchte/muss ich dem noch hinzufügen: »*Die Hälfte aller Fehler in juristischen Anfängerklausuren könnte vermieden werden, wenn die Bearbeiter die zitierten Vorschriften (genauer) lesen würden.*«

Köln, im März 1992   *Rainer Wörlen*

Inhalt

Verzeichnis der Übersichten

Verzeichnis der Abbildungen

Abkürzungen

a. A.	anderer Ansicht
a. a. O.	am angegebenen Ort
Abb.	Abbildung
Abs.	Absatz
Abschn.	Abschnitt
AcP	Archiv für civilistische Praxis (Zeitschr.)
ADSp.	Allgemeine Deutsche Spediteurbedingungen
a. F.	alte Fassung
AG	Aktiengesellschaft
AGB	Allg. Geschäftsbedingungen
AktG	G. ü. Aktiengesellschaften u. Kommanditgesellschaften auf Aktien (Aktiengesetz)*
allg.	allgemein/e(r)/(s)
Anm.	Anmerkung
apf	Ausbildung, Prüfung, Fortbildung (Zeitschr.)
arg.	Argument (lat.: argumentum)
Art./Artt.	Artikel/= Plural
Aufl.	Auflage
AV	Allg. Verwaltungsvorschrift; Ausführungsverordnung; Verordnung zur Ausführung
BB	Der Betriebs-Berater (Zeitschr.)
Bd.	Band
Begr.	Begründung
Bek.	Bekanntmachung
Bekl.	Beklagte(r)
betr.	betreffend; betrifft
BGB	Bürgerliches Gesetzbuch
BGBl.	Bundesgesetzblatt
BGH	Bundesgerichtshof
BGHZ	Entscheidungen des Bundesgerichtshofs in Zivilsachen
BiRiLiG	Bilanzrichtliniengesetz
Br.	Brandenburg
BR	Bürgerliches Recht
BRAGO	Bundesgebührenordnung für Rechtsanwälte
BRAO	Bundesrechtsanwaltsordnung
BR-Drucks.	Bundesrats-Drucksache
Buchst.	Buchstabe
bzw.	beziehungsweise
Co.	Compagnon (= Gesellschafter)
CR	Computer und Recht (Zeitschr.)
d.	das/der/des/die
DB	Der Betrieb (Zeitschr.)
d. h.	das heißt
DIHT	Deutscher Industrie- und Handelstag
ders.	derselbe
dies.	dieselben
dgl.	dergleichen
DNotZ	Deutsche Notar-Zeitschrift
dt., dtsch.	deutsch/e/er/s
dtv	Deutscher Taschenbuch Verlag
e. G.	eingetragene Genossenschaft
EG	Europäische Gemeinschaften
EGAktG	Einführungsgesetz zum Aktiengesetz
EGHGB	Einführungsgesetz zum Handelsgesetzbuch
Einf.	Einführung
Einl.	Einleitung
erw.	erweitert(e)
EStG	Einkommensteuergesetz

* **Die Fundstellen von Gesetzen finden Sie im »Abkürzungsverzeichnis der Rechtssprache« von *Kirchner/Butz* (vgl. Lit.verz.), über dessen Zweck und Qualität Sie sich in *meiner* Rezension in JURA 2004, S. 502 f. informieren können!**

etc.	et cetera
evtl.	eventuell
EWIV	Europäische wirtschaftliche Interessenvereinigung
f.	für/folgende (Seite)
Fa.	Firma
ff.	folgende (Seiten)
fG	freiwillige Gerichtsbarkeit
FGG	G. ü. d. Angelegenheiten d. freiwilligen Gerichtsbarkeit
Fn.	Fußnote
frz.	französisch
G.	Gesetz
GbR	Ges. d. bürgerlichen Rechts
Ges.	Gesellschaft
gem.	gemäß
Gen.	Genossenschaft
GenG	G. betr. d. Erwerbs- u. Wirtschaftsgenossenschaften (Genossenschaftsgesetz)
Ger.	Gericht
GewO	Gewerbeordnung
ggf.	gegebenenfalls
GmbH	Ges. m. beschränkter Haftung
GmbHG	G. betr. d. Gesellschaften m. beschränkter Haftung
GR	Gesellschaftsrecht
GST	Gesellschafter
GWB	G. gegen Wettbewerbsbeschränkungen (Kartellgesetz)
h.M.	herrschende Meinung
HGB	Handelsgesetzbuch
HR	Handelsrecht
HRefG	Handelsrechtsreformgesetz
HReg.	Handelsregister
Hrsg.	Herausgeber
hrsg.	herausgegeben
HRV	AV ü.d. Einrichtung u. Führung d. Handelsregisters (Handelsregisterverfügung)
HV	Handlungsvollmacht, Handelsvertreter
i. d. F.	in der Fassung
i. d. R.	in der Regel

insbes.	insbesondere
InsO	Insolvenzordnung
inkl.	inklusive
i. S. d.	im Sinne der/s
i. S. v.	im Sinne von
i. V. m.	in Verbindung mit
it.	italienisch
iur.	iuris (lat. »des Rechts«)
JA	Juristische Arbeitsblätter (Zeitschr.)
j. P.	juristische Person
Jan.	Januar
JURA	Juristische Ausbildung (Zeitschr.)
jur-pc	Juristische PC (Zeitschr.)
JuS	Juristische Schulung (Zeitschr.)
JZ	Juristenzeitung
Kap.	Kapitel
Kfm./kfm.	Kaufmann/kaufmännisch
KG	Kommanditgesellschaft
KGaA	Kommanditgesellschaft auf Aktien
Kl.	Kläger(in)
Komm.	Kommentar
KStG	Körperschaftsteuergesetz
landw.	landwirtschaftlich
lat.	lateinisch
Lit.verz.	Literaturverzeichnis
LPG	Landwirtschaftliche Produktionsgenossenschaft
m.	mit
MarkenG	Gesetz über den Schutz von Marken und sonstigen Kennzeichen (Markengesetz)
m. w. N.	mit weiteren Nachweisen
mind.	mindestens
Mio.	Millionen
mündl.	mündlich
n. F.	neue Fassung
NJW	Neue Juristische Wochenschrift

NL-BZAR	Neue Landwirtschaft – Briefe zum Agrarrecht	& Co.	und Compagnie (= Gesellschaft)
NZG	Neue Zeitschrift für Gesellschaftsrecht	unstr.	unstreitig
		UrhG	G. ü. Urheberrecht u. verwandte Schutzrechte (Urheberrechtsgesetz)
O	Ordnung		
od.	oder	usw.	und so weiter
öff., öffentl.	öffentlich	u. U.	unter Umständen
oHG	offene Handelsgesellschaft	UWG	G. gegen den unlauteren Wettbewerb
PatG	PatentG		
PartGG	Partnerschaftsgesellschaftsgesetz	v.	von/vor
		VAG	G. ü. d. Beaufsichtigung d. privaten Versicherungsunternehmungen u. Bausparkassen (Versicherungsaufsichtsgesetz)
PG	Partnerschaftsgesellschaft		
p.V.V.	positive Vertragsverletzung		
R	Recht	Var.	Variante
Rdnr.	Randnummer	verb.	verbessert(e)
rechtl.	rechtlich	VerlG	G. ü. d. Verlagsrecht
Rev.	Revision	vgl.	vergleiche
RG	Reichsgericht	VN	Versicherungsnehmer
RGBl.	Reichsgesetzblatt	VO	Verordnung
RGZ	Entscheidungen des Reichsgerichts in Zivilsachen	Vorb.	Vorbereitung; Vorbemerkung
RMBl.	Reichsministerialblatt	VStG	Vermögensteuergesetz
RVG	Rechtsanwaltsvergütungsgesetz	VU	Versicherungsunternehmer/n
		VVaG	Versicherungsverein auf Gegenseitigkeit
S.	Satz; Seite		
s.	siehe	WE	Willenserklärung
SaR	Sachenrecht	WG	Wechselgesetz
SE	Societas Europaea	WM	Wertpapiermitteilungen (Zeitschr.)
s. o.	siehe oben		
s. u.	siehe unten	WR	Wirtschaftsrecht (Zeitschr.)
ScheckG	Scheckgesetz	WZG	Warenzeichengesetz
schriftl.	schriftlich		
sog.	sogenannt/e/r	z.	zum; zur
StG	Stille Gesellschaft	z. B.	zum Beispiel
StGB	Strafgesetzbuch	Zeitschr.	Zeitschrift
		ZGR	Zeitschrift für Unternehmens- und Gesellschaftsrecht
Teilbd.	Teilband		
TRG	Transportrechtsgesetz	ZGS	Zeitschrift für das gesamte Schuldrecht
u.	und; unten; unter	ZHR	Zeitschrift für das gesamte Handels- und Wirtschaftsrecht
u. Ä.	und Ähnlich/e/r		
u. a.	unter anderem		
ü.	über		
überarb.	überarbeitet		

Ziff.	Ziffer	ZR	Zivilrecht(ssachen)
ZIP	Zeitschrift für Wirtschafts- recht und Insolvenzpraxis	ZRP Ztr.	Zeitschrift für Rechtspolitik Zentner
zit.	zitiert	zus.	zusammen
ZPO	Zivilprozessordnung	Zwgst.	Zweigstelle

Literatur

Aufsätze ...	erscheinen – mit vollem Titel – nur in der jeweiligen »Literatur zur Vertiefung« am Ende von Kapiteln sowie Unterabschnitten und werden in den Fußnoten nur mit den Fundstellen zitiert.
Alpmann/Brockhaus	Fachlexikon Recht, 2. Aufl. 2005
Alpmann und Schmidt	(Juristische Lehrgänge), Handelsrecht, 10. Aufl. 2006 (zit. HR), von *J. A. Alpmann*; Gesellschaftsrecht, 13. Aufl. 2007 (zit. GR), von *J. A. Alpmann* und *F. Mohr*
Baumbach/Hopt	Handelsgesetzbuch, Komm., 33. Aufl. 2007
Bokelmann	Das Recht der Firmen- und Geschäftsbezeichnungen, 5. Aufl. 2000
Bredow/Seiffert	Incoterms 2000, 2000
Brehm	Freiwillige Gerichtsbarkeit, 3. Aufl. 2002
Brox/Henssler*	Handelsrecht (mit Grundzügen des Wertpapierrechts), 19. Aufl. 2007
Brox/Walker*	Besonderes Schuldrecht, 32. Aufl. 2007
Bülow	Handelsrecht, 5. Aufl. 2005
Canaris	Handelsrecht, 24. Aufl. 2006
Creifelds*	Rechtswörterbuch, 19. Aufl. 2007
Duden (Hrsg.)	Duden Band 7 – Das Herkunftswörterbuch – Etymologie der deutschen Sprache, 4. Aufl. 2007
Ebenroth/Boujong/Joost	Handelsgesetzbuch, Kommentar, Band 1, §§ 1–342a; Band 2, §§ 343–475h, 2. Aufl. 2007 (zit. E/B/J/*Bearbeiter*)
Eisenhardt	Gesellschaftsrecht, 13. Aufl. 2007
Enders/Heße	Gesellschafts- und Handelsrecht, 2. Aufl. 2005
Fezer	Klausurenkurs im Handelsrecht, 4. Aufl. 2006
Führich	Wirtschaftsprivatrecht, 8. Aufl. 2006
Glanegger/Kirnberger/ Kusterer u. a.	Heidelberger Kommentar zum Handelsgesetzbuch – Handelsrecht – Bilanzrecht – Steuerrecht, 7. Aufl. 2007 (zit. HeidelbergKomm/*Bearbeiter*)
Gruber	Handelsrecht – Schnell erfasst, 5. Aufl. 2006 (zit. Handelsrecht)
ders.	Gewerblicher Rechtsschutz und Urheberrecht – Eine kompakte Darstellung zum schnellen Einstieg, 2. Aufl. 2007 (zit. Rechtsschutz)
Grunewald	Gesellschaftsrecht, 6. Aufl. 2005
dies.	Einführung in das Kapitalmarktrecht, 2007
Hakenberg	Europarecht, 4. Aufl. 2007

Hofmann	Handelsrecht, 11. Aufl. 2002
Hübner	Handelsrecht, 5. Aufl. 2004
Hueck	Gesellschaftsrecht, 20. Aufl. 1998
Jauernig (Hrsg.)	Bürgerliches Gesetzbuch, Komm., 12. Aufl. 2007 (zit. Jauernig/*Bearbeiter*)
Jung	Handelsrecht, 6. Aufl. 2007
Kirchner/Butz	Abkürzungsverzeichnis der Rechtssprache, 6. Aufl. 2007
Koller/Roth/Morck	Handelsgesetzbuch, Kommentar, 6. Aufl. 2007
Kollhosser/Bork	Freiwillige Gerichtsbarkeit, 2. Aufl. 2002
Kraft/Kreutz	Gesellschaftsrecht, 12. Aufl. 2007
Kübler	Gesellschaftsrecht, 6. Aufl. 2006
Liebs	Lateinische Rechtsregeln und Rechtssprichwörter, 7. Aufl. 2007
Martinek/ Wimmer-Leonhard	Handels-, Gesellschafts- und Wertpapierrecht, 58 Fälle und Lösungen, 4. Aufl. 2007 (zit. Martinek)
Medicus	Schuldrecht II, Besonderer Teil, 14. Aufl. 2007
Müglich	Transportrecht; Einführung, Kommentar, Texte, 2. Aufl. 2008 (im Druck)
ders.	Transport- und Logistikrecht, 2002
Münchener Kommentar	zum Handelsgesetzbuch, Band 1: §§ 1–104, 2. Aufl. 2005; Band 2: §§ 150–160, 2. Aufl. 2006; Band 3: §§ 161–237, 2. Aufl. 2007; hrsg. v. *Schmidt* (zit. MüKo/*Bearbeiter*)
*Nawratil***	BGB leicht gemacht, 29. Aufl. 2006
Oetker	Handelsrecht, 5. Aufl. 2006
Palandt (Hrsg.)	Bürgerliches Gesetzbuch, Komm., 67. Aufl. 2008 (zit. Palandt/*Bearbeiter*)
Raisch	Die Abgrenzung des Handelsrechts vom Bürgerlichen Recht als Kodifikationsproblem im 19. Jahrhundert, 1962 (zit. Abgrenzung)
ders.	Geschichtliche Voraussetzungen, dogmatische Grundlagen und Sinnwandlung des Handelsrechts, 1965 (zit. Voraussetzungen)
Romain/Bader/Byrd	Wörterbuch der Rechts- und Wirtschaftssprache, Teil I: Englisch-Deutsch, 5. Aufl. 2000
Roth	Handels- und Gesellschaftsrecht, 6. Aufl. 2001
Saar/Müller	35 Klausuren aus dem Handels- und Gesellschaftsrecht – mit Lösungsskizzen, 3. Aufl. 2006
Schade	Wirtschaftsprivatrecht – Grundlagen des bürgerlichen Rechts sowie Handels- und Wirtschaftsrechts, 2006
Schackmar	Die Lieferpflicht des Verkäufers in internationalen Kaufverträgen – UN-Kaufrecht und INCOTERMS –, 2001

Schäfer	Studienbuch Europarecht – Das Wirtschaftsrecht der EG, 3. Aufl. 2006
Schmidt, K.	Handelsrecht, 5. Aufl. 1999 (zit. HR)
ders.	Gesellschaftsrecht, 4. Aufl. 2002 (zit. GR)
Schünemann	Wirtschaftsprivatrecht, 5. Aufl. 2006
Schulze/Dörner/Ebert/ Eckert/Hoeren u. a.	Bürgerliches Gesetzbuch, Handkommentar, 5. Aufl. 2007 (zit.: Hk-BGB/*Bearbeiter*)
Schwabe/Pelzer	Lernen mit Fällen – Handels- und Gesellschaftsrecht, Musterlösungen im Gutachtenstil, 2. Aufl. 2007
Simrock	Die deutschen Sprichwörter (1846), Nachdruck 1995
Steckler	Kompendium Wirtschaftsrecht, 7. Aufl. 2006
Steding	Handels- und Gesellschaftsrecht, 3. Aufl. 2002
Timm/Schöne	Fälle zum Handels- und Gesellschaftsrecht, Bd. 1, 6. Aufl. 2006
Ulmer	Der Vertragshändler, 1969
Wiedemann	Gesellschaftsrecht. Ein Lehrbuch des Unternehmens- und Verbandsrechts, Band 2: Recht der Personengesellschaften, 2004
ders./Fleischer	Handelsrecht einschließlich Bilanzrecht (Prüfe dein Wissen), 8. Aufl. 2004
ders./Frey	Gesellschaftsrecht, 7. Aufl. 2007
Wieske	Transportrecht – Schnell erfasst, 2003
Wörlen*	Anleitung zur Lösung von Zivilrechtsfällen, Methodische Hinweise und Musterklausuren, 8. Aufl. 2007
ders.*	BGB AT – Einführung in das Recht und Allgemeiner Teil des BGB, 10. Aufl. 2008 (zit. BGB AT = im Druck)
ders.*	Schuldrecht AT, 9. Aufl. 2008 (zit. SchR AT = im Druck)
ders.*	Schuldrecht BT, 8. Aufl. 2006 (zit. SchR BT)
ders.*	Sachenrecht, 7. Aufl. 2007 (zit. SaR)
ders./Kokemoor*	Arbeitsrecht, 8. Aufl. 2007
ders./Metzler-Müller*	Zivilrecht – 1000 Fragen und Antworten: Bürgerliches Recht, Handelsrecht, Arbeitsrecht; 6. Aufl. 2007 (zit.: Handelsklauseln ...)
dies.	Handelsklauseln im nationalen und internationalen Warenverkehr, 1997/8
Zerres	Marketingrecht – Rechtsrahmen einer marktorientierten Unternehmensführung, 2002

* Diese Werke sind besonders gut für Anfänger geeignet.

1. Kapitel Begriff, Entstehung und Regelungsbereich des Handelsrechts

I. Begriff

Das Handelsrecht wird gemeinhin – eingeschliffener Begrifflichkeit zufolge – als **1** *Sonderprivatrecht der Kaufleute* bezeichnet![1]

Dies erklärt sich zum einen aus der Stellung des Handelsrechts innerhalb unseres Rechtssystems. Wie Sie wissen[2], ist unser Rechtssystem in zwei große Bereiche eingeteilt, das öffentliche Recht und das Privatrecht.

■ Zur Wiederholung: Worin besteht, vereinfacht ausgedrückt, der Unterschied zwischen Privatrecht und öffentlichem Recht?

▷ Während das öffentliche Recht neben den Beziehungen von staatlichen Hoheitsträgern untereinander die Beziehungen von Hoheitsträgern zu den Bürgern auf der Ebene der Über- und Unterordnung regelt, betrifft das Privatrecht die Beziehungen der Beteiligten auf der Ebene der Gleichordnung.

Das Handelsrecht, wenngleich es bisweilen auch öffentlich-rechtliche Normen[3] enthält, bildet einen Teil des Privatrechts[4], insbesondere des Wirtschaftsprivatrechts[5].

Als *Sonder*privatrecht wird das Handelsrecht bezeichnet, um es von dem *allgemeinen,* vornehmlich im Bürgerlichen Gesetzbuch niedergelegten, Privatrecht abzugrenzen. Als Sonderprivatrecht gilt Handelsrecht nur für eine bestimmte Gruppe von Rechtssubjekten[6]: es gilt nur für Kaufleute im Rechtssinn. Der Geltungsbereich des deutschen Handelsrechts ist somit nach dem *subjektiven System* ausgerichtet[7].

Für das subjektive System ist also charakteristisch, dass es die Geltung han- **2** delsrechtlicher Vorschriften von einer *persönlichen Eigenschaft* eines der beteiligten Rechtssubjekte – eben der Kaufmannseigenschaft – abhängig macht. Im Gegensatz dazu steht das *objektive System*, das für die Geltung von handelsrechtlichen Vorschriften auf die Eigenart des jeweiligen *Rechtsgeschäfts*, das abgeschlossen wurde, abstellt. Dieses System wird z. B. im französischen Handelsrecht bevorzugt, das in Artt. 1 und 633 des »Code de Commerce« das Vorliegen eines »acte de commerce« (Handelsgeschäft) als Voraussetzung für die Anwendbarkeit des Handelsrechts verlangt.[8]

Grundsätzlich gelten *auch* die Vorschriften des BGB für Kaufleute, allerdings nur subsidiär.

1 Vgl. *Fleischer*, Einführung HGB, Beck-Texte im dtv, Nr. 5002, S. IX.
2 Vgl. *mein* BGB AT, Rdnr. 12 ff.
3 **Z. B. die §§ 8 ff. HGB.**
4 Vgl. *mein* BGB AT, Übersicht 3, Rdnr. 18.
5 Zum Begriff, *ebenda*, Rdnrn. 19 ff.
6 Vgl. *a. a. O.*, Rdnrn. 42, 48, 71 ff.
7 *Schmidt*, HR, § 1 I 1.
8 Vgl. *Canaris*, § 1, 1 b – mit kritischer Würdigung beider Systeme.

3 ■[9]Was das »Subsidiaritätsprinzip« in diesem Zusammenhang bedeutet, sollte Ihnen (noch) bekannt sein[10].

▷ Wenn die Vorschriften des BGB für Kaufleute nur subsidiär gelten, so bedeutet das, dass sie nur insoweit Anwendung finden, als es für den jeweiligen Sachverhalt keine Sondervorschriften gibt[11].

Sondervorschriften für Kaufleute enthält vor allem das Handelsgesetzbuch vom 10. Mai 1897, das an demselben Tag in Kraft getreten ist wie das BGB und zum 1. Juli 1998 durch das Handelsrechtsreformgesetz endlich etwas modernisiert wurde.

■ An welchem Tag traten das BGB und das HGB in Kraft? Denken Sie nach ...

▷ ... bevor Sie Fußnote[12] lesen!

II. Entstehung

3a Das Handelsrecht ist aus deutschen Stadtrechten des Mittelalters hervorgegangen und stark beeinflusst vom italienischen und vor allem vom französischen Handelsrecht, für das es bereits seit 1807 eine gesetzliche Kodifikation, eben den »*Code de Commerce*«, gab. Im Gegensatz zum BGB, das, wie Sie wissen, als einheitliches Gesetzeswerk damals völlig neu konzipiert wurde, hatte das HGB von 1897 bereits einen Vorläufer, nämlich das »*Allgemeine Deutsche Handelsgesetzbuch*« von 1861[13]. Darüber hinaus war für die Entwicklung des Handelsrechts das Gewohnheitsrecht[14] (»Handelsbräuche« – vgl. § 346 HGB = lesen) von besonderer Bedeutung.

III. Regelungsbereich

4 Unter *Handelsrecht im engeren Sinne* versteht man das im HGB und seinen Nebengesetzen, wie z. B. dem Scheckgesetz und Wechselgesetz[15], geregelte Recht. Zum *Handelsrecht im weiteren Sinne* gehören neben den genannten Gesetzen das in verschiedenen Gesetzen[16] geregelte Gesellschaftsrecht, das Recht des gewerblichen Rechtsschutzes sowie das Wertpapierrecht und das Bank- und Börsenrecht.

Das Handelsrecht im weiteren Sinn wird bisweilen auch dem seit etwa 50 Jahren verwendeten Begriff »Wirtschaftsrecht« gleichgesetzt, was allerdings irreführend ist; denn zum Wirtschaftsrecht gehören, wie Sie bereits wissen[17], viel mehr Rechtsgebiete als die eben genannten, so vor allem ein großer Teil des Bürgerlichen Rechts, Bereiche des Arbeitsrechts und auch öffentlich-rechtliche Vorschriften.

---

9 » ■ « bedeutet immer, auch wenn das nicht jedesmal ausdrücklich erwähnt wird: **Achtung! Erst selbst nachdenken, bevor Sie weiterlesen! Der Pfeil (» ▷ «) weist auf die Antwort hin...**

10 Vgl. *mein* BGB AT, Rdnrn. 33 f.

11 **Vgl. dazu Art. 2 Abs. 1 EGHGB** (dtv-Gesetzessammlung HGB, Gesetz Nr. 2).

12 **1.1.1900.**

13 Vgl. *mein* BGB AT, Rdnr. 35.

14 Vgl. *ebenda*, Rdnrn. 5 u. 13.

15 Nr. 6 und Nr. 4 der dtv-Gesetzessammlung HGB.

16 **Z. B. AktG, GmbHG, GenG.**

17 Vgl. *mein* BGB AT, Rdnrn. 19 ff.

Wenn wir eben festgestellt haben, dass das Bürgerliche Recht gegenüber dem Handelsrecht nur subsidiär gilt, so bedeutet das nicht, dass das HGB das BGB aus dem Gebiet des Handelsrechts völlig verdrängt. Dies gilt vor allem für den *Handelskauf*, für den das HGB in seinen §§ 373 ff. dem Kaufrecht des BGB (§§ 433 ff.) nur einige ergänzende Vorschriften hinzufügt.

Das BGB gilt also selbstverständlich *auch* für den *Handelskauf* und für *Kaufleute* im Sinne des HGB. Die Besonderheit der Vorschriften des HGB liegt einerseits darin, dass an den Kaufmann in mehreren Beziehungen strengere Anforderungen (z. B. in §§ 362, 377 HGB – Sie brauchen diese Vorschriften jetzt ausnahmsweise nicht zu lesen; wir kommen darauf im 8. Kapitel nochmals zurück) gestellt werden, als an einen anderen Teilnehmer am Rechtsverkehr.   **5**

Entgegen dem allgemeinen Grundsatz des Bürgerlichen Rechts, dass Schweigen auf ein Angebot (= Antrag) *nicht* als Annahme gilt, muss sich der Kaufmann sein Schweigen auf einen Antrag gem. § 362 Abs. 1 S. 1 HGB als Annahme zurechnen lassen.   **5a**

Während ein Nichtkaufmann als Käufer nach § 438 Abs. 1 Nr. 3 BGB grundsätzlich zwei Jahre Zeit hat, Mängel der Kaufsache zu rügen und Mängelansprüche geltend zu machen, muss der Käufer, der Kaufmann ist, die Ware unter den Voraussetzungen von § 377 Abs. 1 HGB unverzüglich untersuchen und entdeckte Mängel dem Verkäufer unverzüglich anzeigen. Unterlässt er dies, gilt die Ware gem. § 377 Abs. 2 HGB grundsätzlich als genehmigt.

■ Was ist wohl der Grund dafür, dass das HGB hier für Kaufleute *strengere* Regeln enthält als das BGB?

▷ Da Kaufleute im Rechts- und Geschäftsverkehr im Regelfall über mehr Erfahrung verfügen als Nichtkaufleute, wird ihnen zumeist größeres Vertrauen entgegengebracht. Dieses Vertrauen soll durch die strengeren Vorschriften des HGB geschützt werden.

§ 377 HGB fördert zugleich die raschere Abwicklung des Handelsverkehrs.

Den Vertrauensschutz bezweckt z. B. auch § 15 HGB, der die »Publizität des Handelsregisters« regelt, worauf unten (Rdnrn. 63–67) noch näher eingegangen wird.

Andererseits kennt das Bürgerliche Recht eine Reihe von Formvorschriften, die die Beteiligten vor übereilten Entschlüssen schützen sollen, und diese Vorschriften gelten dann aufgrund von Sonderregelungen des HGB für Kaufleute nicht: Während beispielsweise § 766 S. 1 BGB für die Bürgschaft die Schriftform vorsieht, ist die Bürgschaftserklärung eines Kaufmanns gem. § 350 HGB als Handelsgeschäft formfrei.   **5b**

Hier enthält das HGB gegenüber dem BGB also Erleichterungen für Kaufleute:

■ Was mag der Grund dafür gewesen sein, dass der Gesetzgeber die Kaufleute von der Einhaltung bestimmter Formvorschriften des BGB befreit hat?

▷ Formvorschriften sollen unter anderem Warn- und Schutzfunktionen[18] ausüben, um unüberlegte, übereilte Geschäftsabschlüsse zu verhindern. Aufgrund

---

18 Vgl. dazu *mein* BGB AT, Rdnrn. 262 f.

ihrer größeren Erfahrung im Geschäftsverkehr bedürfen Kaufleute dieses Schutzes nicht.

Außerdem fördert die Befreiung von der Einhaltung von Formvorschriften ebenfalls die zügige und rasche Abwicklung des Handelsverkehrs.

Wie das BGB ist auch das HGB in fünf Bücher unterteilt. Verschaffen Sie sich einen ersten Überblick im Inhaltsverzeichnis Ihres Gesetzestextes und lesen Sie zur Wiederholung nun Übersicht 1!

Übersicht 1

Begriffe aus dem Handelsrecht (HR)
HR = Sonderprivatrecht der Kaufleute
■ **Einordnung in unser Rechtssystem**: HR ist (überwiegend) Privatrecht wie Bürgerliches Recht.
■ **Gesetzliche Grundlage**: – Handelsgesetzbuch -HGB- vom 10. Mai 1897, das zus. mit BGB am 1. Jan. 1900 in Kraft trat (vgl. § 1 EGHGB)   – HRefG vom 1.7.1998
■ **Vorläufer**: Allg. Dtsch. Handelsgesetzbuch von 1861; Beeinflussung durch it. und vor allem frz. HR (»Code de Commerce« v. 1807); Gewohnheitsrecht, Handelsbräuche (vgl. § 346 HGB)
■ **HR im engeren Sinne**: HGB + Nebengesetze (z. B. ScheckG, WechselG)   ■ **HR im weiteren Sinne**: Gesellschaftsrecht (z. B. AktG, GmbHG, GenG); Gewerberecht (öff.-rechtl. = GewO); UWG, GWB, PatentG; BGB; WertpapierR, Bank- und BörsenR, MarkenG
■ Das BGB gilt für Kaufleute neben dem HGB nur subsidiär (vgl. Art. 2 Abs. 1 EGHGB).
■ **Besonderheiten des HGB für Kaufleute gegenüber dem BGB**[19]:   1. Raschere Abwicklung der Handelsgeschäfte = z. B. unverzügliche Mängelrüge (§ 377 HGB); Formfreiheit von Bürgschaft (§ 350 HGB)   2. Erhöhter Vertrauensschutz = Publizität des Handelsregisters (§ 15 HGB); Schweigen auf Antrag = Annahme (§ 362 HGB)

Literatur zur Vertiefung (Rdnrn. 1–6):

Brox/Henssler, § 1; *Hofmann*, A, I–V; *Jung*, Kap. 1; *Körber*, Änderungen im Handels- und Gesellschaftsrecht durch das Handelsrechtsreformgesetz, JURA 1998, 452; *Roth*, § 1; *Schmidt*, HR, § 1–3; *Wolter*, Was ist heute Handelsrecht? – Eine Einführung in einige grundsätzliche Probleme eines prekären Rechtsgebiets, JURA 1988, 169.

---

19 Vgl. dazu unten Rdnr. 307 (Übersicht 22).

2. Kapitel   Die Kaufleute

Wenn davon die Rede war, dass das Handelsrecht das Sonderprivatrecht der   7
Kaufleute ist, so ist zu klären, wer als Kaufmann im handelsrechtlichen Sinne anzusehen ist.

Der Begriff »Kaufmann« ist uns aus der Sprache des täglichen Lebens bekannt.

Beispiel:
Zwei ehemalige Mitschüler A und B berichten einander von ihrem beruflichen
Werdegang. A erzählt: »Ich habe meine Lehre beendet und bin jetzt als Bank-
kaufmann bei der Deutsche Bank AG angestellt.« B sagt: »Ich bin selbstständiger
Versicherungskaufmann und habe ein Maklergeschäft.«

Nach *allgemeinem* Sprachgebrauch ist »Kaufmann« jeder, der in irgendeiner
Weise kaufmännisch, d. h. in einem Handelsbetrieb, tätig ist. Als Synonym wird
auch der Begriff Händler verwendet. Kaufmann im Sinne des Handelsrechts ist
aber nur derjenige, welcher nach den ausdrücklichen Bestimmungen des HGB
als Kaufmann bezeichnet wird. *Das HGB betrifft also nicht den Kaufmann im
wirtschaftlichen Sinne, sondern den Kaufmann im Rechtssinne.* Daran hat auch
das Handelsrechtsreformgesetz nichts geändert.

I.   Der Kaufmann kraft Handelsgewerbebetriebs

1.   Der Begriff des Gewerbes

Lesen Sie § 1 HGB aufmerksam ganz durch!   8

■ Die Frage dazu lautet: Sind die ehemaligen Mitschüler A und B in dem eben
genannten Beispiel Kaufleute im handelsrechtlichen Sinn oder nicht? Überlegen Sie; lesen Sie § 1 HGB ggf. nochmals!

▷ Kaufmann im Sinne des § 1 Abs. 1 HGB ist, wer ein *Handelsgewerbe betreibt.*
Handelsgewerbe ist gem. § 1 Abs. 2 HGB »jeder Gewerbebetrieb, es sei denn,
dass das Unternehmen nach Art oder Umfang einen in kaufmännischer Weise
eingerichteten Geschäftsbetrieb nicht erfordert«. Somit ist der selbstständige
Versicherungsmakler B Kaufmann im Sinne des HGB. Auch das Bankgewerbe
ist zwar ein Handelsgewerbe, da A aber bei einer Bank *angestellt* ist, *betreibt*
er dieses Gewerbe nicht und ist nicht Kaufmann im Rechtssinn.

Welche Voraussetzungen für die Kaufmannseigenschaft im Sinne von § 1 Abs. 1
HGB im Einzelnen erfüllt sein müssen, verdeutlichen wir uns anhand des ersten
Übungsfalls:

Übungsfall 1[20]	

Der Kunstmalerin Elke A ist die Durchführung einer eigenen Ausstellung in einer bedeutenden Galerie gelungen. Schon bald zeigt sich, dass A's Vogelfederbilder sich ungeheuer gut verkaufen. Rasch hat A 25 Bilder abgesetzt und dafür 100.000,– € eingenommen. Der Rechtspfleger des örtlichen Amtsgerichts fordert sie auf, sich innerhalb von vier Wochen im Handelsregister eintragen zu lassen; andernfalls müsse A ein Zwangsgeld in Höhe von 1000,– € zahlen. A hält das für rechtswidrig. Wer hat Recht?

9　Um die Frage beantworten zu können, müssen wir schon ungefähr wissen, was das Handelsregister ist und wer verpflichtet ist, sich dort eintragen zu lassen.

Das Handelsregister ist ein öffentliches, vom Gericht geführtes Verzeichnis, in dem Kaufleute eines Amtsgerichtsbezirks sowie bestimmte auf sie bezogene Tatsachen und Rechtsverhältnisse eingetragen werden. Im Einzelnen kommen wir auf das Handelsregister unten (Rdnrn. 54 ff.) ausführlicher zu sprechen.

Nach § 14 HGB kann das Registergericht denjenigen, der zur Eintragung in das Handelsregister verpflichtet ist, gegebenenfalls durch Zwangsgeld zu dieser Eintragung anhalten (§ 14 HGB lesen!).

Eine Verpflichtung der A, sich ins Handelsregister eintragen zu lassen, könnte sich z. B. aus § 29 HGB ergeben *(lesen!)*.

■ Was versteht man unter der *Firma* eines Kaufmanns? (Überlegen Sie selbst, bevor Sie weiterlesen!)
▷ Die Antwort gibt § 17 Abs. 1 HGB (lesen!):
　Die Firma ist der Name, unter dem ein Kaufmann im Handel seine Geschäfte betreibt und die Unterschrift abgibt.

10　■ Welche wichtige Voraussetzung muss A demnach erfüllen, damit sie eintragungspflichtig ist?
▷ A müsste »Kaufmann« im Sinne des HGB sein.

■ Was ist dazu Voraussetzung? (Lesen Sie nochmals § 1 Abs. 1 HGB!)
▷ A müsste gem. § 1 Abs. 1 HGB ein Handelsgewerbe betreiben.

Bevor wir feststellen können, ob es sich bei der Tätigkeit der A um ein Handelsgewerbe handelt, müssen wir prüfen, ob A überhaupt ein Gewerbe betreibt. Der Begriff des Gewerbes ist in keiner Rechtsvorschrift, auch nicht in der Gewerbeordnung, definiert, sondern von Rechtslehre und Rechtsprechung entwickelt worden. Hier hat der Reformgesetzgeber es leider versäumt, durch eine gesetzliche Neufassung des Gewerbebegriffs für Rechtssicherheit zu sorgen.

Nach h.M.[21] versteht man unter *Gewerbe* jede nach außen gerichtete, selbstständige (nicht: »freiberufliche«), planmäßig auf Dauer ausgerichtete und mit Gewinnerzielungsabsicht ausgeübte Tätigkeit.

20　Nach *Alpmann und Schmidt*, HR, Fall 1.
21　Vgl. *Baumbach/Hopt*, § 1, Rdnrn. 11 f.

a) Nach außen gerichtete Tätigkeit

Nach außen gerichtet ist die Tätigkeit, wenn sie offen nach außen in Erscheinung 11
tritt. Allein die – für Dritte nicht erkennbare – Absicht, ein Gewerbe zu betreiben, reicht nicht aus. Wer z. B. jahrelang an der Börse spekuliert hat, ohne dies öffentlich kund zu geben, betreibt kein Gewerbe im Sinne des Handelsrechts[22]. Auch wer sich als »stiller Gesellschafter« an einer Handelsgesellschaft[23] beteiligt, betreibt kein Gewerbe und ist daher kein Kaufmann.

b) Selbstständige (nicht freiberufliche) Tätigkeit

»Selbstständig« ist ein Gewerbetreibender, wenn er rechtlich – nicht unbedingt 12
von wirtschaftlichen Zwängen – frei ist. Selbstständig ist in diesem Sinne, wer, etwa wie der Handelsvertreter gem. § 84 Abs. 1 S. 2 HGB, im Wesentlichen frei seine Tätigkeit gestalten und seine Arbeitszeit bestimmen kann (§ 84 Abs. 1 S. 2 HGB lesen!). In unserem Mitschüler-Beispiel oben erfüllt der Angestellte »Bankkaufmann A« daher den Kaufmannsbegriff auch nicht, weil es daran fehlt, dass er selbstständig ist.

Weiterhin ist festzuhalten, dass kein Gewerbe vorliegt, wenn es sich bei der ausgeübten Tätigkeit um einen sogenannten *»freien Beruf«* handelt.

■ Was versteht man unter einem »freien Beruf«? 13
▷ Der Begriff »freier Beruf« ist ein historisch-soziologischer Begriff aus der Zeit des frühen Liberalismus[24].
Beispiele für freie Berufe sind:
Ärzte, Architekten, beratende Psychologen, Wirtschaftsprüfer, Steuerberater, Schriftsteller, Künstler, Rechtsanwälte usw.
»Freier Beruf« bedeutet allerdings nicht, dass der Staat sich jeden Eingriffs in den Beruf enthält; doch unterliegen die freien Berufe nicht der relativ strengen Aufsicht des Gewerbeamts nach der Gewerbeordnung. Allgemein kann man sagen, dass freie Berufe, wie die genannten Beispiele zeigen, in der Regel eine höhere Bildung erfordern und vor allem durch die persönliche Mitarbeit des Betriebsinhabers geprägt sind.

Da auch hier die Grenzen zum Gewerbe manchmal fließend sein können, wird der freie Beruf in einer Vielzahl von Spezialgesetzen ausdrücklich geregelt. So heißt es z. B. in § 2 BRAO (nicht verwechseln mit der BRAGO, bis zum 30.06.2004[25] das Lieblingsgesetz der deutschen Rechtsanwälte ...): »Der Rechtsanwalt übt einen freien Beruf aus. Seine Tätigkeit ist kein Gewerbe.«
Ähnliche Vorschriften enthalten die BundesärzteO, das ZahnheilkundeG sowie das SteuerberatungsG ...

---

22 Vgl. *Brox/Henssler*, Rdnr. 25; *Alpmann und Schmidt*, HR, S. 3.
23 Dazu *unten Rdnr. 197.*
24 *Denkrichtung und Lebensform, die die Freiheit, Autonomie und freie Entfaltung der Persönlichkeit befürwortete. Bedeutende Vertreter waren Adam Smith (1723–1798) und John Stuart Mill (1806–1873).*
25 Die BRAGO wurde durch das RVG ersetzt, das am 01.07.2004 in Kraft trat.

c) Planmäßig auf Dauer angelegt

14 Wenn die gewerbliche Tätigkeit *»planmäßig auf gewisse Dauer«* angelegt sein muss, so bedeutet das, dass sie nicht nur gelegentlich betrieben werden darf (wie z. B. eine Würstchenbude auf dem Oktoberfest), sondern »für immer und ewig« geplant sein müsste[26].

d) Gewinnerzielungsabsicht

15 *»Zum Zweck der Gewinnerzielung«* bedeutet, dass die Absicht bestehen muss, Einnahmen zu erzielen, die über die Kostendeckung hinausgehen. Entscheidend ist also nicht, ob tatsächlich ein Gewinn erzielt wird. Die Gewinnerzielungsabsicht fehlt z. B. bei karitativen oder nur konsumdeckenden Tätigkeiten.

Die Erforderlichkeit der Gewinnerzielungsabsicht ist inzwischen umstritten. In der neueren Literatur[27] wird teilweise vertreten, dass eine Gewinnerzielungsabsicht für den Gewerbebegriff entbehrlich ist. Anstelle der Gewinnerzielungsabsicht soll nach dieser Ansicht nur noch geprüft werden, ob eine anbietende, entgeltliche Tätigkeit am Markt vorliegt.

■ Wie würden Sie, nachdem Sie diese Abgrenzungskriterien des Gewerbes kennengelernt haben, die Tätigkeit der Malerin A in Übungsfall 1 einstufen? Betreibt die A ein Gewerbe? (Überlegen Sie!)
▷ Als Kunstmalerin übt sie einen freien Beruf aus. Sie betreibt also kein Gewerbe und erst recht kein Handelsgewerbe, so dass der Rechtspfleger nicht verlangen kann, dass sich A in das Handelsregister eintragen lässt.

2. Das Handelsgewerbe

16 Um die Kaufmannseigenschaft einer gewerbetreibenden Person nach § 1 Abs. 1 HGB zu begründen, muss das Gewerbe, das ausgeübt wird, ein Handelsgewerbe sein. Während § 1 Abs. 2 HGB a.F. einen umfassenden Katalog von sog. Grundhandelsgewerben enthielt, die nach ihrem Unternehmensgegenstand differenziert wurden, ist nun jeder Betrieb, der sich unter die allgemeinen Kriterien des Gewerbebegriffs einordnen lässt, »Handelsgewerbe«. Mit der Formulierung von § 1 Abs. 2 HGB n. F. »es sei denn, dass das Unternehmen nach Art oder Umfang einen in kaufmännischer Weise eingerichteten Geschäftsbetrieb *nicht* erfordert«, wird demjenigen, der behaupten will, dass ein Gewerbetreibender nicht Kaufmann ist, dafür die Darlegungs- und Beweislast auferlegt. Für die Rechtsanwendung bedeutet das zweierlei: Zum einen ist jemand, der ein Gewerbe betreibt, Kaufmann, zum anderen aber nur dann, wenn sein Gewerbe einen in kaufmännischer Weise eingerichteten Geschäftsbetrieb erfordert. Nur dann also, wenn ein Sachverhalt Angaben enthält, die zweifelhaft erscheinen lassen, ob nach Art *und*

---

26 Vgl. *Hofmann*, B I 1 c.
27 *Schmidt*, § 9 IV 2 d; *Canaris*, § 2 I 2 b; vgl. *Alpmann und Schmidt*, HR, S. 4.

Umfang ein in kaufmännischer Weise eingerichteter Geschäftsbetrieb *erforderlich ist*, ist dies zu überprüfen.

Die Formulierung von § 1 Abs. 2 HGB erscheint etwas unglücklich und missverständlich. Möglicherweise hatte der Gesetzgeber neben Juristen auch Germanisten in der »Kommission zur Handelsrechtsreform« sitzen?

Überliest man das Wort »*nicht*« (vor »*erfordert*«), hat man »Art *oder* Umfang« im Sinn:

Also ist jemand nur Kaufmann, wenn sein Gewerbetrieb (falls er überhaupt ein Gewerbe betreibt ...) nach Art *oder* Umfang (= »alternativ«) »einen in kaufmännischer Weise eingerichteten Geschäftsbetrieb ... erfordert«?

Nein; das »*nicht*« wurde überlesen! Die negative Formulierung »es sei denn, dass ... *nicht* erfordert« bedeutet (wörtliches Zitat Baumbach/*Hopt* § 1 HGB, Rdnr. 23): »Der Gewerbebetrieb muss nach Art **und** (nicht: oder, also kumulativ) Umfang **kaufmännische Einrichtungen erfordern** (nicht: haben; unstr.)«.

Merken Sie sich das bitte! Es ist h. M., die für Klausuren relevant ist!

■ Welche Abgrenzungskriterien kommen Ihrer Meinung nach in Betracht, um festzustellen, ob ein Gewerbetrieb nach Art oder Umfang eine kaufmännische Organsation *erfordert* oder nicht?
▷ Überlegen Sie selbst, bevor Sie Fußnote[28] lesen!

Der »nach Art oder Umfang in kaufmännischer Weise eingerichtete Geschäftsbetrieb« ist damit zur einheitlichen Abgrenzungslinie zwischen Kaufleuten und Nichtkaufleuten für alle Arten von Gewerbe geworden.

Wer ein Handelsgewerbe ausübt, ist also zwangsläufig Kaufmann; ob er will 17 oder nicht! Man nannte ihn früher deshalb auch *Musskaufmann*. Als solcher hat er gem. § 29 HGB die Pflicht, sich zur Eintragung ins Handelsregister anzumelden. Statt des Begriffs »Musskaufmann« wurde auch früher schon der Begriff »*Istkaufmann*« verwendet, da derjenige, der ein Handelsgewerbe betreibt, nach der Bestimmung des § 1 Abs. 1 HGB Kaufmann *ist*. Dieser Begriff passt nunmehr auch auf den Kannkaufmann nach § 2 HGB n. F., so dass die lästige Unterscheidung zwischen Muss- und Sollkaufmann bald in Vergessenheit geraten sein wird.[29]

3. Der »Betrieb« des Handelsgewerbes

Unterstreichen Sie in § 1 Abs. 1 HGB die Worte *Kaufmann, Handelsgewerbe* 18 und *betreibt.* Wie Sie am Beispiel des Bankkaufmanns A gelernt haben, reicht es für die Kaufmannseigenschaft im Sinne des HGB nicht aus, wenn jemand für ei-

---

28 Man unterscheidet qualitative und quantitative Kriterien. Qualitative Kriterien können z. B. sein: Größe des Geschäftslokals, Zahl der Betriebsstätten, Zahl und Funktion der Beschäftigten, Umfang der Produktpalette, Vielfalt und Internationalität der Geschäftsbeziehungen. Als quantitative Kriterien kommen z. B. in Betracht: Umsatz, Kapitaleinsatz, Inanspruchnahme von Krediten, Umfang der Werbung und Lagerhaltung. (Vgl. *Baumbach/Hopt,* § 1 HGB, Rdnrn. 23 f.).
29 Dazu *unten* Rdnrn. 23 ff. sowie *Schmidt,* NJW 1998, 2162.

nen anderen in dessen Handelsgewerbe tätig ist. Ein Handelsgewerbe »betreibt« als Kaufmann nur derjenige, auf dessen Namen und Rechnung das Geschäft geht.

Angestellte einer Bank, einer Versicherung oder anderer Unternehmen sind jedenfalls nicht Kaufleute i. S. d. Handelsrechts, auch wenn sie als Berufsabschlussbezeichnung den »Kaufmannstitel« (wie gesehen: Bankkaufmann, Versicherungskaufmann) führen dürfen.

Sie sind vielmehr Handlungsgehilfen im Sinne der §§ 59 ff. HGB, die wir später noch kurz behandeln werden[30].

Die wesentlichen Voraussetzungen für die Kaufmannseigenschaft sind auf der folgenden Übersicht (2) zusammengefasst.

Übersicht 2

19

Gesetzliche Voraussetzungen für die Kaufmannseigenschaft nach § 1 HGB:	
1. Handelsgewerbe	2. Betreiben
zu 1: Tätigkeit muss überhaupt *Gewerbe* sein. Unter *Gewerbe* versteht man nach h. M. jede (a) nach außen erkennbare, (b) selbstständige (nicht freiberufliche), (c) planmäßig auf Dauer, (d) mit Absicht der Gewinnerzielung ausgeübte Tätigkeit. a) Nicht Gewerbe: heimliche Börsenspekulation oder »stiller Gesellschafter«. b) *Rechtlich;* wirtschaftliche Selbstständigkeit nicht erforderlich; »freie Berufe«: »höhere« Tätigkeiten, z. B. Ärzte, Architekten, Rechtsanwälte, Steuerberater, Wirtschaftsprüfer, Schriftsteller, Künstler; Merkmal: *persönliche Mitarbeit* des Betriebsinhabers. c) Nicht nur gelegentliche Tätigkeit. d) Gewinnerzielungsabsicht erforderlich; tatsächlicher Gewinn unerheblich. Handelsgewerbe ist jeder Gewerbebetrieb, es sei denn, dass er nach Art *oder* Umfang einen in kaufmännischer Weise eingerichteten Geschäftsbetrieb *nicht* erfordert (§ 1 Abs. 2 HGB)	
zu 2: *Betreiben* setzt voraus, dass Handelsgewerbe auf den Namen und die Kosten des Kaufmanns abgewickelt wird. *Angestellter* »Versicherungskaufmann« oder »Bankkaufmann« sind daher *keine Kaufleute im Rechtssinne* (sondern Handlungsgehilfe nach §§ 59 ff. HGB).	

---

30 *Unten*, Rdnrn. 69 ff.

II. Kaufleute kraft Eintragung

Der Kaufmann i. S. d. § 1 HGB ist Kaufmann, ohne dass es auf eine Eintragung **20** ins Handelsregister ankommt. Folgende Kaufleute erlangen die Kaufmannseigenschaft durch die Eintragung ins Handelsregister:

1. Kannkaufmann nach § 2 HGB

Lesen Sie § 2 HGB! Kaufleute nach dieser Vorschrift sind also gewerbliche Un- **21** ternehmer, deren Betriebe zwar nicht schon ein Handelsgewerbe gem. § 1 HGB darstellen, die sich aber, da sie ein Gewerbe betreiben, ins Handesregister eintragen lassen haben. Dazu sind sie berechtigt, aber nicht verpflichtet. D. h., sie sollen sich nicht eintragen, aber sie *können* es tun. Der »Sollkaufmann« nach altem Recht ist somit zum »Kannkaufmann« geworden. Sofern die Eintragung erfolgt ist, gilt das Gewerbe dieses Kaufmanns als Handelsgewerbe i. S. d. § 1 HGB, so dass durch die Eintragung ins Handelsregister seine Stellung als Kaufmann *begründet* wird. Insofern lässt sich auch der Kaufmann i. S. v. § 2 HGB als Istkaufmann bezeichnen.[31]

■ Wissen Sie, wie man diese Wirkung der Eintragung in das Handelsregister bezeichnet? (Nachdenken!)
▷ Da die Eintragung ins Handelsregister, anders als beim Kaufmann i. S. v. § 1 HGB, die Kaufmannseigenschaft *begründet* bzw. »konstituiert«, hat sie »konstitutive« (rechtsbegründende) Wirkung.
■ Welche Wirkung hat dagegen die Eintragung eines Kaufmanns nach § 1 HGB? **22** (Überlegen Sie!)
▷ Da dieser Kaufmann die Kaufmannseigenschaft per Gesetz durch § 1 HGB zugesprochen bekommt, wird durch seine Eintragung in das Handelsregister nur nach außen *erklärt,* dass er unter seiner Firma existiert und wo der Sitz seiner Niederlassung ist. Die Eintragung hat daher nur »deklaratorische« (rechtserklärende) Wirkung[32].

§ 2 HGB eröffnet den Weg zur Kaufmannseigenschaft kraft Eintragung für sol- **23** che Gewerbe, die nicht schon gem. § 1 Abs. 2 HGB Handelsgewerbe sind. Der Bereich, den § 1 Abs. 2 HGB für eine konstitutive Eintragung übrig lässt, ist allein noch durch die Erforderlichkeit eines in kaufmännischer Weise eingerichteten Geschäftsbetriebs bestimmt. Die wesentliche Änderung durch den neuen § 2 HGB besteht darin, dass für die Herbeiführung der Eintragung keine weiteren Tatbestandsvoraussetzungen mehr aufgestellt werden. Es liegt somit im Belieben des (kleinen) Gewerbetreibenden, auf diesem Weg Kaufmann zu werden oder – solange ein in kaufmännischer Weise eingerichteter Geschäftsbetrieb nicht erforderlich ist – diesen Status wieder aufzugeben. Diese beiden Möglichkeiten sind in

---

31 So wohl *Schmidt*, NJW 1998, 2162.
32 Vgl. dazu *mein* BGB AT, Rdnrn. 75 f.

der Neufassung von § 2 S. 2 und S. 3 HGB festgeschrieben, die Wirkung der Eintragung als solche in § 2 S. 1 HGB[33] (Vorschriften immer wieder lesen!).

24 Einen »Minderkaufmann« nach altem Recht gibt es nicht mehr. Konsequenterweise wurde § 4 HGB a. F. aufgehoben. Durch das Handelsrechtsreformgesetz wurden deshalb alle Vorschriften, die bisher auf den Minderkaufmann Bezug nahmen, geändert (z. B. § 5 HGB a. F.) bzw. aufgehoben (so auch § 351 HGB a. F.). Dem Personenkreis der Kleingewerbetreibenden wird aber durch § 2 HGB die Möglichkeit gegeben, durch Eintragung in das Handelsregister freiwillig die Kaufmannseigenschaft zu erwerben, und zwar sowohl als Einzelkaufmann als auch im Zusammenschluss zu einer offenen Handelsgesellschaft oder einer Kommanditgesellschaft.

25 Einzige Voraussetzung zum Erwerb der Kaufmannseigenschaft nach § 2 HGB ist der Betrieb eines Gewerbes. Ein Unternehmer, der kein Gewerbe betreibt (z. B. ein freiberuflicher Betrieb) wird auch durch Eintragung nicht zum Kaufmann. Eine Ausnahme besteht für Gesellschaften, »die nur eigenes Vermögen verwalten« (§ 105 Abs. 2 HGB – mehr dazu unten unter »Personengesellschaften«).

2. Kannkaufmann nach § 3 HGB

26 Auf Betriebe der Land- und Forstwirtschaft finden die Vorschriften des § 1 HGB gem. § 3 Abs. 1 HGB keine Anwendung.

Der Land- und Forstwirt ist also ebenfalls nur *Kannkaufmann*, d. h., er ist nach § 3 Abs. 1 i. V. m. § 2 HGB gleichermaßen berechtigt, aber nicht verpflichtet, seine Kaufmannseigenschaft durch Eintragung ins Handelsregister herbeizuführen (§ 3 Abs. 1 und Abs. 2 HGB und – nochmals – § 2 HGB lesen!).

3. Scheinkaufmann

27 Lesen Sie zunächst § 5 HGB! Schwer verständlich, was dort ausgedrückt ist? Es bedeutet sinngemäß: Unabhängig davon, ob ein Gewerbetreibender unter seiner Firma ein Handelsgewerbe betreibt oder nicht, ob er zur Eintragung in das Handelsregister verpflichtet oder berechtigt war oder nicht, wird er allein durch die Tatsache, dass er im Handelsregister eingetragen ist, zum Kaufmann, für den die Vorschriften des HGB Anwendung finden. Das Handelsregister löst dadurch einen *Rechtsschein* aus, der besagt, dass derjenige, der darin eingetragen ist, auch wenn die Eintragung zu Unrecht erfolgt sein sollte, als Kaufmann gilt[34]. Die Kaufmannseigenschaft wird durch die Eintragung ins Handelsregister fingiert. Man nennt diese Art des Kaufmanns daher auch *Fiktivkaufmann* oder *Scheinkaufmann*. Der zügigen Geschäftsabwicklung im Handelsverkehr würde es widersprechen, wenn der jeweilige Geschäftspartner die Kaufmannseigenschaft besonders nachprüfen müsste.

---

33 Vgl. *Roth*, Rdnr. 107.
34 Vgl. »Fiktion«, *mein* BGB AT, Rdnr. 45.

Rechtssicherheit und Vertrauensschutz machen es erforderlich, dass u. U. auch solche Rechtssubjekte wie Kaufleute behandelt werden, die es eigentlich (*ohne die Eintragung ins Handelsregister*) gar nicht sind.

§ 5 HGB, der durch das HRefG im Wesentlichen unverändert blieb, hat allerdings durch die Neufassung von § 2 HGB an Bedeutung verloren: Eine Eintragung nach § 2 HGB, die materiell zu Unrecht erfolgte, gibt es nicht mehr, da diese Eintragung nunmehr ins Belieben des Gewerbetreibenden gestellt ist. Ein Gewerbe muss auch der durch Eintragung nach § 5 HGB zum Kaufmann gewordene Unternehmer betreiben.

Rechtssicherheit und Vertrauensschutz sind indessen auch dann geboten, **28** wenn jemand im privaten Rechtsverkehr als Kaufmann auftritt, ohne die handelsrechtlichen Voraussetzungen für die Kaufmannseigenschaft zu erfüllen und ohne ins Handelsregister eingetragen zu sein. Er wird dann unter analoger Anwendung von § 5 HGB i. V. m. § 242 BGB als solcher angesehen und den strengeren Vorschriften des HGB unterstellt. Sinn dieser Lehre vom Scheinkaufmann, der *nicht* ins Handelsregister eingetragen ist, ist der Schutz des Geschäftspartners desjenigen, der sich als Kaufmann ausgibt, ohne es zu sein. Daher sollen diesen Scheinkaufmann nur die *Pflichten* des ordentlichen Kaufmanns treffen; nicht aber sollen ihm auch die Rechte und Vergünstigungen, die das HGB dem Kaufmann gewährt, zukommen, da dies mit dem Grundsatz von Treu und Glauben des § 242 BGB nicht vereinbar wäre[35].

In dieser Hinsicht hat § 5 HGB durchaus noch einen Rest von Bedeutung behalten: Im Interesse des Verkehrs- und Vertrauensschutzes muss sich nach wie vor derjenige, der sich im Geschäftsverkehr wie ein Kaufmann geriert, es aber pflichtwidrig unterlassen hat, die Registereintragung herbeizuführen, in Bezug auf bestimmte kaufmännische Verkehrspflichten auch wie ein Kaufmann behandeln lassen.[36]

III. Kaufleute kraft Rechtsform (»Formkaufleute«)

Kaufleute i. S. d. HGB sind auch die Handelsgesellschaften (vgl. § 6 Abs. 1 HGB **29** – lesen), also die OHG, KG, GmbH, AG, KGaA und EWIV. Als »Verein, dem das Gesetz ohne Rücksicht auf den Gegenstand des Unternehmens die Eigenschaft eines Kaufmanns beilegt« (§ 6 Abs. 2 = *Formkaufmann*) sind die GmbH, AG, KGaA, eG und die deutsche EWIV anzusehen. Sie sind kraft Gesetzes, auch ohne Vorliegen der Voraussetzungen von § 1 Abs. 2 HGB, stets Kaufleute. Handelsgesellschaften nennt man deshalb Formkaufleute, weil sie – unabhängig davon, ob sie ein Handelsgewerbe betreiben oder nicht – kraft Gesetzes aufgrund ihrer Rechtsform Kaufleute sind.

Diese Aussage gilt grundsätzlich für alle Handelsgesellschaften, sei es, dass es sich um Kapitalgesellschaften, wie z. B. eine AG, GmbH, KGaA, VVaG oder eG

---

35 *Hofmann*, B IV 3 c.

36 Vgl. Begr. zum Gesetzesentwurf der Bundesregierung, BR-Drucks. 340/97, S. 32 f. (im Folgenden nur zit. als *BR-Drucks.* 340/97).

(= juristische Personen), oder Personengesellschaften, wie z. B. die OHG und KG, handelt.

Personengesellschaften sind aber nur dann OHG oder KG und somit Handelsgesellschaften, *wenn sie ein Handelsgewerbe betreiben* (§§ 105 Abs. 1 und 2, 161 Abs. 1 HGB). Ob ein Handelsgewerbe vorliegt, richtet sich nach den §§ 1 bis 3 HGB bzw. § 5 HGB. Wie beim Einzelkaufmann ist also darauf abzustellen, ob eine Personengesellschaft überhaupt ein Gewerbe betreibt, das einen nach Art *und* Umfang in kaufmännischer Weise eingerichteten Geschäftsbetrieb *erfordert* (§ 105 Abs. 1 i. V. m. § 1 Abs. 2 HGB) oder kraft (fakultativer) Eintragung als Handelsgewerbe gilt (§ 105 Abs. 2 i. V. m. §§ 2, 3 HGB). Wird von der Personengesellschaft kein Gewerbe bzw. Handelsgewerbe betrieben und ist die Firma des Unternehmens *nicht* in das Handelsregister eingetragen, ist eine Personengesellschaft keine OHG oder KG, sondern eine BGB-Gesellschaft.

Mit der rechtlichen Konstruktion der Gesellschaften des Handelsrechts werden wir uns später[37] noch etwas ausführlicher befassen.

IV. Kritik am neuen Kaufmannsbegriff

30 Es ist ein großes Verdienst der Reform von 1998, dass der Gesetzgeber den enumerativen Katalog der Grundhandelsgewerbe des alten § 1 Abs. 2 abgeschafft hat. Leider wurde versäumt, anstelle des Kaufmannsbegriffs vor dem Hintergrund der europäischen Rechtsentwicklung einen Unternehmensbegriff einzuführen. Sowohl Italien als auch die Niederlande z. B. haben sich mit dem »*Imprenditore*« bzw. dem »*Onderneming*« vom antiquierten Kaufmannsbegriff gelöst. Der allgemeine Gewerbebegriff und die damit verbundene Rechtsunsicherheit bei seiner Auslegung wurden durch die Handelsrechtsreform nicht beseitigt.[38]

Die verschiedenen Arten der Kaufleute sind auf der folgenden Übersicht (3) zusammengefasst!

37 Vgl. *unten*, 6. Kapitel (Rdnrn. 141–226).
38 Vgl. dazu bei Interesse MüKo/*Schmidt*, § 1 Rdnrn. 116–121, *E/B/J/Kindler*, vor § 1, Rdnrn. 1–73 sowie die in der »Literatur zur Vertiefung« genannten Aufsätze von *Schmidt, Steding, Wolter* und *mir* sowie die Beiträge von *Raisch*. Eine kritische Würdigung der Handelsrechtsreform »ein Jahr danach« findet sich in dem sehr lesenswerten und lehrreichen Beitrag von *Kaiser*!

Literatur zur Vertiefung (Rdnrn. 7–31):

Alpmann und Schmidt, HR, 1. Abschnitt; *Brox/Hennsler*, §§ 2–4; *Canaris*, §§ 2 u. 3; *Hofmann*, B, I–VIII; *Hohmeister*, Die Bedeutung des § 5 HGB seit der Handelsrechtsreform 1998, NJW 2000, 1921; *Jung*, Kap. 2; *Kaiser*, Reform des Kaufmannsbegriffs – Verunsicherung des Handelsrechts?, JZ 1999, 495; *Mönkemöller*, Die Kleingewerbetreibenden nach dem neuen Kaufmannsrecht, JuS 2002, 30; 495; *Petersen*, Kaufmannsbegriff und Kaufmannseigenschaft nach dem Handelsgesetzbuch, JURA 2005, 831; *Raisch*, Abgrenzung, S. 13 ff.; *ders.*, Voraussetzungen, S. 47 ff. und S. 179; *Roth*, § 4; *Schmidt*, HR, § 9; *ders.* Unternehmer, Verbraucher – Kaufmann, BB 2005, 837; *ders.*, Vom Handelsrecht zum Unternehmensprivatrecht, JuS 1985, 249; *ders.*, Bemerkungen und Vorschläge zur Überarbeitung des Handelsgesetzbuchs – Vom Recht des Handelsstandes (Erstes Buch) zum Recht der Unternehmen, DB 1994, 515; *ders.*, Das Handelsrechtsreformgesetz, NJW 1998, 2161; *ders.* Fünf Jahre »neues Handelsrecht« – Verdienste, Schwächen und Grenzen des Handelsrechtsreformgesetzes von 1998, JZ 2003, 585; *Siems*, Fünf Jahre neuer Kaufmannsbegriff – Eine Bestandsaufnahme der Rechtsprechung, NJW 2003, 1297; *Steding*, Handelsrecht – Sonderprivatrecht des Kaufmanns, WR 1993, 247; *Wolter*, JURA 1988, 169; *Wörlen*, Ist der Kaufmannsbegriff des HGB noch zeitgemäß?, apf 1996, S. Br. 73.

Übersicht 3

Arten des Kaufmanns nach dem HGB

Istkaufmann	Kannkaufmann		Formkaufmann	Scheinkaufmann
§ 1³⁹	§ 2	§ 3	§ 6	§ 5
Voraussetzungen: 1. Handelsgewerbe 2. Betreiben = selbst; nicht: Angestellte	Kein Handelsgewerbe nach § 1 Abs. 2. Firma des Unternehmers ist ins HReg. eingetragen: Gewerbe *gilt* dann als Handelsgewerbe.	Betriebe der Land- und Forstwirtschaft = keine Anwendung von § 1 Abs. 1! *Berechtigung,* keine Verpflichtung zur Eintragung ins HReg. = auch »fakultativer« Kfm. Eintragung ist konstitutiv.	*Handelsgesellschaften* = Kaufleute kraft Gesetzes aufgrund der Rechtsform z. B.: AG, KGaA, GmbH, VVaG, e. G.; (oHG, KG)	Unternehmen, dessen Firma ins HReg. eingetragen ist, *gilt* als Kfm. i. S. d. HGB = »Fiktivkaufmann«.
»Istkaufmann«, da er kraft Gesetzes Kfm. ist.	*Berechtigung,* aber keine Verpflichtung zur Eintragung ins HReg. gem. § 2 S. 2.		Verpflichtung zur Eintragung	Eintragung hat konstitutive Wirkung.
Verpflichtung zur Eintragung ins HReg. = § 29 Eintragung hat nur *deklaratorische* (= rechtserklärende) Wirkung	Eintragung hat *konstitutive* (= rechtsbegründende) Wirkung		Eintragung hat konstitutive Wirkung bezüglich der Entstehung der Gesellschaft und deklaratorische Wirkung bezüglich der Kaufmannseigenschaft	Sonderfall: Ohne Eintragung; Auftreten als Kfm., ohne Kfm. zu sein = »Scheinkaufmann«. ↓ Anwendung des HGB gem. § 5 analog i. V. m. § 242 BGB

39 §§ ohne Bezeichnung auf dieser Übersicht sind solche des HGB!

3. Kapitel: Die Firma

I. Begriff

Während wir die verschiedenen Arten der Kaufleute kennengelernt haben, wurde **32** mehrfach erwähnt, dass Kaufleute verpflichtet (oder – im Falle des Kannkaufmanns – berechtigt) sind, sich mit ihrer Firma ins Handelsregister eintragen zu lassen. Wir wollen uns deshalb zunächst mit dem Begriff und der Bedeutung der Handelsfirma beschäftigen. Im Unterschied zum alltäglichen Sprachgebrauch (Beispiel: »Ich muss nochmal in die Firma«) ist die Firma nach § 17 HGB nicht das Gebäude des Unternehmens, sondern der Name des Kaufmanns, unter dem er seine Geschäfte betreibt und seine Unterschrift abgibt. Die Firma ersetzt den Namen des Kaufmanns nur im Handelsverkehr. Sie ist so eng mit dem Unternehmen (Handelsgeschäft) verbunden, dass sie nur zusammen mit diesem veräußert werden kann (vgl. § 23 HGB).

II. Grundsätze der Firmenbildung und Firmenführung

1. Firmenwahrheit

Für die Firmenbildung steht das Prinzip der so genannten *Firmenwahrheit* im **33** Vordergrund. Dieser Grundsatz hat nach Inkrafttreten des HRefG weiterhin Bedeutung; allerdings wurde das Firmenrecht im Interesse einer größeren Wahlfreiheit der Unternehmen liberalisiert, vereinfacht und vereinheitlicht. Während nach altem Recht in den §§ 18 und 19 HGB strenge und unterschiedliche Voraussetzungen für die Firmenbildung des Einzelkaufmanns und der Personengesellschaften OHG und KG erfüllt sein mussten, wurde die Firmenbildung mit der Neufassung dieser Vorschriften weitgehend freigegeben. Die früheren firmenrechtlichen Vorschriften verlangten entweder die Führung einer Personenfirma (§§ 18, 19 HGB a. F.) oder einer Sachfirma, die regelmäßig aus dem Gegenstand des Unternehmens gebildet wurde (§ 4 GmbHG a. F., § 4 AktG a. F., § 3 GenG a. F.). Diese Vorschriften wurden dahingehend geändert, dass für die Firmenbildung und der damit verbundenen Firmenwahrheit für alle Kaufleute zunächst einheitlich § 18 HGB n. F. gilt. Gem. § 18 Abs. 1 HGB muss die Firma »zur *Kennzeichnung des Kaufmanns* geeignet sein und *Unterscheidungskraft* besitzen«. Der Grundsatz der Firmenwahrheit ist in § 18 Abs. 2 S. 1 verankert (der etwas abstrakter und großzügiger formuliert ist als sein Vorgänger). Danach darf die Firma »keine Angaben enthalten, die geeignet sind, über geschäftliche Verhältnisse, die für die angesprochenen Verkehrskreise wesentlich sind, irrezuführen.«

Somit ist es jetzt jedem Unternehmen, einerlei ob Einzelkaufmann, Personengesellschaft oder Kapitalgesellschaft, freigestellt, zwischen einer Personenfirma,

Sachfirma oder gar einer Phantasiebezeichnung zu wählen[40], solange Kennzeichnungswirkung und Unterscheidungskraft der Firma noch gewährleistet sind.[41]

34 Alle Firmen müssen einen Zusatz über die Rechtsform enthalten; so z. B. Einzelkaufleute gem. § 19 Abs. 1 Nr. 1 HGB die Bezeichnung »eingetragener Kaufmann/eingetragene Kauffrau« oder allgemein verständliche Abkürzungen dieser Bezeichnung wie z. B. »e. Kfm./e. Kfr.«. Gem. § 19 Abs. 1 Nr. 2 und Nr. 3 HGB muss bei Personengesellschaften die jeweilige genaue Gesellschaftsbezeichnung oder die entsprechende allgemein verständliche Abkürzung, also »OHG« oder »KG«, eingetragen werden. Unspezifische Hinweise auf die Existenz irgendeiner Gesellschaftsform, wie etwa »& Co.« oder »& Gesellschafter« genügen nicht mehr. Wenn in einer OHG oder KG keine natürliche Person haftet, wie z. B. bei der GmbH & Co. KG (vgl. dazu unten Rdnrn. 221 ff.) muss die Firma gem. § 19 Abs. 2 HGB eine Bezeichnung enthalten, welche die Haftungsbeschränkung kennzeichnet.

35 Entsprechende Bestimmungen zu § 19 Abs. 1 HGB für Kapitalgesellschaften sehen die §§ 4, 279 AktG, § 4 GmbHG und § 3 GenG vor. Gleiches gilt für die Partnerschaftsgesellschaft nach § 2 PartGG. Die wesentliche Innovation des Firmenrechts brachte die Handelsrechtsreform 1998 mit der Einführung der Begriffe »Eignung zur Kennzeichnung« und »Unterscheidungskraft« in § 18 Abs. 1 HGB. Nach der dazu bisher erfolgten Rechtsprechung ist »Unterscheidungskraft« »die hinreichende Eigenart, die eine Firma für sich genommen von anderen unterscheidbar macht«[42] bzw. »die hinreichende individuelle Eigenart, die den Verkehr den gewählten Namen als einen Hinweis auf das Unternehmen verstehen lässt«.[43]

36 Die »Eignung zur Kennzeichnung« ist eher eine *Folge* der Unterscheidungskraft als ein selbständiger Rechtsbegriff. Die Begriffe »Kennzeichnungseignung« und »Unterscheidungskraft« werden in der Rechtsprechung gleichermaßen verwendet.[44] Entscheidend ist die hinreichende Individualisierung der Firma, die bei rein beschreibenden Angaben fehlt.

Die Bezeichnung »Autohaus Müller« reicht z. B. nicht aus, da es davon sehr viele gibt.

2. Firmenbeständigkeit

37 Der Grundsatz der Firmenwahrheit wurde schon nach altem Recht vom Gesetzgeber bewusst nicht überspannt, sondern fand gewisse Einschränkungen durch den *Grundsatz der Firmenbeständigkeit*. Dieser fand auch nach der Handelsrechtsreform weiterhin Berücksichtigung und besagt, dass die Firma in bestimm-

---

40 *Roth*, Rdnr. 542.
41 BR-Drucks. 340/97, S. 36.
42 BGHZ 130, 276 (280).
43 BGHZ 130, 134 (144).
44 BGHZ, a. a. O.

ten Fällen unverändert bestehen bleiben darf, obwohl sie im Firmenkern unrichtig bzw. unwahr geworden ist[45].

Mit diesem Problem beschäftigt sich unser nächster Fall:

Übungsfall 2	

Die »Hans Hörnlein & Sohn OHG« wurde zum 31.12. aufgelöst, was im Handelsregister vermerkt wurde. Seniorchef Hans Hörnlein will sich zur Ruhe setzen, und sein Sohn Hans soll das Geschäft ab 1.1. des folgenden Jahres unter derselben Firma als *Einzelkaufmann* weiterführen. Das Registergericht hat gegen die Eintragung der Firma mit dem Zusatz »& Sohn OHG« Bedenken, da dadurch auf ein in Wahrheit nicht bestehendes Gesellschaftsverhältnis zu schließen ist und die Öffentlichkeit somit getäuscht werden könnte.
Kann die Firma »Hans Hörnlein & Sohn OHG« wieder ins Handelsregister eingetragen werden?

■ Welcher Grundsatz des Firmenrechts könnte die Bedenken des Registerge-   38
richts rechtfertigen?

▷ Da durch den Zusatz »& Sohn OHG« auf ein Gesellschaftsverhältnis zu schließen ist, während Hans Hörnlein jun. als Einzelkaufmann tätig sein will, könnte gegen den Grundsatz der Firmenwahrheit verstoßen werden, was sich mit § 18 Abs. 2 und § 19 Abs. 1 Nr. 1 HGB (lesen!) begründen lässt.

■ Wie müsste die Firma nach § 19 Abs. 1 HGB lauten? (Überlegen Sie!)

▷ Nach dem Wortlaut von § 19 Abs. 1 Nr. 1 HGB müsste die Firma »Hans Hörnlein, eingetragener Kaufmann (oder e. Kfm.)« heißen!

Nach § 22 Abs. 1 HGB darf bei Fortführung eines erworbenen Handelsgeschäftes zwar die bisherige Firma, *auch wenn sie den Namen des bisherigen Geschäftsinhabers enthält*, fortgeführt werden, doch verlangt § 19 Abs. 1 Nr. 1 HGB nunmehr ausdrücklich die Kennzeichnung als Einzelkaufmann.

Damit ist der Gesetzgeber der früher h. M. gefolgt, dass die Einschränkung   39
des Grundsatzes der Firmenwahrheit durch das Prinzip der Firmenbeständigkeit nur möglich sein soll, wenn der Handelsverkehr durch den fortgeführten Namen des Unternehmens nicht über dessen tatsächliche Rechtsform getäuscht wird. »Oberstes Gebot des Firmenrechts« war nach h. M. – und ist auch nach Meinung des Reformgesetzgebers[46] – die Firmenwahrheit[47]. In diesem Zusammenhang drängt sich natürlich die Frage auf: In welchem Fall kann der Grundsatz der Firmenbeständigkeit den Grundsatz der Firmenwahrheit angesichts der Regelung von § 19 Abs. 1 S. 1 HGB, der Kennzeichnungszusätze auch bei Fortführung der Firma nach den §§ 21, 22 und 24 HGB verlangt, noch durchbrechen?

■ Versuchen Sie selbst, nach der Lektüre von § 22 Abs. 1 HGB ein Beispiel dafür zu (er)finden! Überlegen Sie wieder erst, bevor Sie weiterlesen!

---

45 Vgl. *Brox/Henssler*, Rdnr. 111.
46 Vgl. BR-Drucks. 340/97, S. 37 f.
47 *Schmidt*, HR, § 12 III 1 a.

▷ Ganz einfach(?): Hans Hörnlein erwirbt von »Karl Klotz, e. Kfm.« dessen Unternehmen und führt gem. § 22 Abs. 1 HGB die alte Firma fort. Das darf er, wenn Karl Klotz ausdrücklich einwilligt.

Hier ist auch keine »Irreführung« i. S. v. § 18 Abs. 2 HGB zu befürchten (alle Vorschriften nochmals lesen!), da die Haftungsverhältnisse klar sind.

3. Firmeneinheit

40 Ein weiterer Grundsatz für die Firmenbildung ist das *Prinzip der Firmeneinheit*. Danach darf ein Kaufmann zur Vermeidung von Täuschungen im Rechtsverkehr für ein- und dasselbe Unternehmen nur eine einzige Firma führen[48].

Beispiel:
Erwirbt der Kaufmann Hans Hörnlein ein weiteres Handelsgeschäft von Karl Klotz samt Firma, so kann er nur dann zwei verschiedene Firmen führen, wenn das erworbene Unternehmen von seinem bisherigen Handelsgeschäft organisatorisch streng getrennt und selbstständig ist. In diesem Fall könnte er zwei Firmen: »Hans Hörnlein e. K.« und »Karl Klotz e. K.« führen. Andernfalls, wenn er also beide Unternehmen zu einem Geschäft vereint, ist nur eine Firma zulässig.

41 Zu dem Begriff des *Handelsgeschäfts* sollten Sie sich übrigens an dieser Stelle schon merken, dass das HGB ihn nicht immer einheitlich gebraucht, sondern sehr verschiedene Dinge damit bezeichnet.

■ Was ist damit gemeint, wenn das HGB im Firmenrecht von Erwerb und Fortführung des Handelsgeschäfts spricht?
▷ Das Unternehmen bzw. der Betrieb des Kaufmanns!
■ Was kann man unter einem Handelsgeschäft auch noch verstehen?
▷ Handelsgeschäfte sind alle Rechtsgeschäfte eines Kaufmanns, die zum Betrieb seines Handelsgewerbes gehören. In diesem Sinne wird der Begriff des Handelsgeschäfts im HGB in den §§ 343 ff. verwendet.

Hierauf werden wir noch zu einem späteren Zeitpunkt eingehen.

4. Firmenöffentlichkeit

42 Der *Grundsatz der Firmenöffentlichkeit* besagt, dass die Firma der Öffentlichkeit bekannt gegeben werden muss.

■ Wie das geschieht und aufgrund welcher Vorschrift der Kaufmann zu dieser Kundmachung seiner Firma verpflichtet ist, müssten Sie eigentlich beantworten können, wenn Sie sich an die Lösung unseres ersten Übungsfalls erinnern, der sich mit der Frage nach der Kaufmannseigenschaft der Kunstmalerin A befasst hat!

---

48 Vgl. *Brox/Henssler*, Rdnr. 115.

▷ Die Kundmachung der Firma geschieht vor allem durch die Anmeldung der Firma zur Eintragung ins Handelsregister, zu der gem. § 29 HGB jeder Kaufmann verpflichtet ist! (§ 29 HGB nochmals lesen!)

■ Welche Möglichkeiten der Publizierung der Firma können Sie sich außerdem noch vorstellen?
Denken Sie an die Praxis des täglichen Geschäftsverkehrs!

▷ Wahrscheinlich zu »einfach«: Anbringen eines Firmenschilds am Geschäftslokal oder allein der Gebrauch der Firma im Rechtsverkehr, z. B. durch entsprechend bedruckte Geschäftsbriefbögen (vgl. dazu § 37a HGB).

5.   Firmenunterscheidbarkeit

Im Zusammenhang mit § 29 HGB ist zugleich auf den *Grundsatz der Firmenunterscheidbarkeit* (auch: *Firmenausschließlichkeit*) hinzuweisen, der aus § 30 HGB folgt (lesen Sie § 30 Abs. 1 bis 3 HGB). Aus diesen Vorschriften folgt, dass das Handelsrecht die Firma unter einen besonderen Schutz gestellt sehen will. Zu § 30 Abs. 2 HGB, also zum Fall, dass zwei Kaufleute am gleichen Ort den gleichen Vor- und Familiennamen tragen, folgendes **43**

Beispiel:
Kurt Müller betreibt unter gleichnamiger Firma (Kurt Müller, e. Kfm.) in der Gemeinde Trostlosdorf einen Lebensmittelladen. Der zugezogene Versicherungsmakler Kurt Müller will sich in demselben Dorf ebenfalls unter der Firma »Kurt Müller, e. Kfm.« niederlassen.

■ Welchen Unterscheidungssatz würden Sie ihm empfehlen, damit das Amtsgericht ihn beanstandungslos in das Handelsregister eintragen wird?

▷ Z. B. »Kurt Müller, Versicherungsmakler, e. Kfm.«.

III. Schutz der Firma

1.   Nach HGB

Wird das Recht auf Firmenausschließlichkeit eines Kaufmanns durch einen anderen Kaufmann unzulässig beeinträchtigt, gewährt das HGB demjenigen, dessen Recht beeinträchtigt wird, gem. § 37 HGB in zweifacher Weise Firmenschutz. **44**
Lesen Sie § 37 Abs. 1 und Abs. 2 HGB ganz durch.

■ Worin sehen Sie den wesentlichen Unterschied dieser beiden Absätze? (Überlegen Sie!)

▷ Abs. 1 gewährt dem Firmeninhaber *öffentlich-rechtlichen* Schutz, während Abs. 2 ihm *privatrechtliche* Ansprüche (vgl. sogleich Rdnr. 45b) gegen denjenigen gibt, der seine Firma unbefugterweise gebraucht.

Dass der Firmeninhaber seine Firma zusammen mit seinem Handelsgeschäft, also seinem Unternehmen, veräußern kann, indem er dem Erwerber die Fortführung der Firma, d. h., die Beibehaltung des alten Namens gem. § 22 HGB gestattet, wurde bereits erwähnt.

45   Da die Firma aber kein selbstständiges Rechtsobjekt ist, kann sie niemals ohne das Handelsgeschäft, für welches sie geführt wird, veräußert werden. Eine solche Veräußerung würde gegen das ausdrückliche Verbot von § 23 HGB verstoßen und wäre deshalb nichtig (§ 23 lesen!).

■ Wissen Sie noch, aus welcher Vorschrift (des BGB) sich die Nichtigkeit der Veräußerung in diesem Fall ergeben würde? (Überlegen Sie!)
▷ Antwort siehe Fußnote[49].

Dem Firmenschutz dient auch § 37 a HGB (vgl. soeben Rdnr. 42), den Sie nun nochmals lesen sollten.

2.   Nach MarkenG

45a   Das MarkenG sieht vor allem den Schutz der Firma im *geschäftlichen* Verkehr vor.

Gem. § 5 Abs. 1 MarkenG[50] werden *Unternehmenskennzeichen* als *geschäftliche Bezeichnungen* geschützt. Nach § 5 Abs. 2 S. 1 MarkenG sind Unternehmenskennzeichen solche Zeichen, die im geschäftlichen Verkehr als Name, als *Firma* oder als besondere Bezeichnung eines Geschäftsbetriebs oder eines Unternehmens benutzt werden. Wenn jemand unbefugt eine geschäftliche Bezeichnung oder ein ähnliches Zeichen (vgl. dazu § 5 Abs. 2 S. 2 und Abs. 3 MarkenG) gebraucht, hat der Inhaber der Firma, die dadurch betroffen ist, gem. § 15 Abs. 4 MarkenG einen Unterlassungsanspruch und ggf. einen Schadensersatzanspruch nach § 15 Abs. 5 MarkenG[51].

3.   Nach BGB

45b   ■ Aus welcher Vorschrift des BGB könnte sich der Schutz der Firma eines Kaufmanns ergeben? Denken Sie dabei an den Begriff der Firma i. S. v. § 17 HGB!
▷ Da die Firma gem. § 17 HGB der Name des Kaufmanns ist, unter dem er seine Geschäfte betreibt und seine Unterschrift abgibt, ist die Firma auch durch § 12 BGB geschützt. Entsprechend dieser Vorschrift hat der Firmeninhaber einen Unterlassungsanspruch, wenn ein Dritter die Firma für *private* Zwecke benutzt.[52]

Weil das Namenrecht ein »sonstiges« Recht i. S. v. § 823 Abs. 1 BGB ist, kommen bei schuldhafter Verletzung dieses Rechts auch Schadensersatzansprüche aus §§ 823 Abs. 1 und Abs. 2, 826 BGB in Betracht.

---

49 § 134 BGB! – Notieren Sie sich diese Vorschrift im Gesetzestext neben § 23 HGB!
50 Gesetzessammlung *Schönfelder* Nr. 72.
51 Näheres z. B. bei *Gruber*, Rechtsschutz, S. 50–53.
52 Vgl. *Gruber*, Handelsrecht, S. 40.

Auch § 1004 Abs. 1 BGB analog (da er direkt nur für Eigentumsverletzungen gilt) kann bei Beeinträchtigung der Firma Anspruchsgrundlage für den Firmeninhaber sein[53].

IV. Fortführung der Firma

1. Inhaberwechsel durch rechtsgeschäftlichen Erwerb

a) Haftung für Verbindlichkeiten

Aus der engen Verbindung zwischen dem Handelsgeschäft und der Firma ergeben sich bei der Fortführung durch den Erwerber wichtige Konsequenzen hinsichtlich der Haftung für Verbindlichkeiten des bisherigen Unternehmers. Wir wollen diese Konsequenzen anhand des nächsten Übungsfalls etwas genauer betrachten.   46

Übungsfall 3	
Gustav Gans (G) liefert von Juli bis Oktober 2005 Waren im Wert von 5.000,– € an die »Buchhandlung Wilhelm W., e. Kfm.«. Als Inhaber war zu dieser Zeit Kuno Klotz (K) ins Handelsregister eingetragen, der die Buchhandlung vom Eigentümer W gepachtet hatte. Nachdem K mit der Zahlung der Pacht in Verzug kam, kündigte W ihm fristgerecht und verpachtete die Buchhandlung Anfang Dezember 2005 an den Kaufmann Reinhold Raffke (R). R führt den Betrieb ab 1. Januar 2006 unter der Firma »Buchhandlung Wilhelm W., Inhaber Reinhold R., e. Kfm.« weiter. G verlangt im Oktober 2006 von R Zahlung von 5.000,– €. R wendet ein, dass zwischen ihm und dem Vorpächter K keinerlei Rechtsbeziehungen bestehen. Außerdem sei der Ausschluss seiner Haftung für Verbindlichkeiten des K im Juli 2006 ins Handelsregister eingetragen worden. G besteht dennoch auf Zahlung. Zu Recht?	

Ein direkter Anspruch des G gegen R aus Vertrag scheidet zweifellos aus, da G und R keinen Vertrag geschlossen haben. Vertragspartner des G war der K.

■ Welchen Vertrag hatten G und K damals geschlossen?
▷ Einen Kaufvertrag i. S. v. § 433 BGB, so dass G gegen K einen Anspruch aus § 433 Abs. 2 BGB hatte.

Als Anspruchsgrundlage des G gegen R könnte deshalb § 433 Abs. 2 BGB   47
i. V. m. § 25 Abs. 1 S. 1 HGB (lesen!) in Betracht kommen.

Nach dieser Vorschrift würde R für die im Betriebe der Buchhandlung entstandenen Verbindlichkeiten des früheren Inhabers K haften, wenn er das Handelsgeschäft unter Lebenden erworben und unter Beibehaltung der Firma fortgeführt hätte.

Da die Buchhandlung des eingetragenen Kaufmanns W ein Handelsgewerbe i. S. v. § 1 HGB ist, handelt es sich um ein Handelsgeschäft i. S. d. § 25 Abs. 1 S. 1 HGB. Da R das Handelsgeschäft von W gepachtet hat, hat er es auch unter Le-

---

53 *Jauernig*, § 12, Rdnr. 6.

benden *erworben.* Der Erwerb i. S. d. § 25 HGB setzt also nicht voraus, dass dem Übernehmer die Firma und das Handelsgeschäft endgültig zu eigen werden. Der Erwerb zur vorübergehenden Nutzung, der bei der Pacht regelmäßig stattfindet, reicht aus. Das wird durch § 22 Abs. 2 HGB (lesen!) ausdrücklich klargestellt. Es reicht also der *Besitz*erwerb; *Eigentums*erwerb ist nicht nötig.

■ Hat der neue Pächter R das Unternehmen in unserem Fall auch unter Beibehaltung der Firma fortgeführt?

▷ Man könnte meinen, dass R unter Hinzufügung des Nachfolgezusatzes »Inhaber Reinhold R.« die Firma geändert hat. Für die Haftung des Erwerbers nach § 25 Abs. 1 S. 1 HGB ist das jedoch unerheblich, wie aus dem Wortlaut des Gesetzes eindeutig hervorgeht (§ 25 Abs. 1 S. 1 HGB nochmals lesen!).

(»Mit oder ohne« im Gesetzestext unterstreichen!) Somit sind alle Voraussetzungen für eine Haftung des Erwerbers R für die Verbindlichkeiten des früheren Inhabers gegeben.

■ Wer war in unserem Fall der frühere Inhaber der Buchhandlung?

▷ Nicht etwa der W! »Inhaber« ist nicht gleichbedeutend mit »Eigentümer«, sondern mit »Besitzer«. W hat die Buchhandlung selbst niemals betrieben und genutzt, sondern der frühere Pächter K. Dieser war der frühere Inhaber der Buchhandlung, der gegenüber G Verbindlichkeiten begründet hat.

48   Für die Haftung nach § 25 Abs. 1 S. 1 HGB kommt es also nicht darauf an, ob R das Geschäft unmittelbar von K oder mittelbar über W erworben hat. Maßgeblich ist allein die nach außen in Erscheinung tretende tatsächliche Firmenfortführung, durch die der Schein der Kontinuität der Verhältnisse des Unternehmens nach außen dokumentiert wird[54].

■ Wie würden Sie diese Art der Haftung nach § 25 Abs. 1 S. 1 HGB mit einem allgemeinen Begriff bezeichnen? (Denken Sie nach! Versuchen Sie sich z. B. an das zu erinnern, was Sie über »Anscheins- und Duldungsvollmacht« im Rahmen des Stellvertretungsrechts des Allgemeinen Teils des BGB gelernt haben!)[55]

▷ Da durch die Fortführung der Rechtsschein des Fortbestands der alten Firma unter derselben Leitung hervorgerufen wird, spricht man allgemein von einer »Rechtsscheinshaftung«.

Danach muss R gem. § 433 Abs. 2 BGB i. V. m. § 25 Abs. 1 S. 1 HGB dem G gegenüber für die Kaufpreisschuld des K haften, d. h. er muss zahlen!

■ Ist dieses Ergebnis richtig oder haben wir in unserem Fall noch etwas vergessen? (Lesen Sie den Sachverhalt ggf. nochmals!)

49   ▷ R beruft sich darauf, dass er mit K einen Haftungsausschluss vereinbart habe, der auch ins Handelsregister eingetragen sei.

---

54 *Baumbach/Hopt,* § 25, Rdnr. 1.
55 Vgl. *mein* BGB AT, Rdnrn. 301 ff.

Ob dieser Haftungsausschluss gegenüber G wirksam ist, ergibt sich aus § 25 Abs. 2 HGB (lesen!).

■ Was meinen Sie? Sind die Voraussetzungen dieser Vorschrift in unserem Fall erfüllt, so dass der Haftungsausschlussgrund zugunsten des R eingreifen kann?

▷ Nach dem Wortlaut von § 25 Abs. 2 HGB eigentlich: ja! Ein Haftungsausschlussgrund greift aber nach h. M. in Rechtsprechung und Lehre[56] nur ein, wenn er nach dem Erwerb des Unternehmens *unverzüglich* (vgl. § 121 Abs. 1 S. 1 BGB!) ins Handelsregister eingetragen bzw. dem Dritten selbst mitgeteilt wurde. Aus Gründen der Rechtssicherheit soll sich der Erwerber nicht erst dann auf einen solchen Haftungsausschluss berufen, wenn ein Gläubiger des Veräußerers an ihn herantritt. Er muss dem Gläubiger vielmehr sofort nach Übernahme die Information zukommen lassen. R hat die Firma jedoch bereits im Januar 2005 übernommen und den Haftungsausschluss erst im Juli 2005 ins Handelsregister eintragen lassen. Sechs Monate sind also nicht mehr »unverzüglich«. Somit kann R sich darauf nicht berufen, sondern er muss zahlen.

b) Übergang von Forderungen

Genauso wie es möglich ist, dass der Erwerber ein Unternehmen mit Verbind- **50** lichkeiten, also mit Schulden, übernimmt, ist es möglich, dass das Unternehmen seinerseits Schuldner und somit Forderungen gegen Dritte hat. Diesen Fall regelt § 25 Abs. 1 S. 2 HGB (lesen!).

Da bei einem Inhaberwechsel nicht nur die Gläubiger des Unternehmens Schutz bedürfen, sondern auch die Schuldner, sollen sie von ihrer Schuld befreit werden, wenn sie in gewohnter Weise an die alte Firma mit neuem Inhaber zahlen. Der alte Firmeninhaber hat gegenüber dem neuen aber gegebenenfalls einen Anspruch auf Herausgabe des Erlangten nach den Vorschriften über die ungerechtfertigte Bereicherung (§ 816 Abs. 2 BGB). Umgekehrt kann allerdings der neue Firmeninhaber, der eine Schuld des alten Inhabers bezahlt, u. U. von diesem dafür einen Ausgleich verlangen (vgl. §§ 421, 426 BGB[57]).

Verdeutlichen Sie sich die Haftung für Verbindlichkeiten und den Übergang von Forderungen bei der Firmenfortführung nach rechtsgeschäftlichem Erwerb der Firma nochmals anhand der folgenden Grafik (Übersicht 4).

---

56 Vgl. *Schmidt*, HR, 8 II 3a.
57 Vgl. *mein* SchR AT, Rdnrn. 296 f.

Übersicht 4

50a

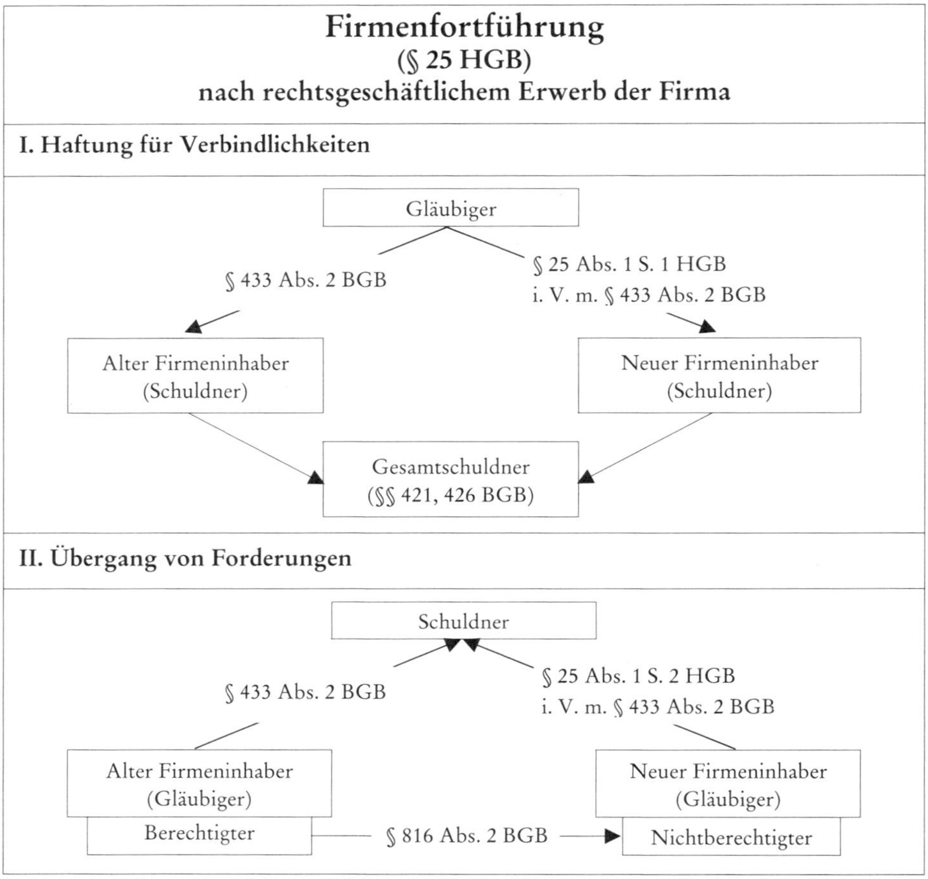

Firmenfortführung
(§ 25 HGB)
nach rechtsgeschäftlichem Erwerb der Firma

I. Haftung für Verbindlichkeiten

Gläubiger

§ 433 Abs. 2 BGB

§ 25 Abs. 1 S. 1 HGB
i. V. m. § 433 Abs. 2 BGB

Alter Firmeninhaber
(Schuldner)

Neuer Firmeninhaber
(Schuldner)

Gesamtschuldner
(§§ 421, 426 BGB)

II. Übergang von Forderungen

Schuldner

§ 433 Abs. 2 BGB

§ 25 Abs. 1 S. 2 HGB
i. V. m. § 433 Abs. 2 BGB

Alter Firmeninhaber
(Gläubiger)

Neuer Firmeninhaber
(Gläubiger)

| Berechtigter | — § 816 Abs. 2 BGB ⟶ | Nichtberechtigter |

2. Inhaberwechsel durch Erbschaft

51 So wie der *rechtsgeschäftliche* Erwerber eines Handelsgeschäfts bei Fortführung der Firma gem. § 25 Abs. 1 S. 1 HGB haftet, haftet auch derjenige, der ein Handelsgeschäft durch Erbschaft erworben hat. Das ergibt sich aus § 27 Abs. 1 HGB (lesen!).

Die Haftung des Erben für die Verbindlichkeiten wird gem. § 27 Abs. 2 HGB (lesen!) eingeschränkt, wenn der Erbe die Fortführung des Geschäfts innerhalb dreier Monate nach Kenntniserlangung von der Erbschaft einstellt. (Näheres hierzu lesen Sie bei Bedarf in nachfolgend genannter »Literatur zur Vertiefung« nach!)

Im übrigen gelten für die Haftung des Erben eines Handelsgeschäfts grundsätzlich auch die erbrechtlichen Regelungen des BGB (vgl. insbesondere §§ 1922 Abs. 1, 1942 ff. 1967 ff. BGB).

3. Eintritt in das Geschäft eines Einzelkaufmanns

Der Vollständigkeit halber müssen wir uns in diesem Zusammenhang noch § 28 **52** HGB (Abs. 1 S. 1 lesen!) ansehen: Tritt jemand in das Geschäft eines Einzelkaufmanns ein, so wird daraus »automatisch« eine Gesellschaft. Je nachdem, ob der Eintretende als persönlich haftender Gesellschafter oder nur als Kommanditist, d. h. als nur mit seinem Einlagekapital haftender Gesellschafter eintritt, wird daraus eine oHG oder eine KG. In beiden Fällen haftet gem. § 28 Abs. 1 S. 1 HGB die Gesellschaft auch für früher begründete Verbindlichkeiten gegenüber Dritten, sofern nicht eine abweichende Vereinbarung dem Dritten rechtzeitig mitgeteilt oder ins Handelsregister eingetragen ist (§ 28 Abs. 2 – lesen!).

Bevor wir uns im Folgenden etwas genauer mit dem Handelsregister beschäftigen, wollen wir uns zum Firmenrecht noch eine zusammenfassende Übersicht (5) ansehen.

Literatur zur Vertiefung (Rdnrn. 32–52):

Alpmann und Schmidt, HR, 2. Abschnitt; *Bokelmann* (Literaturverzeichnis); *Brox/Henssler*, §§ 7 und 8; *Hofmann*, D, I–IV; *Hübner*, § 3; *Jung*, Kap. 4; *Koch*, Semesterabschlussklausur Handelsrecht: Fortführung eines Handelsgeschäfts, JuS 2006, 142; *Martinek*, Fälle 7–10; *Möller*, Das neue Firmenrecht in der Rechtsprechung – Eine kritische Bestandsaufnahme, DNotZ 2000, 830; *Pfeiffer/Rein*, Einführung in das Markenrecht, JuS 2006, 584; *Roth*, § 23; *Schulz*, Die Neuregelung des Firmenrechts, JA 1999, 247; *Zerres*, Inhaberwechsel und rechtliche Konsequenzen, JURA 2006, 253.

Übersicht 5

53

Das Recht der Handelsfirma[58]
1. Firma
Im HR andere Bedeutung als im alltäglichen Sprachgebrauch: nicht das Unternehmen als »Betrieb« (Gebäude), sondern der Name des Kaufmanns, unter dem er seine Geschäfte betreibt und die Unterschrift abgibt sowie klagen und verklagt werden kann (§ 17). Firma ist untrennbar mit Unternehmen verbunden (§ 23 – »Handelsgeschäft« doppeldeutig, hier: Unternehmen, Betrieb; in §§ 343 ff.: Rechtsgeschäfte des Kaufmanns!)
2. Grundsätze für die Firmenbildung
a) Prinzip der *Firmenwahrheit:* Angabe über den Inhaber und die Rechtsnatur des Geschäfts; keine täuschenden Zusätze, insbesondere über Gesellschafter und Geschäftsgegenstand (§ 18 HGB = Kennzeichnungseignung und Unterscheidungskraft); für Einzelkaufmann: § 19 Abs. 1 Nr. 1, für Personengesellschaften: § 19 Abs. 1 Nr. 2 und 3; für AG, KGaA, GmbH u. Gen.: §§ 4, 279 AktG, § 4 GmbHG und § 3 GenG.   b) *Firmenbeständigkeit:* Beibehaltung der alten Fa. bei Namensänderung oder (Teil-)Inhaberwechsel = §§ 21, 22, 24 – Durchbrechung der Firmenwahrheit, Ausnahme: Täuschungsgefahr (§ 18 i. V. m. § 19 Abs. 1); beachte auch: § 19 Abs. 2 (= »GmbH & Co. KG«).   c) *Firmeneinheit:* Grundsätzlich nur eine Fa. für dasselbe Unternehmen eines Kaufmanns – mehrere Firmen nur bei *organisatorischer Trennung.*   d) *Firmenöffentlichkeit:* Bekanntgabe (Publizierung) der Fa. in der Öffentlichkeit – z. B. Pflicht zur Eintragung ins HReg. gem. § 29 (außerdem z. B. Firmenschilder, Briefbogen).   e) *Firmenausschließlichkeit: Unterscheidbarkeit* von anderen Firmen am selben Ort (§ 30)
3. Firmenschutz
Bei unzulässigem Gebrauch anderer Fa. zweifacher Schutz nach HGB: a) § 37 Abs. 1 = öffentlich-rechtlicher Schutz; b) § 37 Abs. 2 = privatrechtlicher Schutz: Ansprüche gegen unbefugte Benutzer z. B. §§ 823 Abs. 1 und 2, 826 oder § 1004 BGB. Außerdem Schutz nach § 12 BGB und nach §§ 5, 15 MarkenG.

---

58 §§ ohne Bezeichnung auf dieser Übersicht sind solche des HGB!

Übersicht 5 *(Fortsetzung)*

4. Firmenfortführung bei Inhaberwechsel

■ Neuer Inhaber eines Handelsgeschäfts kann Fa. »mit oder ohne« Nachfolgezusatz fortführen, wenn Einwilligung vorliegt = § 22 Abs. 1

■ Erwerb kann auch vorübergehender Natur sein, z. B. Pacht = § 22 Abs. 2

a) **Haftung des Erwerbers bei Firmenfortführung – § 25 –**

    aa) Haftung nach § 25 Abs. 1 S. 1 für Verbindlichkeiten des früheren Inhabers unabhängig von Nachfolgezusatz. Möglichkeit des Haftungsausschlusses gem. § 25 Abs. 2 = gegenüber Dritten nur wirksam, wenn *unverzüglich* bekanntgemacht.

    bb) Schuldner des früheren Inhabers, die (gutgläubig) an Erwerber zahlen, werden frei (arg. aus § 25 Abs. 1 S. 2).

    zu aa) Haftung des Erwerbers neben früherem Inhaber (vgl. § 421 BGB – ggf. § 426 BGB). Ansprüche der Gläubiger gegen den früheren Inhaber verjähren gem. § 26 Abs. 1 in fünf Jahren.

    zu bb) Bei Zahlung an Erwerber Anspruch des früheren Inhabers gegen den Erwerber aus ungerechtfertigter Bereicherung möglich (§ 816 Abs. 2 BGB)

b) **Haftung der Erben bei Geschäftsfortführung – § 27 –**

■ Bei Übernahme des Geschäfts durch Erben gilt § 25 entsprechend.

■ Erbe hat drei Monate Zeit, sich zu »überlegen«, ob er Erbschaft annimmt oder Geschäft einstellt (§ 27 Abs. 2)

c) **Eintritt in das Geschäft eines Einzelkaufmanns:**

■ Durch Eintritt einer Person in Unternehmen entsteht Gesellschaft (oHG oder KG); die neue Gesellschaft haftet für alte Schulden voll mit (§ 28 Abs. 1), falls nicht § 28 Abs. 2 eingreift.

4. Kapitel   Das Handelsregister

I.   Inhalt und Zweck

Die besondere Bedeutung des Handelsregisters für den Rechtsverkehr der Kauf-   **54**
leute wurde schon mehrfach angedeutet. Die Vorschriften, die sich mit dem Re-
gisterrecht befassen, sind die §§ 8 bis 16 HGB. Das Handelsregister ist, wie bereits erwähnt, ein öffentliches Verzeichnis, das über die Rechtsverhältnisse von
Kaufleuten eines bestimmten Amtsgerichtsbezirks Auskunft gibt. Zweck des
Handelsregisters, das gem. § 8 HGB von den Gerichten geführt wird, ist es, die
Sicherheit im Handelsverkehr durch Offenlegung der Rechtsverhältnisse der
Kaufleute zu gewährleisten. Die Einsicht in das Handelsregister ist deshalb gem.
§ 9 Abs. 1 HGB jedem gestattet, und gem. § 10 Abs. 1 HGB ist das Registerge-
richt verpflichtet, alle Neueintragungen in das Handelsregister durch den »Bun-
desanzeiger«[59] und durch mindestens ein anderes Blatt – in der Regel ist das die
Lokalpresse – bekanntzumachen.

Einen Auszug aus einem Handelsregister zeigt die folgende Übersicht 6
(Rdnr. 56), die anschließend kurz kommentiert wird.

---

59 *Der »Bundesanzeiger« ist ein amtliches »Blatt« (»Zeitung«), das durch Beschluss der*
Bundesregierung vom 20.9.1949 (= Öffentlicher Anzeiger für das Vereinigte Wirt-
schaftsgebiet Nr. 87/1949) als Verkündungs- und Bekanntmachungsorgan des Bundes
geschaffen worden ist.

55 Muster eines Handelsregisterblatts

Amtsgericht

Nr. der Ein- tra- gung	a) Firma b) Ort der Niederlassung (Sitz der Gesellschaft) c) Gegenstand des Unternehmens (bei juristischen Personen)	Geschäftsinhaber Persönlich haftender Gesellschafter Vorstand Abwickler	Prokura
1	2	3	4

Amtsgericht

Nr. der Ein- tra- gung	a) Firma b) Sitz c) Gegenstand des Unternehmens	Grund- oder Stammkapital Euro	Vorstand Persönlich haftender Gesellschafter Geschäftsführer Abwickler	Prokura
1	2	3	4	5

32

Blatt	HR A	
Rechtsverhältnisse	a) Tag der Eintragung und Unterschrift b) Bemerkungen	
5	6	

Blatt	HR B	
a) Rechtsform, Beginn, Satzung oder Gesellschaftsvertrag b) Sonstige Rechtsverhältnisse	a) Tag der Eintragung und Unterschrift b) Bemerkungen	
6	7	

Übersicht 6

56

Auszug aus einem Handelsregister (Lokalpresse)

Bekanntmachungen

Handelsregister – Neueintragung
HRB 1676 – *Datum* – HOCO Composite Technologie GmbH, 5227 Windeck. Gegenstand des Unternehmens: Entwicklung und Vertrieb von Werkstoffen zur Herstellung von Faserverbundbauteilen sowie die Produktionsanlagenentwicklung zur Herstellung von Faserverbundbauteilen; Erwerb gleicher oder ähnlicher Unternehmen im In- und Ausland; Beteiligung an solchen und Übernahme von deren Vertretung; Errichtung von Zweigniederlassungen. Stammkapital: 25.000 Euro*. Geschäftsführer: Werner Hoffmann, Kaufmann, Opperzau, Auf dem Schlag 11, 51570 Windeck. Gesellschaft mit beschränkter Haftung. Der Gesellschaftsvertrag ist am 16. Mai ... geschlossen. Die Gesellschaft wird durch einen oder mehrere Geschäftsführer vertreten. Ist nur ein Geschäftsführer bestellt, so vertritt er die Gesellschaft allein. Sind mehrere Geschäftsführer bestellt, so wird die Gesellschaft durch zwei Geschäftsführer gemeinschaftlich vertreten. Geschäftsführern kann die Befugnis erteilt werden, die Gesellschaft allein zu vertreten und im Namen der Gesellschaft mit sich im eigenen Namen oder als Vertreter eines Dritten Rechtsgeschäfte vorzunehmen. Der Geschäftsführer Werner Hoffmann ist befugt, die Gesellschaft allein zu vertreten und im Namen der Gesellschaft mit sich im eigenen Namen oder als Vertreter eines Dritten Rechtsgeschäfte vorzunehmen. Als nicht eingetragen wird veröffentlicht: Bekanntmachungen der Gesellschaft erfolgen nur im Bundesanzeiger. (Ohne Gewähr: Die Geschäftsräume befinden sich in Opperzau, Auf dem Schlag 11, 51570 Windeck.)
Amtsgericht Waldbröl

Handelsregister – Veränderung
HRB 1632 – *Datum* – LEUTE planenschlüsselfertiges Bauen GmbH, Siegburg. Geschäftsführerin: Heidemarie, gen. Heidi, Leute geb. Müller, Hausfrau, Siegburg. Bruno Leute ist nicht mehr Geschäftsführer. Heidemarie, gen. Heidi, Leute ist stets alleinvertretungsberechtigt und von den Beschränkungen des § 181 BGB befreit. Die Firma und der Gegenstand des Unternehmens sind geändert in: LEUTE Bauen-Wohnen GmbH. An- und Verkauf von bebauten und unbebauten Grundstücken und grundstücksgleichen Rechten, die Erschließung von Baugrundstücken, die schlüsselfertige Herstellung von Wohngebäuden und anderen Hochbauten aller Art als Bauträger oder Baubetreuer jeweils durch zu beauftragende Fachfirmen und die Vermietung solcher Geschäfte einschließlich der Vermittlung von Finanzierungen und Versicherungen aller Art. § 3 des Gesellschaftsvertrags (Stammkapital und Geschäftsanteile) ist neugefasst durch die Gesellschafterversammlung vom 10. September ....
Amtsgericht Siegburg

Handelsregister – Neueintragung
Für Angaben in "..." keine Gewähr
HRA 2864 – *Datum* – ASTORIA Spiel- und Unterhaltungsautomaten GmbH & Co Kommanditgesellschaft, Much (Sommerhausen 17). Geschäftszweig: Der Betrieb von und Handel mit sowie die Aufstellung von Spiel- und Unterhaltungsautomaten aller Art; Kommanditgesellschaft. Beginn: 1. April .... Persönlich haftender Gesellschafter ist die ASTORIA Spiel- und Unterhaltungsautomaten GmbH, Sitz: Much; zwei Kommanditisten. Der Sitz der Gesellschaft und der persönlich haftenden Gesellschafterin sind jeweils von Köln nach Much verlegt.
Amtsgericht Siegburg

---

* vgl. § 5 GmbHG

Erläuterungen zu Übersicht 6:
Wenn Sie die Bekanntmachungen soeben aufmerksam gelesen haben, sollte Ihnen aufgefallen sein, dass die beiden GmbH-Firmen unter der Rubrik »HRB«, Kommanditgesellschaften dagegen unter »HRA« eingetragen sind.

In Abteilung A werden die Tatsachen über Einzelkaufleute, juristische Perso- **57** nen des öffentlichen Rechts und Personengesellschaften aufgenommen, die aufgrund des von ihnen ausgeübten Gewerbes einzutragen sind[60]. In Abteilung B werden die Tatsachen über Kapitalgesellschaften wiedergegeben. Für Genossenschaften besteht ein eigenes Genossenschaftsregister. Was im Einzelnen einzutragen ist, bestimmt sich nach dem HGB und den Nebengesetzen, insbesondere dem Aktiengesetz und dem GmbH-Gesetz sowie generell nach der HRV.

Wenngleich wir nicht auf alle Details eingehen können, sollten wir zumindest **58** kurz festhalten, welche wichtigen Tatsachen in den Abteilungen HRA und HRB, die im »Originalhandelsregister«[61] in verschiedenen Spalten eingetragen sind, mitgeteilt werden. In Abteilung HRA (= ASTORIA . . . KG) erscheinen Zeitpunkt (»Datum«) der Eintragung, Firma und Ort der Niederlassung, Art des Geschäfts, Beginn, persönlich haftende Gesellschafter, Anzahl der Kommanditisten, zuständiges Amtsgericht. Für die Eintragung im Original gelten für die Abteilung HRA im Einzelnen die §§ 40–42 HRV[62], für Abteilung HRB die §§ 43–47 HRV.[63] Aus unserem Handelsregisterauszug können wir in der Abteilung HRB über die Kapitalgesellschaft »HOCO . . . GmbH« vor allem entnehmen: Zeitpunkt der Eintragung, Firma und Ort der Niederlassung, Gegenstand des Unternehmens, Stammkapital der Gesellschaft, Name des Geschäftsführers, Datum des Gesellschaftsvertrags, Regelungen der Geschäftsführungsbefugnis und Vertretungsmacht. Diese Tatsachen sind im Handelsregister für die Firma »LEUTE . . . GmbH« bereits enthalten und müssen bei Eintragungen von »Veränderungen« nicht wiederholt werden, wie sich aus einigen Bezugnahmeformulierungen ergibt.

Die (sachliche) Zuständigkeit der Amtsgerichte für die Eintragungen ins Han- **59** delsregister ergibt sich übrigens nicht aus den §§ 8–16 HGB, die das »materielle[64] Handelsregisterrecht« regeln, sondern aus § 125 FGG[65], in dem u. a. weitere Vorschriften für das Verfahren (= formelles Recht) in Handelssachen enthalten sind.

---

60 Vgl. HeidelbergKomm/*Ruß* § 8, Rdnr. 14.
61 **Vgl. Muster Rdnr. 55.**
62 Z. B. abgedruckt bei *Baumbach/Hopt* unter Nr. 4.
63 **Die HRV wurde teilweise durch das HRefG neugefasst, um das gerichtliche Handelsregisterverfahren einschließlich des Kostenrechts effizienter und für die Unternehmen kostengünstiger zu gestalten.**
    Darauf müssen wir aber in einem Grundriss zum »Einstieg ins Handelsrecht« nicht eingehen!
64 Vgl. *mein* BGB AT, Rdnr. 23.
65 Vgl. *Hager*, JURA 1992, 58.
    »Freiwillige Gerichtsbarkeit« ist ein Teil der »ordentlichen Gerichtsbarkeit« (vgl. dazu mein BGB AT, Rdnr. 24). Sie steht im Gegensatz zur »streitigen Gerichtsbarkeit«. Die freiwillige Gerichtsbarkeit (fG) ist ein staatlich geregeltes Verfahren für bestimmte, meist privatrechtliche Angelegenheiten, das teils von Amts wegen, teils auf Antrag eingeleitet wird. Der Begriff »freiwillig« ist allerdings (nicht nur) für den Laien etwas irreführ-

II. Eintragungspflichtige und eintragungsfähige Tatsachen

60 Eintragungspflichtige Tatsachen sind solche, zu deren Eintragung der Kaufmann gesetzlich verpflichtet ist, wie z. B. gem. § 29 HGB, den Sie schon kennen (trotzdem: nochmals lesen!). Eintragungsfähig sind Tatsachen, deren Eintragung zwar zulässig, aber nicht gesetzlich vorgeschrieben ist, z. B. der schon erwähnte Haftungsausschluss gem. § 25 Abs. 2 HGB.

61 Nicht eintragungsfähig sind, allgemein ausgedrückt, immer solche Tatsachen, für die das Gesetz keine Eintragung vorsieht, so z. B. auch das Geschäftskapital einer Personengesellschaft oder eines Einzelkaufmanns oder die »Handlungsvollmacht«[66]. Anders dagegen die Erteilung und Löschung der »Prokura«[60], die gem. § 53 HGB eintragungspflichtig sind. Die wichtigsten eintragungsfähigen und -pflichtigen Tatsachen sind auf einer zusammenfassenden Übersicht (7) auf der nächsten Seite aufgelistet. *Bevor* Sie diese Übersicht lesen, merken Sie sich nochmals, dass die Eintragungen ins Handelsregister unterschiedliche Wirkung haben:

III. Deklaratorische und konstitutive Eintragungswirkung

62 ■ Zur Wiederholung: Worin liegt der Unterschied zwischen deklaratorischen und konstitutiven Eintragungen? (Überlegen Sie, bevor Sie weiterlesen!)

▷ Deklaratorisch ist eine Eintragung, wenn sie ein Rechtsverhältnis bekundet (erklärt), das ohne Rücksicht auf die Eintragung ohnehin schon besteht (z. B. § 29 HGB i. V. m. § 1 HGB).

Durch eine konstitutive Eintragung dagegen wird ein solches Rechtsverhältnis erst begründet.

Die wichtigsten Beispiele, die wir hierzu genannt haben, waren

■ ... welche? (Erst nachdenken, dann weiterlesen!)

▷ Die Eintragung des Kannkaufmanns (§§ 2 u. 3 HGB) sowie derjenigen Handelsgesellschaften, die erst mit der Eintragung ins Handelsregister als Gesellschaft entstehen (z. B. AG gem. § 41 Abs. 1 S. 1 AktG, GmbH gem. § 11 Abs. 1 GmbHG)[67].

Lesen Sie nun Übersicht 7 (Rdnr. 63).

---

rend, denn auch im Verfahren der fG wird durchaus gestritten. Generell lässt sich, um nicht zu sehr auszuschweifen (das FGG ist im Gegensatz zum HGB nicht Prüfungsstoff), mit Habscheid *(S. 19) der Begriff der fG folgendermaßen reduzieren: Im Gegensatz zum streitigen Zivilprozess, in dem regelmäßig Beklagte von Klägern vor das Gericht »gezwungen« werden, wenden sich die Beteiligten einverständlich und nicht im Streit miteinander an das Gericht der fG. Ebenso gilt, dass das Merkmal der Freiwilligkeit nur für einen Teil der fG, nicht aber für ihren Gesamtbereich gilt (*Habscheid, a. a. O.).

Sofern Sie neugierig geworden sind, versuchen Sie, Begriff und Inhalt der fG anhand von Habscheid *(§ 4),* Brehm *(§ 1) oder* Kollhosser/Bork *(1. Kap., A) zu verstehen...*

66 Dazu ausführlich unten, Rdnrn. 74 ff. u. 86 ff.

67 Besonderheit im VAG (§ 15): VVaG erlangt Rechtsfähigkeit durch die von der Aufsichtsbehörde erteilte Erlaubnis zum Geschäftsbetrieb.

Übersicht 7

Inhalt und Zweck des Handelsregisters[68]	**63**

Das Handelsregister (HR) ist ein öffentliches Verzeichnis über die Rechtsverhältnisse von Kaufleuten eines Amtsgerichtsbezirks.
HR wird von Amtsgerichten geführt (§ 8 i. V. m. § 125 FGG) = »Registergericht«

Zweck des HR
Sicherheit im Handelsverkehr durch Offenlegung der Rechtsverhältnisse zu gewährleisten = Publizität
- Einsichtnahme ist jedermann gestattet (§ 9 Abs. 1)
- Verpflichtung des Registergerichts zu öffentlicher Bekanntmachung (Bundesanzeiger und lokale Tagespresse, vgl. § 10 Abs. 1)

Aufbau Zwei Abteilungen = »HR A« und »HR B«
- A = Einzelkaufleute u. Personengesellschaften, juristische Personen des öffentlichen Rechts
- B = Kapitalgesellschaften
Einzelheiten: vgl. § 40–42 HRV (Abteilung A)
§ 43–47 HRV (Abteilung B)

Einzutragende Tatsachen
- Nur im Gesetz vorgesehene Tatsachen dürfen eingetragen werden; andernfalls handelt es sich um *nicht* eintragungsfähige Tatsachen (z. B. Handlungsvollmacht, Geschäftskapital von Personengesellschaft oder Einzelkaufmann).
  Beispiele:

Eintragungspflichtig	Eintragungsfähig
- Firma und Inhaber (§ 29) - Erteilung und Erlöschung von Prokura (§ 53) - Höhe und Herabsetzung der Einlagen von Kommanditisten (§ 175) - Gründung, Sitz und Firma von Handelsgesellschaften - bei juristischen Personen: Vorstandsmitglieder, Geschäftsführer, Stammkapital u. a.	- Haftungsausschluss gem. § 25 Abs. 2

- Verschiedene Wirkungen der Eintragungen:
  deklaratorische (rechtserklärende) und *konstitutive* (rechtsbegründende) Wirkung

IV. Publizitätswirkung von Handelsregistereintragungen

Das Handelsregister dient der Sicherheit des Rechtsverkehrs und hat die Vermutung der Richtigkeit für sich. Durch die Offenlegung der wichtigsten Rechtsverhältnisse der Kaufleute kommt dem Handelsregister eine sogenannte Publizitätswirkung zu, die in § 15 HGB, der wohl wichtigsten Vorschrift des Registerrechts des HGB, geregelt ist. Man unterscheidet zwischen negativer und positiver Publizität. **64**

68 §§ ohne Bezeichnung auf dieser Übersicht sind solche des HGB.

1. Negative Publizität

65 Die negative Publizität regelt § 15 Abs. 1 HGB: Solange eine einzutragende, d. h. eintragungspflichtige oder -fähige Tatsache, *nicht* eingetragen ist, kann sie gem. § 15 Abs. 1 HGB einem Dritten *nicht* entgegengehalten werden (§ 15 Abs. 1 lesen!).
Was das bedeutet, zeigt Folgendes

Beispiel:
Die Versicherungsgesellschaft V widerruft die Prokura ihres Prokuristen P und kündigt ihm fristlos. Aus Versehen unterbleibt die Löschung der Prokura im Handelsregister. P schließt mit X einen Haftpflichtversicherungsvertrag. Wenige Tage später tritt der Versicherungsfall ein.

■ Muss V die Versicherungssumme an X zahlen?
▷ Die V muss zahlen und kann sich nicht darauf berufen, dass P zum Abschluss des Vertrags nicht mehr berechtigt war; denn bei der Entziehung der Prokura handelt es sich um eine einzutragende bzw. eintragungspflichtige Tatsache gem. § 53 Abs. 3 HGB. Ist das Erlöschen der Prokura, wie hier, nicht eingetragen, so kann V sich darauf gegenüber X, sofern dieser gutgläubig war, nicht berufen! Gutgläubig war X, wenn ihm das Erlöschen der Prokura nicht bekannt war.

2. Positive Publizität

66 *Ist* eine Tatsache ins Handelsregister eingetragen und bekanntgemacht worden, so muss ein Dritter sie gem. § 15 Abs. 2 HGB gegen sich gelten lassen. § 15 Abs. 2 HGB (lesen!) ist also ein Fall der positiven Publizität.
Das Gesetz geht davon aus, dass jeder Kaufmann und jeder, der mit Kaufleuten Geschäfte macht, die Bekanntmachung des Registergerichts liest, gibt ihm aber, wie aus § 15 Abs. 2 Satz 2 HGB folgt, 15 Tage Zeit dazu.

Beispiel:
Wieder kündigt die Versicherungsgesellschaft V dem Prokuristen P. Diesmal wird die Prokura ordnungsgemäß im Handelsregister gelöscht. Nach drei Wochen schließt X mit P einen Versicherungsvertrag ab und verlangt einige Tage später nach Eintritt des Versicherungsfalls von V Zahlung.

■ Zu Recht?
▷ Diesmal hat X Pech gehabt; er muss gem. § 15 Abs. 2 S. 1 HGB die Löschung der Prokura gegen sich gelten lassen.

3. Wirkung unrichtiger Bekanntmachungen

67 § 15 Abs. 3 HGB schließlich dehnt die positive Publizitätswirkung des Handelsregisters auch auf den Fall aus, dass einzutragende (das sind nach h. M. nur eintragungs*pflichtige*[69]) Tatsachen *unrichtig bekanntgemacht* wurden. (Vorschrift lesen!)

Der Gesetzgeber geht davon aus, dass derjenige, der die Berichtigung einer falschen Bekanntmachung unterlässt, zugunsten des gutgläubigen Dritten sich so behandeln lassen muss, als ob die unrichtige Bekanntmachung mit seinem Willen fortbesteht.

Beispiel:

Nachdem V dem P gekündigt hat, wurde die *Löschung* der Prokura beim Registergericht angemeldet und ins Handelsregister eingetragen. Durch ein Versehen wird aber im Bundesanzeiger und in der Tagespresse die *Erteilung* der Prokura bekanntgegeben.

■ Muss V zahlen, wenn P nach Löschung der Prokura und der unrichtigen Bekanntmachung einen Versicherungsvertrag mit X geschlossen hat und der Versicherungsfall eintritt?

▷ In diesem Fall könnte sich X nach Abschluss eines Vertrags mit P auf die unrichtige Bekanntmachung berufen.

Das Gesetz unterstellt, wie gesagt, dass jeder, der mit Kaufleuten Geschäfte macht, die Bekanntmachungen der Handelsregistereintragungen liest und die V daher Gelegenheit hatte, die unrichtige Bekanntmachung berichtigen zu lassen.

Prägen Sie sich die Publizitätswirkungen von § 15 HGB nochmals anhand der nächsten Übersicht (8) ein!

Literatur zur Vertiefung (Rdnrn. 54–67):

Alpmann und Schmidt, HR, 5. Abschnitt, 1. u. 2.; *Brox/Henssler*, §§ 5 und 6; *Canaris*, §§ 4–6; *Hager*, Das Handelsregister, JURA 1992, 57–65; *Hofmann*, C, I–IV; *Hübner*, § 2; *Jung*, Kap. 3; *Lindhorst*, Bald Realität – Amtliche Online-Handelsregister, CR 2001, 198; *Müller-Feldhammer*, Grundzüge des Handelsregisterverfahrens, JA 1998, 873; *Ries*, Das deutsche Handelsregister – ein Relikt aus der Steinzeit?, BB 2004, 2145; *Stumpf*, Das Handelsregister nach der HGB-Reform, BB 1998, 2380–2383; *Tröller*, Die Publizität des Handelsregisters, JA 2000, 27.

---

69 *Baumbach/Hopt*, § 15, Rdnr. 18.

Übersicht 8

68

Publizitätswirkung des Handelsregisters nach § 15 HGB

§ 15 Abs. 1 – Negative Publizität
Solange eine einzutragende Tatsache nicht eingetragen ist, kann sie Dritten nicht entgegengehalten werden.

Beispiel:
Versehentliche Nichteintragung der Löschung einer Prokura = Geschäfte vom Prokuristen und Drittem sind gültig

§ 15 Abs. 2 – Positive Publizität
Ist eine Tatsache eingetragen und bekanntgemacht worden, muss Dritter sie gegen sich gelten lassen.

Beispiel:
Löschung der Prokura ist eingetragen; Dritter hat Bekanntmachung nicht gelesen ⇒ Geschäft mit Prokuristem ist unwirksam!

§ 15 Abs. 3 – Positive Publizität
Ist einzutragende Tatsache unrichtig bekanntgemacht, kann Dritter sich darauf berufen, da Betroffener die Berichtigung der Bekanntmachung unterlassen hat.

Beispiel:
Löschung der Prokura wird angemeldet und ins HR eingetragen; versehentlich wird aber die *Erteilung* der Prokura bekanntgemacht = Geschäft zwischen dem Prokuristen und einem Dritten ist wirksam.

5. Kapitel Die Hilfspersonen der Kaufleute

Als wir uns soeben mit der negativen und positiven Publizität des Handelsregis- **69** ters nach § 15 HGB befasst haben, hatte ich Ihnen als Beispiel für einzutragende Tatsachen die Erteilung und Löschung der Prokura genannt. Der dabei angesprochene Prokurist war eine Person, die für einen Kaufmann tätig geworden ist, mit anderen Worten: der Prokurist ist eine Hilfsperson, derer sich der Kaufmann beim Betrieb seines Handelsgewerbes bedient bzw. bedienen kann. Je nachdem, ob diese Person in den Betrieb des Kaufmanns eingegliedert (d. h. regelmäßig: bei ihm angestellt) ist, oder ob ihre Tätigkeit in freier Mitarbeit erfolgt, spricht man im Handelsrecht von *unselbstständigen* oder *selbstständigen Hilfspersonen* des Kaufmanns.

I. Unselbstständige Hilfspersonen als Vertreter des Kaufmanns (Handlungsgehilfen)

Soweit diese Hilfspersonen kaufmännische Dienste leisten, nennt sie das HGB **70** Handlungsgehilfen. Lesen Sie hierzu § 59 HGB! Diese Vorschrift bestimmt, dass der Handlungsgehilfe dem Kaufmann ortsübliche Dienste gegen entsprechende Vergütung zu leisten hat. § 59 HGB und auch die dazugehörigen §§ 60 bis 83 HGB treffen allerdings keine Aussage darüber, welche *Arten* der Handlungsgehilfen es gibt. Vielmehr regeln die §§ 59 ff. HGB allgemein das Innenverhältnis zwischen den Handlungsgehilfen und dem Kaufmann als Dienstherrn. Bei den §§ 59 ff. HGB handelt es sich sozusagen um »kaufmännisches Sonderarbeitsrecht«[70], mit dem wir uns vorerst noch nicht befassen wollen.

Welche Arten der Handlungsgehilfen – also der unselbstständigen Hilfspersonen des Kaufmanns – es gibt, regeln vielmehr die Vorschriften des vorstehenden Fünften Abschnitts des Ersten Buchs des HGB, der mit der Überschrift *»Prokura und Handlungsvollmacht«* versehen ist. Wie jemand Prokurist oder Handlungsbevollmächtigter wird, ergibt sich aus den §§ 48 ff. HGB, die besondere Regeln über die Vertretungsmacht der verschiedenen unselbstständigen Hilfspersonen des Kaufmanns enthalten. Während also die §§ 59 ff. HGB das *Innenverhältnis* zwischen dem Kaufmann und seinem Handlungsgehilfen betreffen, regeln die *§§ 48 ff.* HGB die Kompetenzen der Handlungsgehilfen im *Außenverhältnis.*

Entsprechend dem Umfang ihrer Vertretungsmacht im Außenverhältnis unter- **71** scheidet man drei Arten von unselbstständigen Hilfspersonen des Kaufmanns:

(1) den Prokuristen, (2) den Handlungsbevollmächtigten und (3) den Ladenangestellten.

Alle drei Handlungsgehilfen erhalten ihre besonderen handelsrechtlichen Kompetenzen aufgrund einer *rechtsgeschäftlichen* Vollmacht, für deren *Erteilung*

---

70 *Baumbach/Hopt,* § 59, Rdnr. 1.

zunächst die Regelungen des BGB, insbesondere § 167 Abs. 1 BGB, gelten. Auch die *Wirksamkeit* des Vertreterhandelns richtet sich überwiegend nach dem Stellvertretungsrecht des BGB[71], also nach den §§ 164 ff. BGB. Wenn jemand als Prokurist, Handlungsbevollmächtigter oder Ladenangestellter handelt, *kommen die jeweiligen handelsrechtlichen Spezialbestimmungen erst dann zur Anwendung, wenn es darum geht, ob der Vertreter »innerhalb der ihm zustehenden Vertretungsmacht« (vgl. § 164 Abs. 1 S. 1 BGB) gehandelt hat.* Das HGB bestimmt vor allem den *Umfang* (Ausnahme: § 48 HGB, der auch die *Erteilung* der Prokura erfasst) der jeweiligen Vollmacht des auftretenden Handlungsgehilfen. Entgegen dem allgemeinen Sprachgebrauch kann also niemand »von Beruf« (z. B.) Prokurist sein. Den Beruf des Prokuristen gibt es ebensowenig wie den des Stellvertreters nach § 164 BGB[72]. Für die Lösung von Fällen, in denen Handlungsgehilfen auftreten, ist es unerlässlich, sich diese Funktion der Prokura bzw. der anderen handelsrechtlichen Vollmachten klar zu machen[73].

72   Den Unterschied zwischen der Prokura und der Handlungsvollmacht wollen wir uns anhand eines Falls verdeutlichen:

Übungsfall 4	

Otto Ochs (O) ist Inhaber einer großen Wurst- und Fleischfabrik mit mehreren Filialen. Er bestellt seinen Mitarbeiter Siegfried Stier (S) zum Prokuristen und lässt die Prokura in das Handelsregister eintragen. Mit S trifft O eine Vereinbarung, dass dieser nicht ohne Einwilligung des O Geschäfte im Wert von über 200.000,– € abschließen darf. O beauftragt den S, eine Kühlwagenfirma zu suchen und für den Transport der Produkte die erforderliche Anzahl Kühlwagen zu mieten. S ruft den Angestellten Kuno Kuh (K) herbei und erklärt ihm, dass er ihn zum Prokuristen mache und ihn mit der Miete von 20 Kühlwagen beauftrage. S selbst gedenkt, nun Unternehmenspolitik zu betreiben und erwirbt für 2 Mio. € einen landwirtschaftlichen Betrieb, der sich auf die Zucht und Mast von Schlachtvieh spezialisiert hat. S will die Fabrik von fremden Fleischlieferungen unabhängig machen. Der Landwirt Balduin Borstig (B), von dem S den landwirtschaftlichen Betrieb gekauft hat, verlangt von O die Zahlung des Kaufpreises. Dieser weigert sich, den Kaufpreis zu zahlen. Außerdem ist er auch nicht bereit, den von K abgeschlossenen Mietvertrag über 20 Kühlwagen anzuerkennen.
Frage: Ist das Verhalten des O rechtmäßig?

Das Verhalten des O ist nur rechtmäßig, wenn B und die Kühlwagenfirma keine Ansprüche gegen ihn haben.

Wir wollen deshalb zunächst den Anspruch des B auf Bezahlung des Kaufpreises von 2 Mio. € für seinen landwirtschaftlichen Betrieb prüfen.

■ Überlegen Sie, welche (bürgerlichrechtliche!) Anspruchsgrundlage für das Verlangen des B in Betracht kommt!

---

71 Vgl. dazu *mein* BGB AT, Rdnrn. 301 ff.
72 *Schmidt*, HR, § 16 III 1 b.
73 A. a. O.

▷ B verlangt von O ausdrücklich »Zahlung des Kaufpreises«. Anspruchsgrundlage ist also § 433 Abs. 2 BGB!

Voraussetzung für diesen Anspruch ist, dass zwischen O (!) und B ein wirksamer Kaufvertrag geschlossen wurde. Das wiederum erfordert, wie Sie wissen, zwei sich deckende Willenserklärungen: Angebot und Annahme.

■ Wer hat in diesem Fall ein Angebot gemacht, und von wem wurde es angenommen?
▷ Das Angebot hat nicht der Vertragspartner des B, der O, gemacht, sondern sein Prokurist S; angenommen wurde es durch B.
■ Was ist Voraussetzung dafür, dass O sich das Angebot des Prokuristen S als eigenes zurechnen lassen muss? (Überlegen Sie!)
▷ *Falsch* wäre es, wenn Sie antworten wollten: »Dann müsste die Prokura des S wirksam sein«! Richtig ist allein: »Voraussetzung dafür ist, dass S den O bei Vertragsabschluss gem. § 164 Abs. 1 S. 1 BGB wirksam vertreten hat«!

Wir müssen also zunächst die Voraussetzungen für ein wirksames Vertreterhandeln nach § 164 Abs. 1 S. 1 BGB prüfen. **73**

■ Welche drei Voraussetzungen sind das? Das sollten Sie in der richtigen Reihenfolge noch[74] aus § 164 Abs. 1 S. 1 BGB herauslesen können!
▷ Voraussetzungen für eine wirksame Vertretung nach § 164 Abs. 1 S. 1 BGB sind:
(1) Eigene Willenserklärung des Vertreters,
(2) Willenserklärung erfolgt erkennbar »in fremdem Namen« und
(3) »innerhalb der zustehenden Vertretungsmacht«.

Daraus ergibt sich für unseren Fall: S gab eine eigene Willenserklärung in Form eines Kaufangebots ab, und dies geschah »im Namen des O«.

■ Zwischenfrage: Woraus können wir anhand unseres Sachverhalts schließen, dass S erkennbar in fremdem Namen, d. h. im Namen des O, gehandelt hat?
▷ Zwar ist das ausdrücklich so nicht im Sachverhalt formuliert, doch ergibt es sich denknotwendig aus der mitgeteilten Tatsache, dass B sich mit seinem Zahlungsbegehren direkt an O wendet!
■ Warum ist es »*denknotwendig*«, dass S erkennbar in fremdem Namen für O gehandelt haben muss, wenn B sich mit seinem Zahlungsbegehren an O wendet?
▷ Wenn der *Vertreter* (S) dem *Vertragspartner* (B) des *Vertretenen* (O) nicht zu erkennen gegeben hätte, dass er für O handelte, hätte sich B *(Vertragspartner)* *später* (= *nach* dem Auftreten des S *als Vertreter*) nicht an O *(Vertretener)* wenden können...

Ob schließlich auch die dritte Voraussetzung von § 164 Abs. 1 S. 1 BGB, das Handeln des S »innerhalb der ihm zustehenden Vertretungsmacht«, vorliegt, können wir nur beurteilen, wenn wir die Eigenheiten der handelsrechtlichen

---

74 Vgl. *mein* BGB AT, Rdnrn. 306 f.

Vollmacht »Prokura« kennen. An dieser Stelle wird also die Eigenschaft des S als Prokurist bedeutsam, welche wir nun etwas näher untersuchen wollen.

1. Der Prokurist

a) Erteilung der Prokura

74 Die Prokura ist eine rechtsgeschäftliche Vollmacht, deren Erteilung sich zunächst, wie bereits angedeutet, nach den allgemeinen Vorschriften des BGB richtet. Gem. § 167 Abs. 1 BGB kann sie dem Prokuristen selbst, aber auch einem Dritten, dem gegenüber der Prokurist als Vertreter handeln soll, erteilt werden. Der Erklärende, d. h. der Vollmachtgeber, muss gem. § 48 Abs. 1 HGB Inhaber eines Handelsgeschäfts und außerdem *Kaufmann* sein (§ 48 Abs. 1 HGB lesen!).

75   Weiterhin setzt die wirksame Erteilung einer Prokura, wie aus § 48 Abs. 1 HGB folgt, voraus, dass sie nur mittels *ausdrücklicher* Erklärung persönlich durch den Inhaber des Handelsgeschäfts oder – sofern er nicht voll geschäftsfähig sein sollte – durch seinen *gesetzlichen* Vertreter erteilt werden kann. Die allgemeinen Grundsätze des bürgerlichrechtlichen Stellvertretungsrechts über die sog. Duldungs- oder Anscheinsvollmacht[75] sind auf die Prokura also *nicht* anwendbar! Ebenso wenig ist eine konkludente Prokuraerteilung möglich.

■ Prüfen Sie nun, ob in Übungsfall 4 nach dem bisher Gesagten eine wirksame Prokuraerteilung an S vorliegt!

▷ O ist als Fleisch- und Wurstfabrikant Inhaber eines Handelsgeschäfts und betreibt ein Handelsgewerbe i. S. v. § 1 Abs. 2 HGB. Schließlich hat er den S ausdrücklich und persönlich zum Prokuristen bestellt. Die Prokuraerteilung ist somit wirksam.

76 Ob die Prokura ins Handelsregister eingetragen ist oder nicht, ist für die Wirksamkeit ihrer Erteilung nach § 48 Abs. 1 HGB unerheblich[76]. Der Geschäftsinhaber ist jedoch gem. § 53 Abs. 1 HGB verpflichtet, die Erteilung der Prokura (ebenso wie ihr Erlöschen) ins Handelsregister eintragen zu lassen. Da die Eintragung nicht Wirksamkeitsvoraussetzung ist, hat sie keine konstitutive, sondern nur deklaratorische Bedeutung[77]. Gem. § 53 Abs. 2 HGB ist der Prokurist verpflichtet, »seine Namensunterschrift unter Angabe der Firma und eines die Prokura andeutenden Zusatzes zur Aufbewahrung bei dem Gericht zu zeichnen«.

Möglich ist übrigens auch, Prokura an mehrere Personen gemeinschaftlich zu erteilen (= Gesamtprokura nach § 48 Abs. 2 HGB – lesen!).

---

75 *Mein* BGB AT, Rdnrn. 318 ff.
76 Vgl. *Brox/Henssler*, Rdnr. 197.
77 Vgl. *oben*, Rdnr. 62.

b) Umfang der Prokura

Den Umfang der Prokura regelt zunächst § 49 Abs. 1 HGB (lesen!). Danach ist 77
der Prokurist zu allen dort genannten Geschäften und Rechtshandlungen ermächtigt, die der Betrieb eines Handelsgewerbes mit sich bringt, ausgenommen
zur Veräußerung und Belastung von Grundstücken, wie sich aus § 49 Abs. 2
HGB (lesen!) ergibt. Es geht dabei um Grundstücke des Prinzipals, die sich bereits im Eigentum des Prinzipals befinden! *Erwirbt* der Prokurist ein neues
Grundstück und nimmt zur Bezahlung des Kaufpreises einen Kredit auf, zu dessen Sicherung eine Hypothek bestellt wird, ist das keine Belastung i. S. v. § 49
Abs. 2 HGB.

Selbstverständlich kann der Kaufmann die Prokura auf bestimmte Bereiche,
insbesondere auch auf Beträge, die der Prokurist beim Abschluss von Rechtsgeschäften nicht überschreiten darf, beschränken. Diese Beschränkung hat indessen
keine Wirkung im Außenverhältnis, d. h., wie aus § 50 Abs. 1 HGB folgt, auf eine solche Beschränkung kann sich der Kaufmann im Verhältnis zu Dritten nicht
berufen. Lesen Sie § 50 Abs. 1 und 2 HGB!

Überschreitet allerdings ein Prokurist den Umfang seiner Vertretungsmacht, die 78
im Innenverhältnis beschränkt wurde, macht er sich gegebenenfalls wegen Verletzung des zwischen ihm und dem Inhaber des Handelsgeschäfts bestehenden
Dienstvertrags (§ 611 BGB!) seinem Dienstherrn gegenüber schadensersatz-
pflichtig! (Anspruchsgrundlage?[78])

Eine Ausnahme von dem Grundsatz, dass die Beschränkung der Prokura nicht 79
nach außen wirkt, enthält § 50 Abs. 3 HGB (lesen!): Wenn die Prokura auf den
Betrieb einer von mehreren Niederlassungen des Geschäftsinhabers beschränkt
wurde und diese Niederlassungen unter verschiedenen Firmen (= Namen) betrieben werden, ist diese Beschränkung auch Dritten gegenüber wirksam (= »Fi-
lialprokura«). Dies kommt in der Praxis durchaus nicht selten vor; denn, wie Sie
wissen, kann ein Kaufmann ein Handelsgeschäft beispielsweise unter einer über-
nommenen Firma fortführen. In einem solchen Fall kann die Prokura auch mit
Wirkung nach außen auf diese Firma beschränkt werden.

Kommen wir zurück zu unserem Fall, um die besonderen Voraussetzungen
für die Prokura zu prüfen.

■ Hat S sich beim *Kauf* des landwirtschaftlichen Betriebs im Rahmen des gesetz- 80
  lichen Umfangs der Prokura gem. § 49 HGB (lesen und nachdenken!) gehalten?
▷ Durch die Erteilung der Prokura wurde S von O zu allen Rechtshandlungen
  ermächtigt, die der Betrieb eines Handelsgewerbes mit sich bringt. Dazu kann
  auch der Kauf eines landwirtschaftlichen Betriebs inklusive des dazugehören-
  den Grundstücks gehören. Denn gem. § 49 Abs. 2 HGB verlangen nur der
  Verkauf (Veräußerung) und die *Belastung* von Grundstücken, die (bereits) im
  Eigentum des Prinzipals stehen, die Erteilung einer besonderen Befugnis für
  den Prokuristen.

---

78 § 280 Abs. 1 BGB.

81 ■ Wie steht es mit der Begrenzung der Prokura des S auf 200.000,– €? Welchen Einfluss hat diese Beschränkung auf das Handeln des S? (Erst überlegen, dann weiterlesen!)

▷ Diese Beschränkung ist nur im Innenverhältnis zwischen O und S von Bedeutung!

Nach außen ist eine solche Beschränkung unwirksam.

Somit war der Kauf des landwirtschaftlichen Betriebs für 2 Mio. € durch die Prokura nach außen gedeckt.

Die Tatsache, dass O den S nur zu Geschäften bis 200.000,– € ermächtigt hatte, führt im Außenverhältnis nicht zur Überschreitung der mit der Prokura verbundenen Vertretungsmacht des S. Daher kommt z. B. § 177 Abs. 1 BGB *nicht* zur Anwendung[79], wonach die Wirkung des Vertrags, den S für O geschlossen hat, von dessen Genehmigung abhängig sein würde. Da S innerhalb seiner Vertretungsmacht, nämlich im Rahmen der wirksamen Prokura, handelte, die gem. § 53 HGB auch ordnungsgemäß im Handelsregister eingetragen wurde, hat er als Vertreter des O im Sinne des § 164 Abs. 1 BGB gehandelt. Folglich ist der von S im Namen des O geschlossene Vertrag mit B wirksam.

■ Zwischenergebnis für unseren Fall also? (Überlegen!)

▷ B hat gegen O einen Anspruch auf Zahlung des Kaufpreises von 2 Mio. € gem. § 433 Abs. 2 i. V. m. § 164 Abs. 1 S. 1 BGB und §§ 48, 49 HGB.

82 O kann sich also nicht weigern, den Kaufpreis zu zahlen, sondern muss gegebenenfalls einen Schadensersatzanspruch (aus Pflichtverletzung beim Dienstvertrag gem. § 280 Abs. 1 BGB) gegen S geltend machen, wonach aber im vorliegenden Fall nicht mehr gefragt ist.

c) Erlöschen der Prokura

83 Gem. § 52 Abs. 1 HGB erlischt die Prokura durch Widerruf. Der jederzeit und ohne besonderen Grund mögliche Widerruf durch den Geschäftsinhaber kann, wie die Erteilung, durch einseitiges Rechtsgeschäft (vgl. §§ 168 S. 3, 167 Abs. 1 BGB – lesen!) ausgeübt werden[80].

Weitere Erlöschensgründe sind[81] z. B.: Die Beendigung des der Prokura zugrunde liegenden Arbeitsverhältnisses (arg. aus § 168 S. 1 BGB), die Insolvenz des Prinzipals (arg. aus § 117 Abs. 1 InsO[82]), die Einstellung bzw. Veräußerung des Handelsgeschäfts sowie der Tod des Prokuristen, aber nicht der Tod des Geschäftsherrn (§ 52 Abs. 3 HGB).

---

79 Vgl. *mein* BGB AT, Rdnrn. 323 ff.
80 *Brox/Henssler*, Rdnr. 206.
81 Aufzählung bei *Baumbach/Hopt*, § 52, Rdnr. 5.
82 § 117 Abs. 1 InsO lautet:
   Erlöschen von Vollmachten. (1) Eine vom Schuldner erteilte Vollmacht, die sich auf das zur Insolvenzmasse gehörende Vermögen bezieht, erlischt durch die Eröffnung des Insolvenzverfahrens.

Da die Eintragung des Erlöschens der Prokura ins Handelsregister (§ 53 **84** Abs. 3 HGB) wie die Erteilung nur deklaratorische Wirkung hat, bewirkt das Erlöschen nur Folgen im Innenverhältnis, d. h., der gutgläubige Dritte wird durch § 15 Abs. 1 HGB[83] geschützt.

Bevor wir Fall 4 zu Ende lösen und dabei den »Handlungsbevollmächtigten« betrachten, prägen Sie sich das Wichtigste zur Prokura nochmals anhand der folgenden Übersicht ein!

Übersicht 9

Prokura[84]			85
Erteilung	**Umfang**	**Erlöschen**	
§ 48	§§ 49, 50	§ 52	
Berechtigter Inhaber eines Handelsgeschäfts oder gesetzlicher Vertreter (mit Genehmigung des Vormundschaftsgerichts: § 1822 Nr. 11 BGB)	**Grundsatz** Für alle Geschäfte, die der Betrieb eines Handelsgewerbes mit sich bringt (§ 49 Abs. 1)	**Widerruf** Jederzeit möglich gem. § 52 Abs. 1 (i. V. m. §§ 168 S. 3, 167 Abs. 1 BGB)	
Art Ausdrücklich und persönlich durch (mündl. oder schriftl.) Erklärung an Prokuristen oder Dritte (§ 48 Abs. 1 i. V. m. § 167 Abs. 1 BGB)	**Beschränkungen** (1) durch Rechtsgeschäft nach außen unwirksam (§ 50 Abs. 1 und 2); möglich: »Filialprokura« nach § 50 Abs. 3 (2) durch Gesetz: ■ Veräußerung und Belastung von Grundstücken gem. § 49 Abs. 2 nur mit besonderer Befugnis ■ nicht zum gewöhnlichen Betrieb gehörende Geschäfte; Einstellung oder Veräußerung des Unternehmens (arg. aus § 49 Abs. 1)	*Beendigung des zugrundeliegenden Arbeitsverhältnisses* (arg. aus § 168 S. 1 BGB) *Tod des Prokuristen* (arg. aus § 52 Abs. 3) *Insolvenz des Prinzipals* (§ 117 InsO) *Einstellung bzw. Veräußerung des Handelsgeschäfts*	
Adressat Natürliche (nicht juristische) Personen; ggf. mehrere Personen = Gesamtprokura (§ 48 Abs. 2)			
Eintragung ins HReg. Gem. § 53 Abs. 1 Pflicht; deklaratorische Wirkung		**Eintragung ins HReg.** Gem. § 53 Abs. 3 Pflicht; deklaratorische Wirkung	

83 Vgl. *oben* Rdnrn. 65 ff.
84 §§ ohne Bezeichnung auf dieser Übersicht sind solche des HGB.

2. Der Handlungsbevollmächtigte

86 Von Übungsfall 4 fehlt noch die Beantwortung der Frage nach der Wirksamkeit des Mietvertrags über die Kühlwagen, den der von S bevollmächtigte K abgeschlossen hat.

- ■ Was ist die Voraussetzung dafür, dass der Mietvertrag zwischen O und der Kühlwagenfirma wirksam ist?
- ▷ K müsste wirksam als Vertreter des O im Sinne von § 164 Abs. 1 S. 1 BGB gehandelt haben.

Auch in diesem Fall liegen die Voraussetzungen »eigene Willenserklärung« und »Handeln im Namen des O« vor; fraglich ist wiederum, ob K innerhalb der ihm zustehenden Vertretungsmacht gehandelt hat. Wir müssen also prüfen, ob K überhaupt Vertretungsmacht hatte.

- ■ Woraus könnte sich eine Vertretungsmacht des K ergeben?
- ▷ Daraus, dass S den K auch »zum Prokuristen machte« und ihn mit der Anmietung der Kühlwagen beauftragte. Dann müsste diese dem K erteilte Prokura wirksam sein.

87 Die Frage ist also, ob ein Prokurist einem Dritten seinerseits Prokura erteilen kann.

- ■ Die Antwort auf diese Frage gibt uns die insofern eindeutige Formulierung des § 48 Abs. 1 HGB, nämlich? (Überlegen Sie!)
- ▷ Prokura kann nur vom Inhaber eines Handelsgeschäfts selbst oder von seinem gesetzlichen Vertreter erteilt werden. Ein Prokurist ist aber nicht gesetzlicher Vertreter des Geschäftsherrn, sondern rechtsgeschäftlicher Vertreter, so dass S dem K keine Prokura erteilen konnte.

88 Daraus folgt aber nicht, dass K als Vertreter ohne Vertretungsmacht handelt; vielmehr findet nun im Handelsrecht nach h. M. eine Vorschrift des BGB Anwendung, die Sie nicht unbedingt kennen und die Sie deshalb lesen müssen: § 140 BGB!

- ■ Was könnte das für unseren Fall bedeuten?
- ▷ Man könnte die dem K durch S erteilte Prokura umdeuten in eine Vollmacht, die nicht an so strenge gesetzliche Voraussetzungen geknüpft ist wie die Prokura und die auch von einem Prokuristen erteilt werden kann.

In Betracht kommt die sog. Handlungsvollmacht. Darunter versteht man jede im Betrieb eines Handelsgewerbes erteilte Vollmacht, die keine Prokura ist. Auch auf die Handlungsvollmacht finden die §§ 164 ff. BGB Anwendung, sofern nicht spezielle Regelungen des HGB vorrangig sind[85].

---

85 *Brox/Henssler*, Rdnr. 212.

a) Erteilung der Handlungsvollmacht

Wie jede Vollmacht wird auch die Handlungsvollmacht gem. § 167 Abs. 1 BGB **89** durch eine einseitige empfangsbedürftige Willenserklärung erteilt. Zur Erteilung ist neben dem Geschäftsinhaber auch ein Prokurist oder ein anderer dazu Bevollmächtigter berechtigt.

Das ergibt sich zum einen daraus, dass das Gesetz für die Erteilung der Handlungsvollmacht keine Vorschrift vorsieht, die – wie z. B. § 48 Abs. 1 HGB – besagt, dass nur der Inhaber des Handelsgeschäfts sie persönlich und ausdrücklich erteilen darf, und zum anderen aus dem Umfang der Prokura nach § 49 Abs. 1 HGB. Wenn Sie sich diese Vorschrift nochmals ansehen, so lesen Sie, dass der Prokurist zu *allen* Rechtshandlungen ermächtigt ist, die der Betrieb *eines* (d. h. irgendeines, nicht eines bestimmten) Handelsgewerbes mit sich bringt. Dazu gehört auch die Erteilung von Vollmachten, die *nicht* Prokura sind.

Lesen Sie nun § 54 Abs. 1 HGB, der das Wesen der Handlungsvollmacht umschreibt. Da diese Vorschrift nicht die »ausdrückliche« Erteilung der Handlungsvollmacht vorschreibt, kann diese auch als Duldungs- oder Anscheinsvollmacht[86] wirksam sein.

b) Umfang und Arten der Handlungsvollmacht

Der in § 54 Abs. 1 HGB beschriebene Umfang der Handlungsvollmacht zeigt, dass es drei verschiedene Typen (Arten) der Handlungsvollmacht gibt:

(1) Der Handlungsbevollmächtigte kann zum Betrieb eines Handelsgewerbes **90** und damit »generell« zu *allen* Geschäften, die ein *derartiger* Betrieb dieses Handelsgewerbes gewöhnlich mit sich bringt, ermächtigt sein. (Ausnahme: Die in § 54 Abs. 2 HGB genannten Geschäfte, auf die wir gleich noch kurz eingehen werden.)

In diesem Fall hat der Handlungsbevollmächtigte eine »Generalhandlungsvollmacht«.

(2) Der Handlungsbevollmächtigte kann zur Vornahme einer bestimmten *Art* **91** von Geschäften des Handelsgewerbes ermächtigt sein. Er hat dann eine »Arthandlungsvollmacht«.

(3) Schließlich kann der Handlungsbevollmächtigte zur Vornahme einzelner, **92** spezieller Geschäfte des Handelsgewerbes ermächtigt sein. Man bezeichnet diesen Typ der Handlungsvollmacht daher als Spezialhandlungsvollmacht.

Einschränkungen des Umfangs all dieser Handlungsvollmachtsarten enthält, wie angedeutet, § 54 Abs. 2 HGB (lesen!).

Im Gegensatz zum Prokuristen bedarf danach der Handlungsbevollmächtigte nicht nur zur Veräußerung und Belastung von Grundstücken einer besonderen Befugnis des Geschäftsherrn, sondern auch zu den anderen dort genannten Rechtsgeschäften.

---

86 Vgl. *mein* BGB AT, Rdnrn. 318 ff.

c) Abschluss- und Vermittlungsvertretung

93   Im Zusammenhang mit der Handlungsvollmacht müssen wir die Sondervorschriften des § 55 HGB berücksichtigen, dem z. B. im Bereich des Versicherungswesens für den im Außendienst tätigen Versicherungsvertreter besondere Bedeutung zukommt. Das Versicherungsrecht kennt im Versicherungsvertragsgesetz, und zwar in den §§ 43 ff. VVG, den dort so genannten »Versicherungsagenten«, für den man heute allerdings überwiegend den Begriff »Versicherungsvertreter« benutzt. Das VVG unterscheidet zwischen dem Vermittlungsagenten nach § 43 VVG und dem Abschlussagenten nach § 45 VVG. Beide sind nach dem Sprachgebrauch des HGB Versicherungsvertreter im Sinne von § 92 Abs. 1 HGB (lesen!).

Nach dem Wortlaut dieser Vorschrift ist der Versicherungsvertreter Handelsvertreter i. S. d. Handelsrechts, also selbstständige Hilfsperson des Kaufmanns. Vom Handelsvertreter ist auch in § 55 HGB, den Sie nun ebenfalls lesen müssen, die Rede, und zwar zunächst in Abs. 1 (im Gesetzestext das Wort »abzuschließen« unterstreichen). Indem § 55 Abs. 1 auch den Umfang der erteilten Vollmacht von »Handlungsbevollmächtigten«, die »Handlungsgehilfen« sind, umschreibt, nimmt er auch auf unselbstständige Hilfspersonen eines Unternehmers, der ein Handelsgewerbe betreibt (vgl. § 54 Abs. 1 S. 1 HGB), Bezug.

94   Daraus können wir entnehmen, dass das Gesetz bezüglich der Abschlussvollmacht im Außenbereich sowohl für die unselbstständigen als auch die selbstständigen Hilfspersonen gleiche Regeln aufstellt.

95   *Zwischendurch eine Verständnisfrage:*

■ Was folgt aus der Formulierung von § 55 Abs. 1 HGB für die beiden Arten des Handelsvertreters, also den Abschlussvertreter einerseits und den Vermittlungsvertreter andererseits, in Bezug auf die Handlungsvollmacht?

▷ Wenn jemand Abschlussvertreter ist, kann ihm auch Handlungsvollmacht gem. § 54 HGB erteilt werden; ein *Vermittlungsvertreter* dagegen, da er in § 55 Abs. 1 HGB nicht angesprochen ist, kann demnach grundsätzlich *nicht Handlungsbevollmächtigter* sein!

96   Für den Abschlussvertreter wird die in § 54 generell umschriebene Handlungsvollmacht in § 55 Abs. 2 bis 4 HGB etwas spezieller umrissen, indem sie zum Teil eingeschränkt wird und zum Teil positiv konkretisiert wird. Einschränkungen ergeben sich aus § 55 Abs. 2 und 3 HGB (lesen!).

Ein Abschlussvertreter ist also einerseits nicht berechtigt, einmal abgeschlossene Verträge abzuändern oder dem Vertragspartner die aus dem Vertrag folgenden Zahlungsverpflichtungen zu stunden, andererseits darf er Zahlungen nur entgegennehmen, wenn er dazu gesondert bevollmächtigt wurde.

Schließt ein *Vermittlungs*vertreter Verträge im Namen des Prinzipals ab, so handelt er als Vertreter ohne Vertretungsmacht. Die *Genehmigung*, die nach § 177 Abs. 1 BGB die schwebende Unwirksamkeit beseitigt, *gilt* nach § 91a Abs. 1 HGB für den Handelsvertreter (dazu unten Rdnr. 112) und nach § 75h Abs. 1 HGB für den Handlungsgehilfen als erteilt, wenn nach entsprechender Benachrichtigung *nicht* die Ablehnung des Geschäfts durch den Unternehmer erklärt wird[87].

Eine positive Konkretisierung der Vollmacht des Abschlussvertreters enthält § 55 Abs. 4 HGB (lesen!).

Für den Versicherungsabschlussvertreter ist vor allem der letzte Halbsatz von Bedeutung.

Beispiel: Nach dieser Vorschrift kann er z. B. die dem Prinzipal zustehenden Rechte auf Beweissicherung (vgl. § 485 ZPO) ausüben, d. h., er kann einen Sachverständigen damit beauftragen, einen geltend gemachten Schaden unverzüglich festzustellen.

Sind Handlungsbevollmächtigte, sei es als Handelsvertreter oder als Handlungs- **97** gehilfen, im Außendienst tätig, so ist für Dritte häufig nicht erkennbar, ob sie es mit einem Abschluss- oder nur mit einem Vermittlungsvertreter zu tun haben. Zum Schutz von gutgläubigen Kunden soll daher das, was in § 55 Abs. 4 HGB bestimmt ist, ausnahmsweise auch für den *Vermittlungs*vertreter gelten. Das folgt für den (selbstständigen) Handelsvertreter aus der ausdrücklichen Formulierung von § 91 Abs. 2 S. 1 HGB, den Sie hierzu abschließend auch noch lesen müssen. Wie Sie sicher gemerkt haben, ist die Formulierung mit § 55 Abs. 4 HGB fast wortgleich! Für den (unselbstständigen) Handlungsgehilfen, der nur Vermittlungsvertreter ist, verweist § 75g S. 1 HGB auf die Geltung von § 55 Abs. 4 HGB.

Fassen Sie dieses Verweisungswirrwarr noch einmal anhand einer schematischen Grafik zusammen (Übersicht 10):

---

87 Vgl. *Schünemann*, S. 403.

97a Übersicht 10

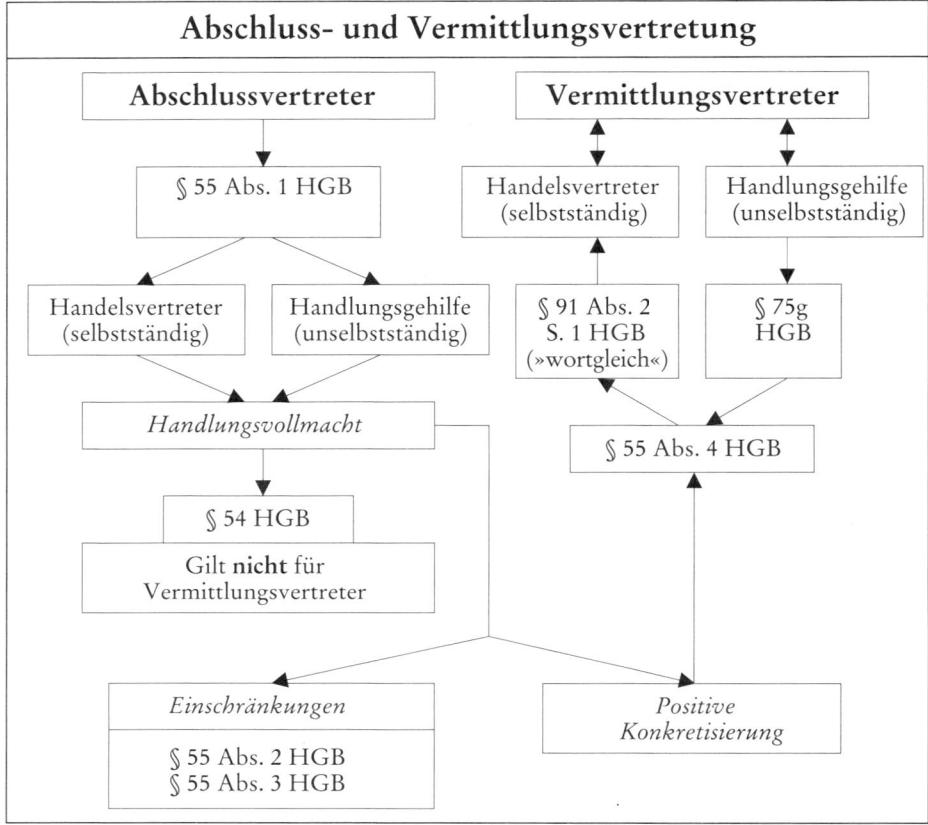

98 Speziell für den Versicherungsvertreter gelten, wie bereits erwähnt, außer den handelsrechtlichen Vorschriften, die auf Handelsvertreter aus allen Branchen Anwendung finden, insbesondere die Vorschriften des VVG. Soweit die §§ 43 ff. VVG bezüglich der Vollmacht des Versicherungsvertreters vom HGB abweichende Vorschriften enthalten, indem sie z. B. seine Vollmacht erweitern, haben die Vorschriften des VVG Vorrang.

■ Wie nennt man dieses Prinzip, das hier zugunsten des VVG eingreift? (Überlegen Sie! Das VVG ist ein Spezialgesetz zum HGB...!)

▷ Wenn Sie sich an Ihre Einführung in das Recht[88] und an Art. 2 EGHGB[89] erinnert haben, wussten Sie: Das Prinzip, dass das speziellere Gesetz die allgemeineren Gesetze verdrängt (»lex specialis derogat legi generali«[90], wie der

88 Vgl. *mein* BGB AT, Rdnrn. 33 f.
89 *S. o.*, Rdnrn. 3, 6.
90 Vgl. *Liebs*, L, Nr. 52.

römische Jurist[91] schon erkannt hatte . . .), wird als »Subsidiaritätsprinzip« bezeichnet.

Das gilt, wie Sie bereits am Beispiel des BGB gesehen haben, im übrigen auch für **99** einzelne Paragrafen innerhalb eines Gesetzeswerks. Vorschriften des besonderen Schuldrechts des BGB haben z. B. Vorrang vor den Vorschriften des allgemeinen Schuldrechts. Sie sollten wissen, dass aufgrund der aus § 311 Abs. 1 BGB folgenden Vertragsfreiheit Verträge grundsätzlich formfrei, d. h. auch mündlich geschlossen werden können. Wenn aber manche Vorschriften des besonderen Teils des Schuldrechts festlegen, dass für einen bestimmten Vertrag, z. B. gem. § 766 S. 1 BGB für den Bürgschaftsvertrag, die Schriftform erforderlich ist, hat diese Vorschrift vor § 311 Abs. 1 BGB Vorrang. Gegenüber § 766 S. 1 BGB ist wiederum § 350 HGB vorrangig.

Nach alledem können wir nun die abschließende Antwort auf die Frage geben, **100** ob man in der Erteilung der Prokura von S an K über § 140 BGB (nochmals lesen!) die Erteilung einer Handlungsvollmacht sehen kann.

■ Versuchen Sie, die Antwort selbst zu formulieren!
▷ Offensichtlich wollte S den Auftrag des O, die 20 Kühlwagen zu mieten, an K delegieren. Dazu ist er als Prokurist grundsätzlich auch befugt, indem er K eine Handlungsvollmacht erteilt. Es ist deshalb davon auszugehen, dass S dem K, wenn er gewusst hätte, dass eine Prokuraerteilung nichtig ist, diesem nur Handlungsvollmacht erteilt hätte. Somit gilt die Erteilung der Prokura von S an K gem. § 140 BGB als Handlungsvollmacht i. S. d. § 54 HGB zum Abschluss des Mietvertrags.
■ Um welchen Typ der Handlungsvollmacht handelt es sich dabei? (Lesen Sie § 54 Abs. 1 HGB nochmals; er enthält die Antwort auf diese Frage!)
▷ Indem S den K zum Abschluss eines bestimmten Mietvertrags bevollmächtigte, hat er ihn zur Vornahme eines einzelnen zu einem bestimmten Handelsgewerbe gehörigen Geschäfts ermächtigt (§ 54 Abs. 1, 3. Var.), d. h., er hat ihm eine Spezialhandlungsvollmacht erteilt!

Da K mit wirksamer Vertretungsmacht für O auftrat, ist der Mietvertrag i. S. d. § 535 i. V. m. § 164 Abs. 1 S. 1 BGB und § 54 Abs. 1 HGB zwischen O und dem Kühlwagenvermieter wirksam zustande gekommen. O kann sich daher nicht weigern, den Vertrag zu erfüllen.

d)   Erlöschen der Handlungsvollmacht

Für die Handlungsvollmacht gelten im Wesentlichen dieselben Erlöschungs- **101** gründe wie für die Prokura, sofern sich nicht aus dem HGB ein anderes ergibt. Für die Handlungsvollmacht gilt insbesondere nicht § 53 HGB; uneingeschränkt anwendbar ist dagegen § 168 BGB. Danach erlischt die Handlungsvollmacht durch Widerruf oder mit Beendigung des zugrundeliegenden Arbeitsverhältnis-

---

91 Vgl. *mein* BGB AT, Rdnr. 33.

ses des Handlungsbevollmächtigten. Tritt der Handlungsbevollmächtigte dann noch weiterhin für seinen Geschäftsherrn auf, handelt er als »Vertreter ohne Vertretungsmacht« (vgl. §§ 177 und 179 BGB[92]).

Das Wichtigste zur Handlungsvollmacht enthält Übersicht 11!

Übersicht 11

102

Handlungsvollmacht		
Erteilung	**Umfang**	**Erlöschen**
Berechtigter: wie Übersicht 9 (Rdnr. 85) = *ohne* Genehmigung des Vormundschaftsgerichts; *außerdem:* auch Prokurist	**Grundsatz:** Im Ermessen des Vollmachtgebers, doch gesetzlich vermuteter Mindestinhalt gem. § 54 Abs. 1 HGB [beachte: »Geschäfte« ... »die der Betrieb« (nicht irgendeines, sondern) »eines *derartigen* Handelsgewerbes ... gewöhnlich mit sich bringt«!]	**Widerruf:** vgl. §§ 168 S. 2 und 3, 167 Abs. 1 BGB
Art: ■ Ausdrücklich oder stillschweigend (konkludent) nach BGB-Regeln (§ 167 BGB). ■ Möglich auch: Anscheins- oder Duldungsvollmacht ■ Durch Umdeutung (§ 140 BGB) unwirksam erteilter Prokura	**Arten (Typen):** ■ *General-HV* = alle zum Betrieb des Handelsgewerbes gehörenden Geschäfte, außer gesetzliche Beschränkungen (s. u.) ■ *Art-HV* = bestimmte Art von Geschäften ■ *Spezial-HV* = einzelne, spezielle Geschäfte	**Beendigung des zugrunde liegenden Arbeitsverhältnisses** (arg. aus § 168 S. 1 BGB)
Adressat: Natürliche, nicht juristische Personen	**Beschränkungen:** ■ Veräußerung und Belastung von Grundstücken, Wechselverbindlichkeiten, Darlehen und Prozessführung (§ 54 Abs. 2 HGB) ■ Rechtsgeschäftliche Beschränkungen, wenn Dritten bekannt (§ 54 Abs. 3 HGB) ■ § 55 Abs. 2 und 3 HGB	
Eintragung ins HReg.: Gesetzlich nicht vorgesehen und *nicht eintragungsfähig*[93]!	**Sonderregelung für Außendienst:** Erweiterung der Vollmacht nach § 55 Abs. 4 (vgl. §§ 75 g und 91 HGB)	

---

92 Bei Bedarf dazu: *mein* BGB AT, Rdnrn. 323–337.
93 Vgl. *Baumbach/Hopt*, § 8 Rdnr. 5.

3. Der Ladenangestellte

Der sog. »Ladenangestellte« ist, wie Prokurist und Handlungsbevollmächtigter, **103**
unselbstständige Hilfsperson bzw. »Handlungsgehilfe« des Kaufmanns.

Der Ladenangestellte wird im allgemeinen Sprachgebrauch und selbst in manchen Lehrbüchern missverständlicher Weise entgegen der ausdrücklichen Legaldefinition des § 59 S. 1 HGB dem »Handlungsgehilfen« gleichgesetzt und als
solcher vom Prokuristen und Handlungsbevollmächtigten unterschieden.
»Handlungsgehilfen« i. S. v. § 59 HGB sind jedoch alle drei!

Zur Klarstellung daher eine schematische Übersicht:

Übersicht 12

103a

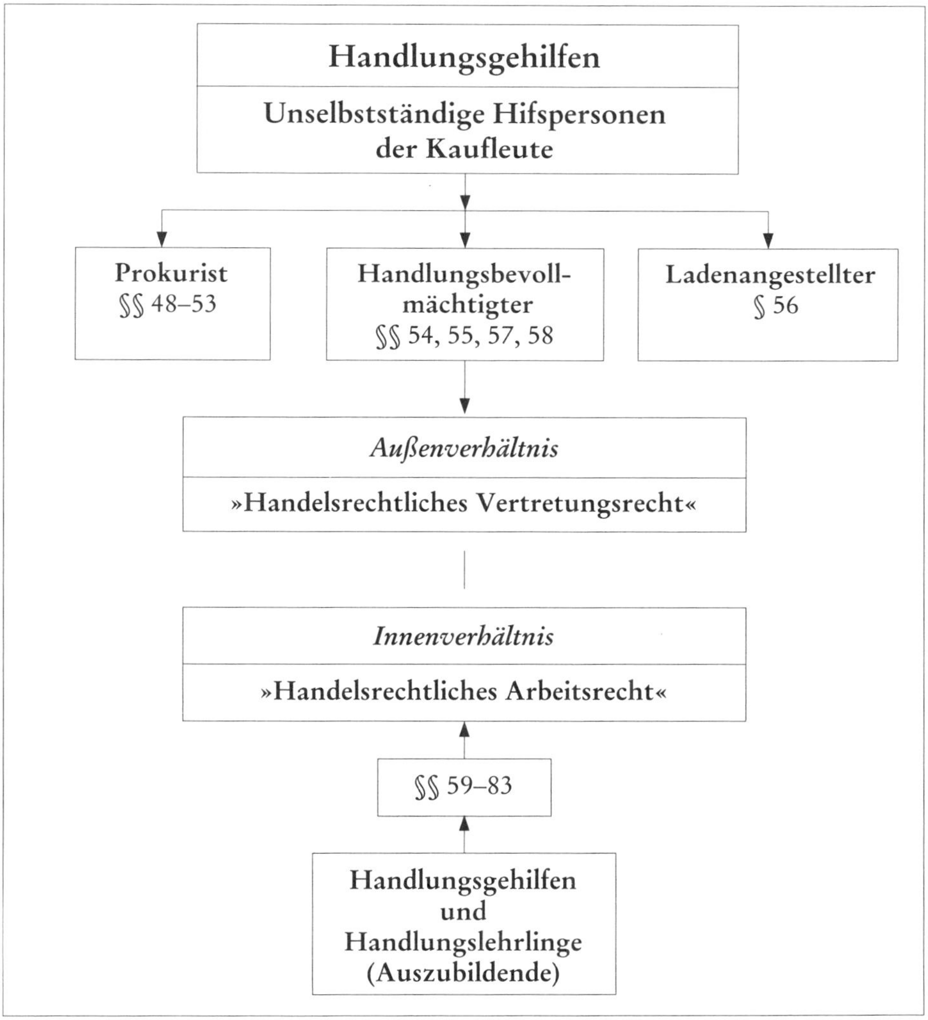

104   Die Befugnisse des Ladenangestellten regelt § 56 HGB (lesen!).
Ohne dass wir zu sehr ins Detail gehen können, müssen Sie wissen, dass der
Wortlaut dieser Vorschrift etwas missverständlich ist und man ihn daher nicht zu
eng verstehen darf. Dies gilt namentlich für die Begriffe »Laden« und »offenes
Warenlager«, die Sie deshalb in Ihrem Text in Anführungszeichen setzen sollten.
Unter »Laden« und »offenem Warenlager« verstehen Lehre und Rechtsprechung
nämlich »jede dem Publikum zugängliche, wenn auch nur vorübergehend be-
nutzte, offene Verkaufsstätte, unabhängig davon, ob der Geschäftsraum dazu besonders ausgestattet ist oder nicht«[94]. Als »Laden« i. S. d. § 56 HGB ist deshalb
z. B. auch ein Verkaufsstand anzusehen. »Angestellter« i. S. d. Vorschrift ist
schließlich jeder, der mit Wissen und Wollen des Geschäftsherrn[95] in den Ver-
kaufsräumen beim Verkauf mitwirkt. Es muss sich nicht um einen »Angestellten«
im arbeitsrechtlichen Sinne im Unterschied zu einem »Arbeiter« handeln!
     Zu den Verkäufen *im* Laden gehören auch solche Geschäfte, die *in Erfüllung*
des Kaufvertrags geschehen; also auch das sachenrechtliche Verfügungsgeschäft,
die Eigentumsübertragung nach § 929 S. 1 BGB. Dies gilt trotz des »Abstrakti-
onsprinzips«[96], das (bekanntlich?) grundsätzlich die strenge Trennung von
(schuldrechtlichem) Verpflichtungsgeschäft und (sachenrechtlichem) Verfügungsgeschäft vorsieht, mit der Folge, dass diese beiden Rechtsgeschäfte sowohl
zeitlich als auch räumlich auseinanderfallen können. Für § 56 HGB bedeutet das
nach h. M., dass der Ladenangestellte für Vollzugsgeschäfte, die er außerhalb des
Ladens zur Erfüllung für dort abgeschlossene (Kauf-)Verträge vornimmt, gleichermaßen als bevollmächtigt gilt.
     Beispiel: Abschluss des Kaufvertrags im »Laden«, Übereignung (»Lieferung«)
der Kaufsache durch den Ladenangestellten in der Wohnung des Kunden.

105   Ohne ausdrücklich dazu durch Erteilung einer Vollmacht gem. § 167 Abs. 1
BGB ermächtigt zu sein, *gilt* dieser Ladenangestellte – und das ist das Wichtige
und Entscheidende in § 56 HGB – als bevollmächtigt zu Verkäufen einschließlich
der dazugehörigen Erfüllungsgeschäfte. Ebenso gilt er als bevollmächtigt zur
Empfangsnahme, insbesondere von Zahlungen, die in einem derartigen Laden
oder Warenlager gewöhnlich geschehen. Das Gesetz fingiert für diesen Fall also
eine Vollmacht des Ladenangestellten. Der Geschäftsinhaber hat dadurch, dass er
den Betreffenden in seinem Laden wirken lässt, den Rechtsschein gesetzt, dass
dieser eine entsprechende Vollmacht hat. Man kann bei der in § 56 HGB beschriebenen Vollmacht deshalb auch von einer »gesetzlichen Anscheinsvollmacht« sprechen. Der Geschäftsinhaber kann die Vollmacht des Ladenangestellten ebenso wie die Vollmacht des Handlungsbevollmächtigten beschränken. Eine
Beschränkung gilt jedoch grundsätzlich nur im Innenverhältnis. Im Außenverhältnis nur dann, wenn der betroffene Dritte die Beschränkung kannte oder ken-

---

94 Vgl. *Schmidt*, HR, § 16 V 3 a unter Hinweis auf RGZ 69, 307.
95 Vgl. *Brox/Henssler*, Rdnr. 226.
96 Vgl. *mein* BGB AT, Rdnrn. 243–257.

nen musste[97]. Für die Handlungsvollmacht folgt das direkt aus § 54 Abs. 3 HGB, der auf die Vollmacht des Ladenangestellten analog angewendet wird[98].

§ 56 HGB kommt nach alledem unter folgenden Voraussetzungen zur Anwen- **105a** dung:

Übersicht 13

Ladenangestellter
Voraussetzungen von § 56 HGB

1. »Laden« oder Warenlager u. Ä. (= jede offene Verkaufsstätte).
 2. »Angestellt« (tätig mit Willen des Prinzipals) im »Laden«.
 3. Gewöhnliche »Verkäufe und Empfangnahmen«
 (= in diesem »Laden« übliche Geschäfte).
 → Sowohl
     a) Verpflichtungs-
     als auch
     b) Verfügungsgeschäfte.
 4. Örtlicher Zusammenhang zwischen 3a) und b) = Erfüllung (Verfügung) auch außerhalb des Ladens.
 5. Gutgläubigkeit des Vertragspartners (§ 54 Abs. 3 analog)
 → *Gesetzliche Anscheinsvollmacht.*

Literatur zur Vertiefung (Rdnrn. 69–105)

Alpmann und Schmidt, HR, 3. Abschnitt; *Brox/Henssler*, §§ 10 u. 11; *Bülow*, Erster Teil, Siebter Abschnitt; *Drexl/Mentzel*, Handelsrechtliche Besonderheiten der Stellvertretung (Teil 1) und (Teil 2), JURA 2002, 289 und 375; *Häublein*, Die Ladenvollmacht, JuS 1999, 624; *Hofmann*, F; *Jung*, Kap. 6 und 7; *Köhl*, Der Prokurist in der unechten Gesamtvertretung, NZG 2005, 197; *Martinek*, Fälle 11–13; *Monhemius*, Grundprinzipien der Stellvertretung mit Bezügen zum Handels- und Gesellschaftsrecht, JA 1998, 378; *Müller, K.J.*, Prokura und Handlungsvollmacht, JuS 1998, 1000; *Oetker*, Der praktische Fall: Handels-, Gesellschafts- und Arbeitsrecht – Ein eigenmächtiger Prokurist, JuS 2001, 251; *Petersen*, Bestand und Umfang der Vertretungsmacht, JURA 2003, 310; *Richter*, Schwerpunktklausur Handelsrecht: Erteilung der Prokura und gutgläubiger Erwerb, JuS 2007, 647.

---

97 *Vgl. dazu die Legaldefinition in § 122 Abs. 2 BGB!*
98 **Notieren Sie sich im Gesetzestext am Rand von § 56 HGB: »§ 54 Abs. 3 analog«.**

II. Selbstständige Hilfspersonen des Kaufmanns

106 Neben den unselbstständigen kennt das HGB, wie bereits angedeutet, auch selbstständige Hilfspersonen des Kaufmanns. Das sind solche Personen, die zwar für den Kaufmann Dienste leisten, die aber für ihn nicht im Rahmen eines Angestellten- bzw. Arbeitsverhältnisses tätig sind.

Davon werden wir im Folgenden den *Handelsvertreter* und den *Handelsmakler* etwas näher betrachten. Beide sind selbstständige Hilfspersonen des Kaufmanns, die in seinem Namen, also in *fremdem Namen*, tätig werden.

Daneben gibt es noch eine Reihe von selbstständigen Hilfspersonen des Kaufmanns, die *im eigenen Namen* handeln, mit denen wir uns unten im 8. Kapitel befassen.

1. Der Handelsvertreter

a) Begriff

107 Über den Handelsvertreter, insbesondere den Abschlussvertreter, wurde in Verbindung mit der Handlungsvollmacht und der Geltung des § 55 HGB bereits einiges gesagt. So wissen Sie bereits, dass das Recht des Handelsvertreters in den §§ 84 ff. HGB geregelt ist.

Lesen Sie dazu folgenden Fall:

Übungsfall 5	
Die Argus-Versicherung-AG (V) möchte ihren Umsatz steigern und überträgt ihrem bisher im Innendienst tätigen Angestellten Alfons A die Aufgabe, mit einem Pkw der V an mehreren von der Geschäftsführung bestimmten Tagen im Monat die jeweils von ihr ausgewählten Kunden von ihr aufzusuchen, um für Hausratsversicherungen zu werben und gegebenenfalls entsprechende Verträge abzuschließen. Ist A Handelsvertreter?	

108 Die Antwort folgt aus § 84 Abs. 1 S. 1 HGB (lesen!).
Danach ist also Handelsvertreter, wer als
– selbstständiger
– Gewerbetreibender
– ständig damit betraut ist,
– für einen anderen Unternehmer
– Geschäfte *zu vermitteln*
  oder
– in dessen Namen *abzuschließen.*

109 Dass das selbstständige Tätigwerden für die Eigenschaft eines Handelsvertreters Voraussetzung ist, hätte der Gesetzgeber in § 84 Abs. 1 S. 1 HGB eigentlich nicht wiederholen müssen; denn das ergibt sich bereits aus einer wichtigen Vorschrift des HGB, die wir schon kennengelernt haben: § 1 Abs. 1 HGB (nochmals lesen!).

Nach § 1 Abs. 1 HGB ist, wie Sie wissen, derjenige Kaufmann, der ein Handelsgewerbe betreibt. Der Handelsvertreter ist demnach Istkaufmann.[99] Da das Tatbestandsmerkmal »betreiben« des § 1 Abs. 1 HGB, wie wir gelernt haben, bereits das selbstständige Tätigwerden voraussetzt, hätte es der Betonung in § 84 Abs. 1 HGB eigentlich nicht mehr bedurft. Dass der Gesetzgeber das Merkmal der Selbstständigkeit nochmals besonders hervorhebt, hat seinen Grund darin, dass im Handelsverkehr häufig auch unselbstständige Hilfspersonen mit Tätigkeiten beauftragt werden, die eigentlich typisch für den Handelsvertreter sind. Diese Personen sollen nach dem ausdrücklichen Willen des Gesetzgebers nicht als Handelsvertreter behandelt werden, sondern sie gelten gem. § 84 Abs. 2 HGB (lesen!) als Angestellte. Die typischen Merkmale der Selbstständigkeit enthält § 84 Abs. 1 S. 2 HGB, den Sie bereits gelesen haben (lesen Sie ihn nochmals!). Danach ist selbstständig, wer im Wesentlichen frei seine Tätigkeit gestalten und seine Arbeitszeit bestimmen kann. Diese Definition der Selbstständigkeit hat, wie bereits angedeutet, nicht nur im Handelsrecht, sondern vor allem auch im Arbeitsrecht besondere Bedeutung.[100]

Entscheidend ist nicht die wirtschaftliche, sondern die persönliche, rechtliche Selbstständigkeit. Damit ist für unseren Übungsfall klar, ob Alfons A Handelsvertreter ist oder nicht.

■ Versuchen Sie, die Antwort zunächst selbst zu formulieren!

▷ A ist nach wie vor, auch wenn er nun sozusagen als Handelsreisender im Außendienst tätig ist, Angestellter der V. Die V bestimmt hinsichtlich seiner Tätigkeit im Außendienst auch Arbeitszeit und Arbeitsort, so dass es ihm an der Selbstständigkeit fehlt, die den Handelsvertreter auszeichnet.

Weiter verlangt § 84 Abs. 1 HGB für den Handelsvertreter, dass er ständig damit betraut ist, für einen anderen Unternehmer Geschäfte zu vermitteln oder abzuschließen. Tritt der Gewerbetreibende dabei nur *gelegentlich* in ein Vertragsverhältnis mit einem Unternehmer ein, ist er kein Handelsvertreter im Sinne des § 84 HGB. Für seine Tätigkeit gilt dann nur das Auftrags-, Werk- oder Dienstvertragsrecht des BGB. Allerdings erfordert das Tatbestandsmerkmal »ständig« nicht, dass der Vertreter immer nur für »einen« Unternehmer tätig sein muss oder darf[101]. »Für *einen*« in § 84 Abs. 1 HGB bedeutet also keine zahlenmäßige Beschränkung, sondern ist nur ein einfacher unbestimmter Artikel. Die Tatsache, dass ein Handelsvertreter für mehrere Unternehmen tätig sein kann, bringt in der Praxis häufig Vorteile für den Kunden; denn das Tätigwerden für mehrere Unternehmen spricht in der Regel für einen besonders guten Überblick des betreffenden Handelsvertreters in der Branche, in der er tätig ist.

110

---

99 Dafür spricht auch der durch das HRefG eingefügte Abs. 4 von § 84 HGB. Damit wurde dem neuen Kaufmannsbegriff Rechnung getragen!
100 Vgl. *Wörlen/Kokemoor*, Rdnr. 48.
101 *Baumbach/Hopt*, § 84 Rdnr. 30.

b)   Abschluss- und Vermittlungsvertreter

111   Dass das HGB zwei Arten des Handelsvertreters unterscheidet, wurde bereits mehrfach angesprochen.

Je nach Umfang seiner Vollmacht unterscheidet man zwischen Abschlussvertreter und Vermittlungsvertreter[102]. Der Abschlussvertreter benötigt eine allgemeine Vollmacht nach den Vorschriften der §§ 164 ff. BGB. Wird dem Abschlussvertreter von einem Kaufmann Vollmacht nach dem HGB erteilt, findet, wie wir wissen, § 54 HGB Anwendung, auf dessen Geltung § 55 Abs. 1 HGB für den Abschlussvertreter ausdrücklich hinweist. § 91 Abs. 1 HGB (lesen!) stellt klar, dass diese Vollmachtsvorschriften für einen Abschlussvertreter auch dann gelten, wenn der Handelsvertreter von einem Unternehmer bevollmächtigt ist, der nicht Kaufmann i. S. d. HGB ist.

Beispiel für solche Unternehmer:
Land- und Forstwirte, wenn nicht Eintragung nach § 3 HGB erfolgt ist; große Architektenbüros.

112   Schließt ein Handelsvertreter, der nur Vermittlungsvertreter ist, dennoch einen Vertrag mit einem Kunden im Namen des Unternehmens ab, so handelt er als »Vertreter ohne Vertretungsmacht«.

■ Welche Vorschrift könnte man in diesem Fall anwenden? (Überlegen Sie!)
▷ Wenn das HGB dazu nicht eine Sondervorschrift enthielte, wäre die Antwort »§ 177 BGB«, die Sie sicherlich parat hatten, richtig gewesen. So aber gilt § 91a Abs. 1 HGB (lesen!).
■ Worin besteht der wesentliche Unterschied dieser Vorschrift zu § 177 BGB? (Denken Sie nach!)
▷ Der Unternehmer, für den der Handelsvertreter tätig geworden ist, muss den Vertragsabschluss *unverzüglich* nach Kenntnisnahme ablehnen, andernfalls *gilt* er als *genehmigt*. Der nach bürgerlichem Recht Vertretene hat dagegen gem. § 177 Abs. 2 BGB zwei Wochen Zeit, den Vertragsabschluss des Vertreters ohne Vertretungsmacht zu genehmigen; tut er das nicht, *gilt die Genehmigung als verweigert*.

Hier haben wir erneut ein Beispiel dafür, dass das HGB im Interesse der zügigen Abwicklung des Handelsverkehrs an die dem Handelsrecht unterworfenen Personen bisweilen strengere Anforderungen stellt als das BGB.

c)   Pflichten des Handelsvertreters

113   Wie jeder Vertrag, so bringt auch der Vertrag zwischen einem Handelsvertreter und einem Unternehmer bestimmte Rechte und Pflichten der Vertragsparteien mit sich. So kann z. B. jeder von dem anderen gem. § 85 HGB verlangen, dass der Vertrag schriftlich ausgefertigt wird. Aus dieser Kann-Vorschrift folgt aber

---

102 Vgl. *oben* Rdnrn. 93 ff.

zugleich, dass die Schriftform für den Handelsvertretervertrag nicht zwingend vorgeschrieben ist. Auch ein mündlicher Vertrag ist somit wirksam.

Der Handelsvertretervertrag ist rechtlich als Dienstvertrag i. S. d. §§ 611 ff. **114** BGB einzuordnen, für den zusätzlich die Sondervorschriften der §§ 84 ff. HGB gelten.

Die Pflichten des Handelsvertreters folgen aus §§ 86, 90 und 90a HGB.

Lesen Sie zunächst § 86 Abs. 1 bis 3 HGB.

Daraus lassen sich folgende Pflichten des Handelsvertreters herleiten: **115**
(1) Tätigkeitspflicht (§ 86 Abs. 1 HGB). Der Handelsvertreter »hat sich zu bemühen«, heißt es dort.
(2) Pflicht zur Wahrnehmung der Interessen des Unternehmers (§ 86 Abs. 1 HGB); er muss z. B. möglichst günstige Bedingungen für den Unternehmer aushandeln.
(3) Benachrichtigungspflicht (§ 86 Abs. 2 HGB).
(4) Allgemeine kaufmännische Sorgfaltspflicht (§ 86 Abs. 3 HGB). Das bezieht sich z. B. insbesondere auf die Auswahl der Vertragspartner des Unternehmers; so hat der Handelsvertreter etwa darauf zu achten, dass diese Vertragspartner kreditwürdig sind.
(5) Verschwiegenheitpflicht (auch noch nach Vertragsende) – § 90 HGB lesen!
(6) Gegebenenfalls Wettbewerbsverbot nach Beendigung des Vertrags, wenn mit Unternehmer vereinbart – § 90a HGB lesen!

d)   Rechte des Handelsvertreters

Die Rechte des Handelsvertreters bzw. seine Ansprüche, die naturgemäß mit den **116** Pflichten des Unternehmers korrespondieren, ergeben sich aus den §§ 86a–90a HGB (lesen!).

Die wichtigsten dieser Ansprüche sind:
(1) Anspruch auf Unterstützung gem. § 86a HGB.
(2) Der vorrangigste Anspruch des Handelsvertreters ist der Anspruch auf Provision gem. § 87 HGB für den Abschluss aller Geschäfte des Unternehmers, die aufgrund der Tätigkeit des Handelsvertreters zustandekommen. Lesen Sie hierzu nur § 87 Abs. 1 S. 1 HGB!

Ist dem Handelsvertreter, was in der Praxis häufig vorkommt, vom Unternehmer **117** ein bestimmter Bezirk zugeordnet, so hat der Bezirksvertreter den Provisionsanspruch gem. § 87 Abs. 2 HGB (lesen!) sozusagen »automatisch«, wenn ein Vertrag mit Personen aus diesem Bezirk zustandekommt; d. h., er braucht nicht nachzuweisen, dass er in diesem Bezirk vermittelnd tätig geworden ist.

Gem. § 87a Abs. 1 S. 1 HGB (lesen!) wird der Provisionsanspruch fällig mit der Ausführung des Geschäfts durch den Unternehmer, d. h., wenn der Unternehmer einen vermittelten Vertrag abgeschlossen hat oder einen Vertragsabschluss durch den Abschlussvertreter zur Kenntnis genommen hat.

118 Für einen Handelsvertreter, der Versicherungsvertreter ist, gelten die Besonderheiten des § 92 Abs. 3 und Abs. 4 HGB (lesen!).

Im Übrigen gelten für den Versicherungsvertreter, worauf bereits hingewiesen wurde, neben Vorschriften des HGB die Vorschriften der §§ 43 ff. VVG.

119 Besondere Arten der Provision sind die sogenannte Delkredereprovision und die Inkassoprovision.

Unter Delkredere[103] versteht man die Erklärung des Handelsvertreters, für die Erfüllung der Verbindlichkeit eines Dritten aus einem vermittelten oder abgeschlossenen Geschäft einzustehen. Für diese Verpflichtung, die der Schriftform bedarf, steht ihm nach § 86 b Abs. 1 HGB (lesen!) eine besondere Vergütung, die Delkredereprovision, zu.

120 Eine besondere Inkassoprovision steht dem Handelsvertreter gem. § 87 Abs. 4 HGB zu, wenn er außer der Vermittlung oder dem Abschluss von Verträgen auch noch die häufig unangenehme Aufgabe der Einziehung von Forderungen des Unternehmers gegenüber dem Vertragspartner übernimmt.

121 (3) Gem. § 87 d HGB (lesen!) hat der Handelsvertreter gegen den Unternehmer einen Anspruch auf Aufwendungsersatz, sofern dies vereinbart wurde oder handelsüblich ist.

(4) Gem. § 89 b HGB (lesen!) besteht ein Ausgleichsanspruch bei Vertragsbeendigung zur Abgeltung erheblicher Vorteile, die dem Unternehmer durch die Tätigkeit des Handelsvertreters verbleiben (z. B. erweiterter Kundenstamm – vgl. hierzu § 89 b Abs. 5 für den Versicherungsvertreter!)

(5) Sofern bei Beendigung des Vertrags ein Wettbewerbsverbot vereinbart war, besteht ein Anspruch auf Entschädigung gem. § 90 a Abs. 1 S. 3 HGB (lesen![104]).

(6) Allgemeine Schadensersatzansprüche bestehen bei Vertragsverletzung durch den Unternehmer (z. B. pflichtwidriger Entzug der Tätigkeitsgrundlage) wegen Pflichtverletzung beim Handelsvertretervertrag gem. § 280 Abs. 1 BGB oder nach §§ 823 ff. BGB.

---

103 *Wie viele Ausdrücke aus dem »Handels- und Bankgewerbe« stammt auch dieser aus dem Italienischen (= delcredere) und bedeutet wörtlich »vom Glauben«, freier übersetzt »Gewähr, Haftung, Bürgschaft« – vgl. auch »Bankrott«, it. »banca rotta«: Im mittelalterlichen Italien wurden Geldwechselgeschäfte über eine Steinbank (ohne Lehne!) getätigt; war der Geldwechsler »bankrott«, wurde die »Bank« – wohl mit einem Hammer – zertrümmert ('zerbrochen') . . . Allerdings ist diese vielzitierte These nirgendwo bezeugt (vgl. Duden, »Bankrott«).*

104 Lesen Sie den ganzen § 90a HGB. Der Gesetzgeber ist dem Beschluss des Bundesverfassungsgerichts vom 7.2.1990 – 1 BvR 26/84 – (BGBl. I S. 575) gefolgt. § 90a Abs. 3 HGB wurde neu gefasst.
Vgl. dazu bei Interesse BR-Drucks. 370/97, S. 43 ff.

2. Der Handelsmakler

Der Handelsmakler, für den die Vorschriften der §§ 93 bis 104 HGB gelten, unterscheidet sich vom Handelsvertreter vor allem dadurch, dass das für den Handelsvertreter von § 84 Abs. 1 HGB vorausgesetzte *ständige* Vertragsverhältnis zwischen ihm und dem Unternehmer gem. § 93 Abs. 1 HGB nicht erforderlich ist. Handelsmakler kann außerdem nur sein, wer Verträge über Gegenstände des Handelsverkehrs, insbesondere die in § 93 Abs. 1 HGB aufgezählten, vermittelt (§ 93 Abs. 1 HGB lesen). 122

Als Gegenstände des Handelsverkehrs sind auch Versicherungen ausdrücklich genannt; der Versicherungsmakler ist demnach ein echter Handelsmakler – im Gegensatz zum Zivilmakler, für den nur die Vorschriften der §§ 652 ff. BGB[105] gelten. 123

Im Gegensatz zum Handelsvertreter, der, wie Sie gelesen haben, den Unternehmer gegenüber Dritten vertritt (daher auch der Name) und die Interessen des Unternehmers wahren muss, steht der Makler zwischen den Parteien des vermittelten Vertrags. Oft, so insbesondere im Bereich des Versicherungswesens, ist er indessen eine Art Vertrauensmann des Kunden. Deshalb gelten für ihn zwangsläufig andere Vorschriften als für den Handelsvertreter. 124

Nach dem Gesetzeswortlaut von § 93 Abs. 1 HGB besteht die Tätigkeit des Handelsmaklers nur in der Vermittlung, nicht aber im Abschluss von Verträgen. 125

In der Praxis kommen aber häufig auch Abschlussmakler vor, insbesondere im Versicherungsbereich. Das verstößt nicht gegen das Gesetz, weil § 93 Abs. 1 HGB insofern nachgiebiges bzw. dispositives Recht ist; d. h., es ist erlaubt, dass jemand, wenn er dies vertraglich mit seinem Unternehmer vereinbart hat, auch als Abschlussmakler tätig werden kann.

Auch sonst werden die Vorschriften des HGB über den Handelsmakler, für den das HGB z. B. keine Vertretungsmacht in Form der Handlungsvollmacht vorsieht, in der Praxis des Wirtschaftslebens durch Handelsbrauch und Gewohnheitsrecht mehrfach unberücksichtigt gelassen. So wird z. B. einem Versicherungsmakler des Öfteren, entgegen dem Wortlaut von § 97 HGB, Vertretungsmacht zur Einziehung von Prämien oder zur Regulierung kleinerer Versicherungsfälle erteilt (§ 97 HGB lesen!). Man spricht dann von der sogenannten »Maklerklausel« eines Versicherungsvertrags. Auch von § 99 HGB (lesen!) wird in der Praxis häufig abgewichen. Obwohl gerade ein Versicherungsmakler, wie gesagt, häufig Vertrauensmann des Kunden ist und eigentlich für beide Parteien tätig wird, erhält er seine Provision, den Maklerlohn (bisweilen auch als »Courtage« bezeichnet), nicht je zur Hälfte vom Versicherer und Versicherungsnehmer, sondern sie wird regelmäßig ganz vom Versicherer bezahlt. 126

Lesen Sie abschließend zu den selbstständigen Hilfspersonen des Kaufmanns Übersicht 14 (Rdnr. 127).

---

105 Vgl. dazu *mein* SchR BT, Rdnrn. 325 ff.

Übersicht 14

127

Selbstständige Hilfspersonen des Kaufmanns[106]	
I. Handelsvertreter (HV)	
■ *Gesetzliche Regelung:* §§ 84–92c ■ *Selbstständig* ist, wer im Wesentlichen seine Tätigkeit frei gestalten und seine Arbeitszeit bestimmen kann = *persönliche, rechtliche,* nicht wirschaftliche (§ 84 Abs. 2) Selbstständigkeit ■ HV ist grundsätzlich Kaufmann (arg. aus § 84 Abs. 4)	*Legaldefinition:* § 84 Abs. 1 S. 1 = HV ist, wer als *selbstständiger* Gewerbetreibender *ständig* damit betraut ist, für einen *Unternehmer* Geschäfte zu *vermitteln* oder in dessen Namen *abzuschließen.* = »*Vermittlungs- oder Abschlussvertreter*«

■ Ein Angestellter, auch wenn als »Handelsreisender« im Außendienst tätig, ist *nicht* HV. ■ *Ständige* Betreuung durch (irgend)einen Unternehmer: bei nur gelegentlicher Tätigkeit kein HV = keine Anwendung des HGB (sondern: §§ 611, 631 oder 662 BGB.) Möglich: Tätigkeit für mehrere Unternehmer. Unternehmer, für den HV tätig wird, muss nicht Kaufmann sein (arg. aus § 91 Abs. 1). ■ Für *Vollmachterteilung* gelten ebenso wie für die Wirksamkeit der Vertretungsmacht allgemeine Vorschriften des BGB = §§ 164 ff., insbesondere § 167 BGB. Das HGB enthält Sondervorschriften für Umfang der Vollmacht: § 91 Abs. 1 → § 55 → § 54 für Abschlussvertreter; für Vermittlungsvertreter: § 91 Abs. 2 (entspricht Wortlaut von § 55 Abs. 4) und § 91a HGB (statt § 177 BGB) bei Vertretung ohne Vertretungsmacht ■ *Handelsvertretervertrag:* Auf Verlangen Vertragsurkunde, sonst formfrei (§ 85).

Pflichten des HV:
(1) Tätigkeitspflicht (§ 86 Abs. 1) (2) Wahrnehmung der Unternehmensinteressen (§ 86 Abs. 1) (3) Benachrichtigungspflicht (§ 86 Abs. 2) (4) Allgemeine Sorgfaltspflicht (§ 86 Abs. 3), z. B. »Kreditwürdigkeit« des Kunden (5) Verschwiegenheitspflicht (§ 90) (6) Wettbewerbsverbot nach Beendigung der Tätigkeit für Unternehmer, wenn vereinbart (§ 90a Abs. 1)

---

106 §§ ohne Bezeichnung sind auf dieser Übersicht solche des HGB!

Übersicht 14 *(Fortsetzung)*

Rechte (Ansprüche) des HV:

(1) Anspruch auf Unterstützung durch Unternehmer (§ 86 a)
(2) Anspruch auf Provision (§ 87 Abs. 1 S. 1):
Grundsätzlich für alle Geschäfte, die aufgrund seiner Tätigkeit zustandegekommen sind.
– Nachweis der Tätigkeit nicht erforderlich bei »Bezirksvertreter« = § 87 Abs. 2 → *gilt nicht für Versicherungsvertreter* = § 92 Abs. 3!
– Fälligkeit der Provision: Mit Ausführung des Geschäfts = § 87 a Abs. 1 S. 1 → gilt nicht für Versicherungsvertreter = § 92 Abs. 4 = Fälligkeit erst, wenn VN Prämie gezahlt hat!
– Besondere Provisionsarten: – Delkredereprovision (§ 86 b)
– Inkassoprovision (§ 87 Abs. 4)
(3) Ggf. Anspruch auf Aufwendungsersatz (§ 87 d)
(4) Ausgleichsanspruch nach Vertragsbeendigung (z. B. für »Kundenvorteil«) (§ 89 b)
(5) Falls Wettbewerbsverbot: Entschädigungsanspruch nach § 90 a Abs. 1 S. 3
(6) Ggf. allgemeiner Schadensersatzanspruch – z. B. § 280 Abs. 1, §§ 823 ff. BGB

II. Handelsmakler (HM)

■ *Gesetzliche Regelung:* §§ 93–104
Unterschied zu HV: *kein ständiges* Betreuungsverhältnis mit Unternehmer = grundsätzlich Tätigwerden für beide Parteien.
■ Gegenstand der vermittelten oder abgeschlossenen Verträge muss Gegenstand des Handelsverkehrs sein: § 93 Abs. 1 (ausdrücklich erwähnt: Versicherungen), andernfalls: Zivilmakler (§§ 652 ff. BGB).
■ § 93 ist »abdingbar« = »dispositives Recht«: entgen Wortlaut (»Vermittlung«) kann HM auch zum *Abschluss* von Verträgen bevollmächtigt werden = häufig im Versicherungsbereich (vgl. sog. *»Maklerklausel«* = Ermächtigung zur Prämieneinziehung oder Regelung kleiner Versicherungsfälle)
■ HM ist *Kaufmann* nach § 1 i. V. m. § 93 Abs. 3
■ *Maklerlohn* (Provision, Courtage):
Falls nicht anders vereinbart, gem. § 99 je 1/2 von beiden Vertragsparteien.
■ *Versicherungswesen:* Obwohl Versicherungsmakler oft »Vertrauensmann des VN« ⇒ Provision ganz vom Versicherer.

3. Sonderformen, Mischformen, Abgrenzungsfragen

128 Handelsvertreter und Handelsmakler haben gemeinsam, dass sie *in fremdem Namen* und für fremde Rechnung tätig werden. Als einen wesentlichen Unterschied zwischen diesen beiden selbstständigen Hilfspersonen des Kaufmanns hatten wir festgehalten, dass der Handelsvertreter den Unternehmer gegenüber Dritten vertritt, während der Handelsmakler zwischen den Parteien des vermittelten Vertrags steht. Der Handelsmakler vertreibt also auch nicht unmittelbar Waren, sondern vermittelt nur auf den Vertrieb und Absatz gerichtete Geschäfte. Der Handelsvertreter dagegen wird unmittelbar für den Absatz des Unternehmens tätig, das er vertritt.

129 Als unmittelbaren Absatzmittler kennt das HGB außer dem Handelsvertreter nur noch den *Kommissionär*, der aber nicht *ständig* für einen Unternehmer und vor allem *im eigenen Namen* für fremde Rechnung tätig wird. Der Systematik des HGB folgend, wird der Kommissionär bzw. das Kommissionsgeschäft erst behandelt, wenn wir uns mit dem Vierten Buch des HGB, »Handelsgeschäfte«, befassen.[107]

In der Praxis des Rechts- und Wirtschaftslebens haben sich neben den im HGB geregelten Formen der für den Kaufmann (beim Absatz) tätigen Personen einige Misch- bzw. Sonderformen herausgebildet:

a) Vertragshändler (Eigenhändler)

130 Der Begriff »Vertragshändler« ist Ihnen sicher zumindest aus der Autobranche bekannt (»Audi«-, »BMW«-, »Citroen«- etc. Vertragshändler), ohne dass Sie sich über die rechtliche Bedeutung dieses Begriffs Gedanken gemacht haben.

■ Riskieren Sie selbst einmal einen Definitionsversuch! Wie würden Sie die Frage beantworten, was ein Vertragshändler im handelsrechtlichen Sinne ist? Was »tut« so ein 'VW'-Händler z. B.? Handelt er im eigenen oder fremden Namen, auf wessen Rechnung etc.? Überlegen Sie bzw. machen Sie sich kurze Notizen, bevor Sie weiterlesen!

131 ▷ Der Vertragshändler ist ein Kaufmann,
- *dessen Unternehmen in die Vertriebsorganisation eines Herstellers von (i. d. R.) Markenartikeln in der Weise eingegliedert ist,*
- dass er es durch Vertrag mit dem Hersteller oder einem von diesem eingesetzten Zwischenhändler *ständig* übernimmt,
- *im eigenen Namen und auf eigene Rechnung*
- die Vertragswaren im Vertragsgebiet zu vertreiben und ihren Absatz zu fördern, die Funktionen und Risiken seiner Handelstätigkeit hieran auszurichten und im Geschäftsverkehr das Herstellerzeichen neben der eigenen Firma herauszustellen.[108]

---

107 Vgl. *unten* 8. Kapitel, Rdnrn. 243 ff.
108 So die Definition von *Ulmer*, S. 206, die in fast allen Lehrbüchern und Grundrissen ähnlich zu finden ist, während das Buch von *Ulmer* leider nicht mehr neu aufgelegt wurde.

Kennzeichnend für den Vertragshändler ist also: **132**
- die Eingliederung in die Verkaufsorganisation des Herstellers,
- die ständige Tätigkeit für den Hersteller,
- der Verkauf im eigenen Namen und
- das Handeln auf eigene Rechnung.

(Letzteres unterscheidet ihn maßgeblich vom Kommissionär.)

Das Rechtsverhältnis, in dem der Vertragshändler mit dem Hersteller einerseits und dem Abnehmer (Kunden) andererseits steht, verdeutlicht folgende graphische Skizze (Abb. 1):

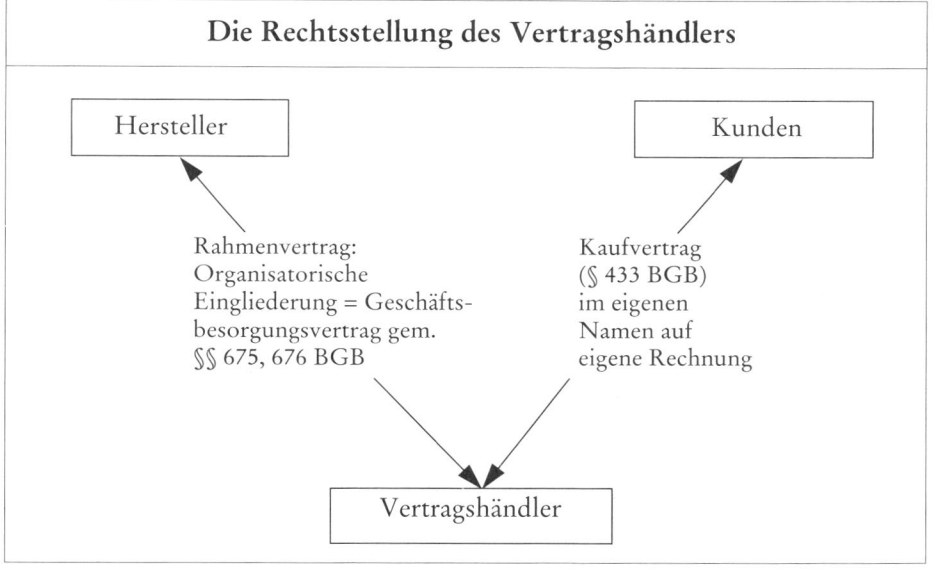

133

Abb. 1

Zwischen Hersteller und Vertragshändler besteht ein atypischer, ein gemischter Vertrag bzw. Kombinationsvertrag[109] mit sowohl handelsvertreterrechtlichen als auch kaufrechtlichen Elementen, der eine Geschäftsbesorgung zum Inhalt hat.

Die rechtlichen Probleme, die das Verhältnis zwischen Vertragshändler und Hersteller aufwerfen kann, liegen zum einen vor allem darin, inwieweit das Handelsvertreterrecht des HGB analog anzuwenden ist. Wir wollen uns nur merken, dass die Handelsvertretervorschriften des HGB, insbesondere die Schutzvorschriften der §§ 89 ff. HGB, nach h. M.[110] weitgehend *entsprechend* anwendbar sind und im Rahmen dieses Grundrisses nicht näher darauf eingehen.

109 Vgl. *mein* SchR AT, Rdnrn. 19.
110 Vgl. *Baumbach/Hopt*, § 84 HGB, Rdnrn. 11 ff.

b) Kommissionsagent

134 Der Kommissionsagent ist eine Art des Kommissionärs (dazu, wie gesagt, mehr im 8. Kapitel, Rdnrn. 243 ff.), der als selbstständig Gewerbetreibender ständig damit betraut ist, im eigenen Namen für fremde Rechnung Verträge abzuschließen. Die *ständige* Betreuung durch einen Unternehmer hat er mit dem (im fremden Namen tätig werdenden) Handelsvertreter gemeinsam; dies unterscheidet ihn vom Kommissionär. Der Kommissionsagent ist also eine *Mischform aus Handelsvertreter und Kommissionär.*

Dementsprechend gelten für ihn im Außenverhältnis weitgehend die Vorschriften des Kommissionsrechts, während das Innenverhältnis von Unternehmer zu Kommissionsagent überwiegend nach den Vorschriften des Handelsvertreterrechts (§§ 84 ff. HGB) zu beurteilen ist.

c) Franchisenehmer

135 Der Franchisevertrag ist eine aus den USA stammende Form eines gemischten Vertrags[111], der den Vertrieb von Waren und Dienstleistungen zum Inhalt hat und wesentliche Elemente der Pacht enthält. Dem Franchisenehmer wird über einen bloßen Lizenzvertrag hinaus gegen entsprechendes Entgelt vom Franchisegeber (regelmäßig ein Konzern) u. a. gestattet, dessen Namen, Markenzeichen, Schutzrechte, technische Ausstattung, Vorteile beim Großeinkauf usw. beim Vertrieb von Waren und Dienstleistungen gewerblich zu nutzen.[112]

136 Unter Franchising (engl. franchise = Konzession, Selbstbehalt, Wahlrecht, Privileg u. a.[113]) versteht man »eine Vertriebskonzeption, bei der ein Unternehmen sein Erzeugnis oder die von ihm entwickelte Serviceleistung oder beides einer großen Zahl von anderen Unternehmen unter Verwendung eines gemeinsamen Namens, Symbols, Markenzeichens oder einer gemeinsamen Ausstattung des für diesen Zweck geschaffenen Vertriebssystems zum Vertrieb überlässt.«[114] Das Franchising ist, vereinfacht ausgedrückt, ein spezielles Gesamtsystem von Vertragshändlern. Im Unterschied zum Vertragshändler ist der Franchisenehmer an ein bis ins einzelne geregeltes Organisations- und Marketingkonzept des Franchisegebers gebunden und insofern dessen Überwachungs- und Weisungsrecht unterworfen.[115]

137 *Merkmale des Franchisevertrags* sind, dass
- *der rechtlich selbstständige Franchisenehmer*
- *vom Franchisegeber gegen Zahlung einer Gebühr*
- damit *betraut* wird, *unter einheitlicher Geschäftsbezeichnung*
- *Waren oder Leistungen auf dem Markt anzubieten.*

Hierbei wird regelmäßig die Geschäftskonzeption vorgeschrieben:

---

111 *Ebenda.*
112 Vgl. *Creifelds,* »Franchisevertrag«.
113 Vgl. *Romain/Bader/Byrd,* S. 332.
114 So die Definition von *Schmidt,* HR, § 28 II 3, die man auch andernorts wörtlich finden kann.
115 *Brox/Henssler,* Rdnr. 242.

Der berühmt berüchtigte[116] Fast-Food-Konzern McDonald's leistet sich insofern eigene McDonald's-Richtlinien. Zu welchen Streitigkeiten diese führen konnten, zeigt *die* nachfolgende auszugsweise wiedergegebene *»McDonald's-Entscheidung« des BGH* vom 8.10.1984[117]:

> Nach diesen Richtlinien, die Bestandteil des Franchisevertrags waren, gehörte zu **138** dem »unabdingbaren« *McDonald's*-System u. a. das vom Franchisegeber festgelegte Verfahren bei der Zubereitung von Speisen. Dieses Verfahren sah u. a. vor, dass die Grilltemperatur eines mit Gas geheizten Grillgeräts bei der Zubereitung von »Hamburgern« 177° und bei »Viertelpfündern« 191° betragen sollte ... [118]
> Die Bekl. (Franchisenehmer) hatte diese Temperaturen nicht eingehalten, und da »Hamburger« und »Viertelpfünder« zu den wichtigsten lukullischen Highlights der *Mc Donald's*-Angebote gehörten, rechtfertigte nach der Ansicht der Kl. bereits dieser Verstoß gegen den Franchisevertrag zur außerordentlichen (fristlosen) Kündigung dieses Vertrags ...
> Der BGH war vernünftigerweise anderer Meinung:
> »... b) Selbst wenn zutrifft, dass im Restaurant der Bekl. am 2.3. ... und am 5.10.1978 nicht bei den den Richtlinien der Kl. entsprechenden Temperaturen gegrillt worden ist, und die Kl. die Bekl. unter konkretem Hinweis darauf abgemahnt haben sollte, war es ihr (der Kl.) am 30.5.1979 verwehrt, sich mehr als zehn Monate nach der zweiten Abmahnung auf den darin geltend gemachten Kündigungsgrund zu berufen. Nach ständiger Rechtsprechung des BGH, insbesondere auch des erkennenden Senats, kann das Recht zur Kündigung von Dauerschuldverhältnissen aus wichtigem Grund nur *innerhalb angemessener Zeit ausgeübt* werden, *nachdem der Berechtigte von dem Kündigungstatbestand Kenntnis erlangt hat* ... Die Kl. hätte sich im Anschluss an einen fruchtlosen Ablauf der 30-Tage-Frist nach der zweiten Abmahnung alsbald schlüssig werden müssen, ob sie die Nichteinhaltung der Grilltemperaturen zum Anlass nehmen wollte, den Franchise-Vertrag fristlos zu kündigen ... Lag danach der letzte festgestellte Vertragsverstoß der Bekl. am 5.10.1978 vor, so kann die erst acht Monate später – und zehn Monate nach der zweiten Abmahnung – ausgesprochene fristlose Kündigung nicht mehr als in angemessener Zeit erfolgt angesehen werden. Danach kommt es nicht mehr darauf an, dass nach dem zuvor Ausgeführten auch nicht als festgestellt angesehen werden kann, dass der Kündigungsgrund im Zeitpunkt der außerordentlichen Kündigung noch vorlag.«

Eine begrüßenswert »arbeitnehmerfreundliche« Entscheidung des BGH!

Die Frage, ob der Franchisenehmer tatsächlich als Arbeitnehmer[119] oder ar- **139** beitnehmerähnliche Person[120] anzusehen ist und damit arbeitsrechtlichen Schutz beanspruchen kann, ist in der deutschen Rechtsprechung noch nicht geklärt (und für Ihre Prüfung im Handelsrecht sicherlich nicht relevant – bei Interesse informieren Sie sich in der Literatur zur Vertiefung). Neben McDonald's gibt es nach der Top Twenty Liste (Rdnr. 140) des »Deutscher Franchiseverband e. V.« folgende Franchisegeber mit einer zum Teil beträchtlichen Anzahl von Franchisenehmern, was die zunehmende Bedeutung des Franchising unterstreicht:

---

116 Vgl. dazu *Wallraff*, Ganz unten (1985), S. 28 ff. (»Essen mit Spaß – oder der letzte Fraß«).
117 BGH NJW 1985, 1894 f.
118 Insofern ist strittig, ob Franchisenehmer wirklich noch selbstständige arbeitnehmerähnliche Personen oder »nur« Arbeitnehmer sind.
119 Vgl. *mein AR*, Rdnrn. 35 ff.
120 *Ebenda*, Rdnr. 55.

Abb. 2

Rang	System	Bereich	Betriebe in Deutschland
	**Die TOP-20 Franchising-Hitliste 2007**		
1	TUI	Reisebüros	1.405*
2	McDonald's	Systemgastronomie	1.264
3	Schülerhilfe	Nachhilfe	1.090
4	Studienkreis	Nachhilfe	1.040
5	Kamps Bakeries	Bäckereien	950
	Foto Quelle	Fotohandel	950
6	Ihr Platz	Einzelhandel	717
7	Fressnapf	Tiernahrung	625
8	Ad-Auto Dienst	Autoreparatur	600
9	Musikschule Fröhlich	Musikpädagogik	541
10	Burger King	Systemgastronomie	525
11	Datac	Buchhaltung	524
12	Apollo-Optik	Augenoptikgeschäfte	522
13	SUNPOINT	Sonnenstudios	515
14	Reno	Schuhhandel	490
15	Quick-Schuh	Schuhhandel	400
16	Topa Team	Schreinerfachbetriebe	370
17	Refill24	Tinte & Toner	368
18	Avis Rent a Car	Autovermietung	340
19	OBI	Heimwerkermärkte	335
	Holiday Land	Reisebüros	335
20	mobilcom	Mobilfunkprodukte	331

* Vertriebsstellenanzahl 2005

Die Anzahl der Betriebe in Deutschland setzt sich aus allen Franchise-Betrieben und den von der Zentrale geführten Outlets zusammen.

Deutscher Franchise-Verband e.V. – 2007 – www.franchiseverband.com

Literatur zur Vertiefung (Rdnrn. 106–140):

Alpmann und Schmidt, HR, 4. Abschn.; *Behrend*, Aktuelle handelsvertreter-rechtliche Fragen in Rechtsprechung und Praxis, NJW 2003, 1563; *Brox/Henssler*, §§ 12, 13; *Canaris*, §§ 10–13; *Flohr*, Aktuelle Tendenzen im Franchise-Recht, BB 2006, 389; *Giesler*, Wieviel Know-how braucht Franchising?, ZIP 2003, 1025; *Haager*, Die Entwicklung des Franchiserechts seit dem Jahr 2002, NJW 2005, 3395; *Hofmann*, G; *Hombrecher*, Der Vertrieb über selbstständige Absatz- und Vertragshändler, Franchisenehmer & Co, JURA 2007, 690; *Hübner*, § 5 IV; *Jung*, Kap. 6; *Müller, C.*, Der Franchisevertrag im Bürgerlichen Recht, AcP 203 (2003), 319; *Schmidt*, HR, § 28; *Weishaupt*, Der Maklervertrag im Zivil-recht, JuS 2003, 1166; *Zerres*, IX; *Zwicker*, Franchising als symbolischer Vertrag – Beziehungen zwischen Gesellschaftsrecht und Franchising, JA 1999, 159.

6. Kapitel »Gesellschaftsrecht«

I. Einleitung

141 Die Handelsgesellschaften und die Gesellschaft des bürgerlichen Rechts werden in der juristischen Ausbildung, Praxis und Literatur gemeinhin im Rahmen eines eigenen »Fachs« namens »Gesellschaftsrecht« abgehandelt. Das Gesellschaftsrecht ist ein Teilbereich des »Handelsrechts im weitesten Sinne«, schlechthin des »Wirtschaftsrechts«, und innerhalb dessen des »Wirtschaftsprivatrechts«[121].

Das Gesellschaftsrecht wird allgemein definiert als das »Recht von privatrechtlichen Personenvereinigungen, die zur Erreichung eines bestimmten gemeinsamen Zwecks durch Rechtsgeschäft begründet werden«[122]. Es umfasst namentlich alle Rechtsnormen mit Bezug auf die Gesellschaft des bürgerlichen Rechts (§§ 705 ff. BGB) und z. B. die oHG, die KG, die stille Gesellschaft, die AG, die KGaA, die GmbH, die e. G. sowie den VVaG[123].

142 Die Handelsgesellschaften des HGB sind im zweiten Buch des HGB in den §§ 105–177 und 230–236 geregelt. »Handelsgesellschaften« sind aber nicht nur die in diesen Vorschriften geregelten oHG und KG, sondern auch die GmbH, die AG sowie die KGaA. Ursprünglich waren die AG und die KGaA im HGB mitgeregelt. Da die Entwicklung der Aktiengesellschaften aber immer umfangreichere und detailliertere Neuregelungen erforderlich machte, wurden die AG und die KGaA aus dem HGB herausgenommen und im Aktiengesetz neu geregelt. Für die GmbH wurde parallel zum HGB ein eigenes Gesetz konzipiert, das GmbHG von 1892. Obwohl die oHG und KG ausführlich im zweiten Buch des HGB geregelt sind, werden sie in der juristischen Literatur in den Lehrbüchern zum »Handelsrecht« nicht behandelt. Das liegt u. a. daran, dass sich angesichts der Vielzahl von Gesellschaften, die sich in unserem Rechts- und Wirtschaftsleben im Laufe der Jahre entwickelt haben, innerhalb des »Handelsrechts im weiteren Sinne«, wie eben angedeutet, ein eigenes Teilrechtsgebiet gebildet hat, das in der juristischen Ausbildung als Fach *Gesellschaftsrecht* bezeichnet wird. So werden in den Lehrbüchern zum »Gesellschaftsrecht« neben einer Vielzahl von anderen Gesellschaften auch die oHG und die KG behandelt. Ich möchte aber im Rahmen dieser Einführung in das *Handelsrecht*, da die oHG und KG nun einmal im HGB geregelt sind, kurz auf die rechtliche Konstruktion dieser Gesellschaften eingehen und Ihnen zur ersten Information auch einige Vorschriften und deren Inhalt über die wichtigsten anderen Gesellschaften vorstellen, die unsere Privatrechtsordnung kennt.

---

121 Vgl. dazu *mein* BGB AT, Rdnrn. 19 ff.
122 *Kübler*, S. 1; *Schmidt*, GR, S. 3 ff.; *Hueck*, S. 1; *Steding*, Rdnr. 2; *Wiedemann*, S. 3.
123 Vgl. *Creifelds*, »Gesellschaftsrecht«.

II. Begriff der Gesellschaft

Der Begriff der »Gesellschaft« im Rechtssinne ist nicht zu verwechseln mit dem, **143** was man im allgemeinen Sprachgebrauch unter »Gesellschaft« versteht. Mitglieder z. B. einer oHG oder KG können zwar auch zur sogenannten »High Society« (= »bessere Gesellschaft«, nach ihrem Selbstverständnis jedenfalls!) gehören, doch lässt sich daraus keine rechtliche Definition herleiten.

■ Versuchen Sie – in Erinnerung an die oben gelesene Definition des Gesellschaftsrechts – selbst, eine juristische Definition des Begriffs der Gesellschaft auf einem Zettel zu formulieren, bevor Sie weiterlesen!

▷ Unter »Gesellschaft« versteht man alle der Erreichung eines gemeinsamen Zwecks dienenden organisierten Personenvereinigungen, die durch eine privatrechtliche, rechtsgeschäftliche Vereinbarung, den so genannten Gesellschaftsvertrag, zustandegekommen sind[124].

Je nachdem, welchem Zweck eine Gesellschaft dienen soll, können die Gründer **144** einer Gesellschaft unter verschiedenen Gesellschaftstypen, die die Privatrechtsordnung zur Verfügung stellt, auswählen.

Entsprechend ihrer Organisation und Rechtsform lassen sich die Gesellschaften in zwei große Gruppen einteilen:

(1) *Personengesellschaften* und
(2) *Kapitalgesellschaften* sowie sonstige körperschaftlich organisierte Vereinigungen.

Literatur zur Vertiefung (Rdnrn. 141–144):

Alpmann und Schmidt, GR, S. 1 f.; *Eisenhardt*, §§ 1–3; *Engländer*, Die Lehren vom Gesellschaftsvertrag, JURA 2002, 381; *Hueck*, §§ 1 u. 2; *Kraft/Kreutz*, A, I–VII; *Kübler*, §§ 1, 3.

III. Personengesellschaften

Die Organisation der Personengesellschaften beruht auf einem schuldrechtlichen **145** Vertrag, der individuelle Beziehungen zwischen den einzelnen beteiligten Gesell-

---

124 *Diese Definition habe ich irgendwo einmal gelesen (wie evtl. manchen ohne Quellenbezeichnung zitierten Übungsfall auch) und fand die Formulierung so treffend, dass ich sie in meiner Vorlesung an die Studierenden weitergegeben habe . . . Leider weiß ich manchmal nicht mehr, ob ich das eine oder andere nun bei A u. S oder B oder K gelesen habe . . . Aber es mag nicht so »schlimm« sein: A u. S und K verwenden wörtliche Formulierungen, die ich vornehmlich bei B gelesen habe, B hat bisweilen wörtliche Formulierungen, die ich bei C oder Sch. wiederfinde . . . Hin und wieder schreiben »wir« also alle voneinander ab . . . Ich bemühe mich auch weiterhin darum, meine Fundstellen anzugeben, doch wenn's nicht mehr gelingt, mögen mir Leser/- und Kolleg/en/innen verzeihen: Was »wir« schreiben, ist so jedenfalls meistens »richtig«, und die Studierenden sollen möglichst nichts »Falsches« lernen . . .*

schaftern zur Erreichung des Gesellschaftszwecks begründet. Für alle Personengesellschaften gelten folgende Grundsätze:

146 (1) Personengesellschaften haben keine eigene Rechtspersönlichkeit, werden
aber in manchen Rechtsbereichen (z. B. hinsichtlich Gesellschaftsvermögen
und Gesellschaftsschuld) ähnlich behandelt wie rechtsfähige Gesellschaften.
Das bedeutet grundsätzlich: Träger von Rechten und Pflichten ist nicht die
Gesellschaft, sondern das sind die einzelnen Gesellschafter. Personengesellschaften sind also keine juristischen Personen! Speziell für die oHG und KG
gibt es von diesem Grundsatz mit § 124 Abs. 1 HGB (jetzt noch nicht lesen ...) eine wichtige Ausnahme, auf die wir noch etwas ausführlicher zu
sprechen kommen (Rdnrn. 188 ff.).

Dieser Grundsatz ist allerdings seit der Grundlagenentscheidung des BGH (II
ZR 331/00) vom 29.01.2001 (BGH NJW 2001, 1056) nur noch von theoretischer Bedeutung. Was für die oHG und die KG aufgrund von § 124 HGB (vgl. Rdnr. 189)
anerkannt ist, soll in der Praxis auch für die Gesellschaft des bürgerlichen Rechts gelten. Die BGB-Gesellschaft ist als Außengesellschaft rechts- und parteifähig. Die
wichtigen Leitsätze des BGH in der genannten Entscheidung lauten:
*1. Die (Außen-)Gesellschaft bürgerlichen Rechts besitzt Rechtsfähigkeit, soweit sie
durch Teilnahme am Rechtsverkehr eigene Rechte und Pflichten begründet.*
2. In diesem Rahmen ist sie zugleich im Zivilprozess aktiv und passiv parteifähig.
*3. Soweit der Gesellschafter für die Verbindlichkeiten der Gesellschaft bürgerlichen
Rechts persönlich haftet, entspricht das Verhältnis zwischen der Verbindlichkeit der
Gesellschaft und der Haftung des Gesellschafters derjenigen bei der oHG (Akzesso-
rietät) – Fortführung von BGHZ 142, 315 = NJW 1999, 3483.*[125]

(2) Grundsätzlich sind Personengesellschaften vom Bestand ihrer ursprüngli-
chen Gesellschafter abhängig, d. h., nach der gesetzlichen Regelung wird die
Gesellschaft aufgelöst durch Tod oder Kündigung eines Gesellschafters, sofern der Gesellschaftsvertrag nicht etwas anderes bestimmt.

(3) Grundsatz der Selbstorganschaft:
Das bedeutet, dass Geschäftsführung und Vertretung der Personengesellschaften regelmäßig von den Gesellschaftern persönlich vorgenommen werden, entweder von allen gemeinsam oder von den vertraglich dazu bestimmten.

(4) Für Verbindlichkeiten der Personengesellschaften haften die Gesellschafter
als Gesamtschuldner, wobei grundsätzlich jeder Gesellschafter mit seinem
ganzen persönlichen Vermögen haftet.

(5) Die Personengesellschaft tritt im Rechtsverkehr unter dem Namen der Gesellschafter auf; handelt es sich um eine Handelsgesellschaft, so führt sie eine
Firma, für die im Einzelnen § 19 HGB gilt, den Sie schon kennengelernt haben.

147 Diese Grundsätze gelten für die BGB-Gesellschaft, die offene Handelsgesellschaft und mit Einschränkungen (= beschränkte Kommanditistenhaftung) für die

125 Eine ausführliche Würdigung der Bedeutung und Tragweite dieses Urteils finden Sie
bei *K. Schmidt*, NJW 2001, 993.

Kommanditgesellschaft sowie teilweise auch für die stille Gesellschaft. Bevor wir diese Gesellschaften etwas näher betrachten, prägen Sie sich die allgemeinen Grundsätze zu den Handelsgesellschaften anhand von Übersicht 15 (Rdnr. 148) nochmals ein.

Übersicht 15

Die Handelsgesellschaften des HGB	148

Allgemeines

- Gesetzliche Regelung: §§ 105–177 und 230–236 HGB
  Handelsgesellschaften gibt es aber auch außerhalb des HGB:
  z. B. GmbHG, AktG.
- *»Gesellschaft«* im Sinne des Gesellschaftsrechts ist eine der Erreichung eines gemeinsamen Zwecks dienende organisierte Personenvereinigung, die durch privatrechtliche, rechtsgeschäftliche Vereinbarung, den sog. *»Gesellschaftsvertrag«*, zustandegekommen ist.
- Je nach Organisation, Zweck und Rechtsform unterscheidet man bei den Handelsgesellschaften Personengesellschaften und Kapitalgesellschaften (sowie sonstige körperschaftlich organisierte Vereinigungen). Die Handelsgesellschaften des *HGB* sind . . .

Personengesellschaften

- *Gemeinsamkeiten aller Personengesellschaften* (P):

  (1)   P haben keine eigene Rechtspersönlichkeit, d. h., sie sind grundsätzlich *keine juristischen Personen !*
        (Vgl. dazu aber oben Rdnr. 146)
  (2)   Sofern Gesellschaftsvertrag nicht Sonderregelung enthält, sind P *von ihrem Bestand abhängig* = i. d. R. Auflösung der P bei Kündigung oder Tod eines Gesellschafters.
  (3)   *Grundsatz der Selbstorganschaft:* Geschäftsführung und Vertretung durch einen oder mehrere Gesellschafter persönlich.*
  (4)   *Haftung* der Gesellschafter als Gesamtschuldner mit persönlichem Vermögen.*
  (5)   P treten im Rechtsverkehr unter dem Namen aller Gesellschafter auf; wenn P *Handelsgesellschaften* sind: Firma nach § 19 HGB.

  *   Gilt nicht für den »stillen Gesellschafter« und Kommandisten einer KG!

1. Die Gesellschaft des bürgerlichen Rechts (GbR) als organisatorischer Grundtyp

149 Die GbR wird häufig auch »BGB-Gesellschaft« genannt und stellt den organisatorischen Grundtyp aller Personengesellschaften dar. Bei der BGB-Gesellschaft handelt es sich um einen vertraglichen Zusammenschluss von Personen zur Erreichung eines gemeinsamen beliebigen Zwecks, wobei alle Gesellschafter für Verbindlichkeiten der Gesellschaft persönlich haften. Die gesetzliche Regelung der BGB-Gesellschaft findet sich in den §§ 705 bis 740 BGB. Da das Recht der Handelsgesellschaften des HGB weitgehend auf den Grundregeln der BGB-Gesellschaft aufbaut, wollen wir uns die wichtigsten Vorschriften der §§ 705 ff. BGB anhand einiger Übungsfälle etwas ausführlicher ansehen.

Übungsfall 6	
Die drei Studenten der Rechtswissenschaft Adalbert Affenschnell (A), Benedikt Brunnenblau (B) und Casimir Catenhusen (C) verdienen sich in der vorlesungsfreien Zeit in ihrem Heimatort Ganshausen in der Eifel unter dem Namen »The Goosehouse Foxes« ein Zubrot mit fetziger Musik. Entsprechend ihrer mündlichen Vereinbarung bestreiten sie Anschaffungen und alle anderen Auslagen anteilig gemeinsam und teilen den erspielten Gewinn. Wer haftet für evtl. Schulden der »Goosehouse Foxes«?[126]	

150 Die Antwort auf die Frage nach der Haftung der drei Musiker richtet sich danach, wie diese Band rechtlich zu qualifizieren ist. Möglich ist, dass A, B und C eine BGB-Gesellschaft gegründet haben. Dann müssten die Voraussetzungen des § 705 BGB (lesen!) erfüllt sein.

■ Welche drei Voraussetzungen müssen danach erfüllt sein, damit es sich bei den »Goosehouse Foxes« um eine Gesellschaft des Bürgerlichen Rechts handelt? (Lesen Sie § 705 BGB nochmals und versuchen Sie, die drei Voraussetzungen auf einem Zettel zu formulieren, bevor Sie weiterlesen!)

▷ (1) Abschluss eines Gesellschaftsvertrags durch mindestens zwei Gesellschafter.
   (2) Gegenseitige Verpflichtung, die Erreichung eines gemeinsamen Zwecks zu fördern.
   (3) Leistung von Beiträgen zur Förderung des Zwecks.

Markieren Sie in § 705 BGB verschiedenfarbig die Worte »Gesellschaftsvertrag«, »gegenseitig« und »Erreichung eines gemeinsamen Zwecks« bzw. »Beiträge«!
Prüfen wir, ob diese drei Voraussetzungen in unserem Übungsfall erfüllt sind:

a) Gesellschaftsvertrag

151 Der Gesellschaftsvertrag bildet die Grundlage für die Entstehung einer Gesellschaft. Es handelt sich dabei um ein Rechtsgeschäft, das grundsätzlich formfrei[127] (also auch mündlich) getätigt werden kann. Zudem ist der Gesellschaftsvertrag

---

126 Fall und Lösung in Anlehnung an *Nawratil*, Fall 76.
127 Vgl. Jauernig/*Stürner*, § 705, Rdnr. 17.

gem. § 705 BGB nach der ausdrücklichen Formulierung des Gesetzes ein gegenseitiger Vertrag[128].

Für die Lösung von Fall 6 bedeutet das:

A, B und C haben durch mündlichen Gesellschaftsvertrag eine BGB-Gesellschaft i. S. d. §§ 705 ff. BGB gegründet.

b) Gemeinsamer Zweck

Neben dem Gesellschaftsvertrag ist konstitutives Merkmal für das Entstehen der **152** BGB-Gesellschaft die Erreichung eines gemeinsamen Zwecks. Dieser Zweck kann ein dauernder oder ein vorübergehender sein[129]. Der gemeinsame Zweck ist neben dem Gesellschaftsvertrag Grundvoraussetzung für die Entstehung der Gesellschaft und zugleich wesentliches Abgrenzungskriterium zu anderen gegenseitigen Verträgen, insbesondere zu Austauschverträgen[130].

■ Was bedeutet das für Übungsfall 6?
▷ Da A, B und C als »Goosehouse Foxes« gemeinsam Musik machen und sich den erspielten Gewinn teilen wollen, haben sie sich zur Erreichung eines gemeinsamen Zwecks zusammengetan und sich gegenseitig verpflichtet, den Zweck zu fördern.

c) Förderung des Zwecks, insbesondere Leistung von Beiträgen

»Beitrag« i. S. d. § 705 BGB ist nicht nur so zu verstehen, dass als solcher eine **153** bestimmte Geldsumme zu zahlen ist, wie etwa der »Beitrag« zu einem Sportverein. Der Beitrag, der gem. § 706 Abs. 1 BGB von jedem Gesellschafter grundsätzlich gleich zu leisten ist, kann, wie sich aus § 706 Abs. 3 BGB ergibt, auch in der Leistung von Diensten bestehen (§ 706 Abs. 1 und 3 BGB lesen!). Die Förderung des Gesellschaftszwecks muss allerdings nicht unbedingt in einem besonderen Beitrag, sie kann z. B. bei angesehenen und kreditwürdigen Gesellschaftern schon in der bloßen Beteiligung liegen.[131]

In Übungsfall 6 leisten die Gesellschafter A, B und C ihre Beiträge zur Förderung des gemeinsamen Zwecks dadurch, dass sie einerseits alle Anschaffungen und Auslagen anteilig tätigen und außerdem jeder seinen Musikbeitrag leistet.

Somit erfüllt unsere Band alle Voraussetzungen einer BGB-Gesellschaft, die deshalb entstanden ist, ohne dass A, B und C sich selbst ausdrücklich als solche bezeichnen müssen.

d) Haftung der Gesellschaft

Für die Haftung der Gesellschafter gilt im Innenverhältnis § 708 BGB (lesen!). **154** Jeder Gesellschafter haftet für die Erfüllung seiner Verpflichtungen wie in eigenen Angelegenheiten (vgl. § 277 BGB).

---

128 Vgl. Palandt/*Sprau*, § 705, Rdnr. 13.
129 A. a. O., Rdnr. 14.
130 Vgl. *Alpmann und Schmidt*, GR, S. 5.
131 Jauernig/*Stürner* § 705, Rdnr. 1.

Die Haftung der BGB-Gesellschaft im Außenverhältnis ist in den §§ 705 ff. BGB nicht geregelt. Für Schulden der Gesellschaft haftet nicht nur das Gesellschaftsvermögen, sondern gleichermaßen das Privatvermögen der einzelnen Gesellschafter. Zur Begründung der Haftung der Gesellschafter für die Gesellschaft wird § 128 HGB analog angewendet (Vorschrift lesen!). Wenn im Gesellschaftsvertrag nichts anderes vereinbart ist, haften die Gesellschafter (im Zweifel) als Gesamtschuldner[132]. Das ergibt sich aus dem Wesen der BGB-Gesellschaft i. V. m. Vorschriften des allgemeinen Schuldrechts, aus §§ 427, 431 BGB (lesen). Wie diese gesamtschuldnerische Haftung ausgestaltet ist, folgt aus § 421 BGB (Satz 1 – lesen!). Auf die BGB-Gesellschaft umformuliert bedeutet das, dass ein Gläubiger der Gesellschaft seine Forderung nach Belieben ganz von jedem einzelnen Gesellschafter verlangen kann.

■ *Zur Wiederholung:*

155 Welche Rechtsfolge tritt ein, wenn ein Gesellschafter die gesamte Gesellschaftsschuld alleine beglichen hat? (Überlegen Sie!)
▷ Er hat gegenüber den anderen Gesellschaftern einen Ausgleichsanspruch gem. § 426 Abs. 1 i. V. m. Abs. 2 S. 1 BGB (auch diese Vorschrift nochmals lesen!).

Die Antwort auf unsere Fallfrage lautet nach alledem: Da A, B und C (als »Goosehouse Foxes«) eine BGB-Gesellschaft bilden, haften sie für Verbindlichkeiten der Gesellschaft gem. §§ 427, 431 BGB i. V. m. § 128 HGB analog als Gesamtschuldner.

e) Geschäftsführung und Vertretung

156 Ebenso wie die Gesellschafter gemeinsam haften, sind sie gemäß § 709 BGB gemeinschaftlich zur Geschäftsführung befugt, was allerdings, wie aus § 710 BGB folgt, per Gesellschaftsvertrag abgeändert werden kann (§§ 709 Abs. 1 und 710 BGB lesen!).
Ebenso kann im Vertrag die Vertretungsmacht abweichend von § 714 BGB (lesen!) geregelt werden.

157 ■ Worin besteht der Unterschied zwischen Geschäftsführungsbefugnis und Vertretungsmacht? (Denken Sie nach!)
▷ Geschäftsführungsbefugnis betrifft das Innenverhältnis, Vertretungsmacht betrifft das Außenverhältnis. Für die Vertretungsmacht gelten mangels besonderer Vorschriften im Gesellschaftsrecht ohne Einschränkung die allgemeinen Vorschriften des BGB über die Stellvertretung.
■ Welche Vorschriften sind das? (Das müssen Sie wissen!)
▷ Die Antwort gibt Fußnote[133]!

---

132 Vgl. *mein* SchR AT, Rdnrn. 296.
133 §§ **164 ff.**!

f) Gesamthänderisches Gesellschaftsvermögen

Lesen Sie zunächst die »Fortsetzung« von Fall 6:   **158**

Übungsfall 7	
Nach vier Jahren ist Adalbert Affenschnell der Musik der »Goosehouse Foxes« überdrüssig, und da das Examen vor der Tür steht, beschließt er, seine zum Gesellschaftsvermögen gehörende Trompete, die er immer bei sich zu Hause hat, zu verkaufen. Er führt diesen Entschluss (»nomen est omen«) auch sofort aus und übereignet die Trompete an den gutgläubigen Tobias Tröht (T). Ist T Eigentümer der Trompete geworden?[134]	

■ Nach welcher sachenrechtlichen Vorschrift des BGB und wie das Eigentum an einer beweglichen Sache übertragen wird, wissen Sie hoffentlich noch!?
▷ Das Eigentum an beweglichen Sachen wird durch Einigung zwischen dem Eigentümer und dem Erwerber sowie durch Übergabe der Sache übertragen (§ 929 S. 1 BGB).
■ Was ist zunächst Voraussetzung dafür, damit A dem T das Eigentum an der Trompete verschaffen könnte?
▷ A müsste Eigentümer der Trompete sein!   **159**

Die Trompete gehört jedoch zum Gesellschaftsvermögen. Das Gesellschaftsvermögen der BGB-Gesellschaft wird in § 718 Abs. 1 BGB definiert (lesen!). Danach ist das Gesellschaftsvermögen, zu dem auch das Eigentum an beweglichen Sachen gehört, gemeinschaftliches Eigentum der Gesellschaft, oder, wie man das auch nennt, Gesamthandseigentum. Was diese etwas altertümliche Formulierung bedeutet, wird klar, wenn wir § 719 Abs. 1 BGB lesen!

Die »gesamthänderische Bindung« der Gesellschafter nach § 719 BGB bedeutet, dass ein Gesellschafter über seinen Anteil am Vermögen der Gesellschaft, sei es nun ein rechnerischer Anteil am Geldvermögen oder sein Anteil am Sachvermögen, nicht allein verfügen darf. Eine Verfügung über das Gesellschaftsvermögen kann nur von allen Gesellschaftern gemeinsam, oder, wie man das früher bildlich formulierte, zur »gesamten Hand« vorgenommen werden.

■ Was könnte das für die Verfügung des A bedeuten?
▷ Somit könnte die Verfügung des A über das Eigentum an der Trompete unwirksam sein, da er allein als Nichtberechtigter (§ 185 BGB – lesen!) verfügt hat.

Da aber T »gutgläubig« war, d. h. nicht wusste oder wissen konnte, dass die **160** Trompete dem A nicht gehörte, kann er das Eigentum an dem Instrument dennoch wirksam erworben haben.

■ Sie haben sicherlich (hoffentlich) sofort gewusst, welche Vorschriften des Sachenrechts des BGB dem T insofern »helfen« können?

---

134 In Anlehnung an *Nawratil*, Fall 78.

▷ Die Trompete war der Gesellschaft, da A den unmittelbaren Besitz (§ 854 BGB) daran mit Willen seiner Mitgesellschafter ausübte, nicht »abhanden gekommen« (§ 935 BGB). Der gutgläubige T ist deshalb gem. §§ 929 S. 1, 932 BGB Eigentümer der Trompete geworden.

Bevor wir uns den Personengesellschaften des HGB zuwenden, für die, wie wir wissen, alle Vorschriften über die BGB-Gesellschaft gleichermaßen gelten, sofern das HGB keine Sonderregelungen trifft, lösen wir zur BGB-Gesellschaft abschließend noch einen umfassenden Fall:

Übungsfall 8

161 Affenschnell (A), Brunnenblau (B) und Catenhusen (C) bekamen trotz der eigenmächtigen Trompetenveräußerung keinen Streit, lösten aber die »Goosehouse Foxes« einvernehmlich auf, da das Examen nahte, welches von allen geschafft wurde. Nachdem das zweite Examen ebenfalls bestanden wurde und jeder auch seine Promotion zu Ende gebracht hatte, lassen die drei sich als Rechtsanwälte nieder und beschließen, sich zu einer Anwaltssozietät zusammenzutun. Die Büroeinrichtung, Miete und alle anderen Ausgaben sollen ebenso geteilt werden wie die Gewinne. Zu den Anschaffungen gehört folgendes Namensschild:
»Rechtsanwälte
Dr. Affenschnell
Dr. Brunnenblau
Dr. Catenhusen«
Im Gesellschaftsvertrag wird unter »Geschäftsführung« u. a. folgender Passus aufgenommen: »Zum Abschluss der mit der Sozietät zusammenhängenden Geschäfte ist jeder Rechtsanwalt allein zu handeln berechtigt. Für die Eingehung von Verbindlichkeiten über 3.000,– € bedarf es der Zustimmung aller übrigen Gesellschafter«. A möchte für 200,– € einen luxuriösen telefonischen Anrufbeantworter anschaffen. B, dem die moderne Technik zuwider ist, ist dagegen; der Spruch »Am Apparat der Automat!« ist ihm zu unpersönlich. C äußert sich dazu nicht. A meint, die Zustimmung des B sei nicht erforderlich, da der erste Satz des zitierten Passus aus dem Gesellschaftsvertrag eindeutig für ihn spreche. Zur Ausstattung der gemeinsamen Bibliothek kauft B, der eine Schwäche für antiquarische Bücher hat, bei einem Buchantiquariat eine Ausgabe des Codex Maximilianaeus Bavaricus Civilis[135] aus dem Jahre 1756 günstig für 3.800,– €. A und C meinen, dieser »alte Schinken« sei allenfalls als Staubfänger geeignet und verlangen die Rückgabe des Buchs an den Verkäufer. Der Buchantiquar verlangt Zahlung der 3.800,– € von A, da er weiß, dass dieser schnell zu einem großen Privatvermögen gekommen ist . . .
Dem C wurde die Arbeit in der Kanzlei schon nach kurzer Zeit zuviel, und er will seinen alten Freund Daniel Deppen (D), der ein »Einserexamen« vorweisen kann, in die Sozietät aufnehmen. A und B sind dagegen, da D nicht promoviert habe. Sie denken an das Namensschild vor der Tür, das bei Aufnahme des D lauten würde:
»Rechtsanwälte
Dr. Affenschnell
Dr. Brunnenblau
Dr. Catenhusen
Deppen«
Sie wollen einer Aufnahme des D erst zustimmen, wenn D promoviert habe!
Fragen:
1) Kann B sich der Anschaffung des automatischen Anrufbeantworters mit Recht widersetzen?
2) Muss A an den Buchantiquar zahlen? Falls ja, von wem kann er den Ausgleich verlangen? Falls nein, welchen Anspruch hat er?
3) Können A und B die Aufnahme des D in die Kanzlei verhindern?

---

135 Vgl. *mein* BGB AT, Rdnr. 34.

Wir wollen die Antwort auf diese Fragen zwar nicht in Form eines vollkommenen Gutachtens erarbeiten, doch anhand einschlägiger Vorschriften, die uns die Antwort geben können, relativ ausführlich prüfen.

Zu Frage 1:

Kann B der Anschaffung des Telefonautomaten widersprechen? 162

Wenn Sie den ersten Satz des Passus in dem Gesellschaftsvertrag der Rechtsanwälte lesen und mit § 711 BGB (lesen!) vergleichen, können Sie die Frage schon beantworten.

■ Wie lautet die Antwort? (Überlegen Sie!)

▷ Wenn nach dem Gesellschaftsvertrag Einzelgeschäftsführung vereinbart ist, kann jeder einzelgeschäftsführungsberechtigte Gesellschafter der Geschäftsführung des anderen gem. § 711 S. 1 BGB widersprechen. Dies hat B getan. Somit muss das Geschäft des A gem. § 711 S. 2 BGB unterbleiben. A könnte seinen Willen nur durchsetzen, wenn im Gesellschaftsvertrag gem. § 709 Abs. 2 BGB vereinbart wäre, dass entgegen § 709 Abs. 1 BGB für ein Geschäft nicht die Zustimmung *aller,* sondern nur der *Mehrheit* der Gesellschafter erforderlich wäre (§ 709 BGB ganz lesen).

Zu Frage 2:

Zunächst: Kann der Buchantiquar die 3.800,– € für den »Codex Maximilianaeus« 163 von A verlangen?

Die damit zusammenhängende Teilfrage, ob der Buchantiquar, sofern zwischen der Gesellschaft und ihm ein Vertrag zustandegekommen ist, den Kaufpreis ganz verlangen kann, können wir nach dem, was wir zur Haftung der Gesellschaft gehört haben (s. o.), vorab beantworten.

■ Wie lautet die Antwort? (Denken Sie nach!)

▷ Die Gesellschafter haften für Verbindlichkeiten der Gesellschaft als Gesamtschuldner (§§ 427, 431 BGB i. V. m. § 128 HGB analog), so dass der Antiquar gem. § 421 S. 1 BGB jeden Gesellschafter wegen der Zahlung des gesamten Kaufpreises nach Belieben in Anspruch nehmen könnte.

Bleibt also zu prüfen, ob der Kaufvertrag, den B für die Gesellschaft mit dem 164 Antiquar geschlossen hat, wirksam ist.

■ Unter welchen Voraussetzungen ist es möglich, dass ein BGB-Gesellschafter nach außen ein Rechtsgeschäft tätigt, durch das die Gesellschaft, also alle Gesellschafter gemeinsam, verpflichtet wird bzw. werden? (Die Antwort müssten Sie nach dem bisher Gelesenen selbst geben können!)

▷ Das ist nur möglich, wenn eine wirksame Vertretung i. S. d. §§ 164 ff. BGB vorlag. In unserem Fall ist die Geschäftsführungsbefugnis laut Gesellschaftsvertrag darauf begrenzt, dass B nur Geschäfte bis zu 3.000,– € abschließen durfte. Die Geschäftsführung betrifft, wie wir festgestellt haben, zwar nur das Innenverhältnis, doch folgt aus der Begrenzung der Geschäftsführungsbefugnis zwangsläufig eine Begrenzung des Umfangs der Vertretungsmacht im

Außenverhältnis. Das ergibt sich aus dem Wortlaut des § 714 BGB, den Sie nochmals lesen müssen.

■ Was bedeutet diese Vorschrift, insbesondere die Formulierung »im Zweifel«, für den Vertragspartner, der mit dem Gesellschafter verhandelt?

▷ Da sich »im Zweifel« der Umfang der Vertretungsmacht mit dem der Geschäftsführungsbefugnis deckt, muss der Vertragspartner, wenn er sicher sein will, ob der Geschäftsführer einer BGB-Gesellschaft in einem bestimmten Umfang zur Vertretung befugt ist, die Geschäftsführungsbefugnis nachprüfen!

165   Die BGB-Gesellschaft kennt keinen Verkehrsschutz bezüglich der Vertretungsmacht, wie er z. B. bei der Prokura besteht, da die BGB-Gesellschaft im Gegensatz zu den Handelsgesellschaften nicht ins Handelsregister eingetragen wird.[136]

Somit hat B in unserem Fall mit dem Kauf des Buchs für 3.800,– € seine Vertretungsmacht überschritten und deshalb als Vertreter ohne Vertretungsmacht gehandelt.

166   ■ Welche Rechtsfolge tritt damit zunächst ein?

▷ B handelte als »Vertreter ohne Vertretungsmacht« i. S. d. § 177 BGB, so dass die Wirksamkeit des Vertrags von der Genehmigung durch A und C abhängt! Da A und C offensichtlich den Vertrag nicht genehmigen werden, kann der Antiquar sich mangels eines wirksamen Vertrags nicht an die Gesellschaft und damit auch nicht an A halten.

■ Auf welchen Anspruch bleibt der Antiquar in unserem Fall daher angewiesen? (Überlegen Sie!)

▷ Er muss sich an den vollmachtlosen Vertreter B halten, d. h., er kann von diesem wahlweise Erfüllung des Vertrags oder Schadensersatz gem. § 179 Abs. 1 BGB verlangen!

■ Welche Frage haben wir im Zusammenhang mit dem Buchkauf noch nicht beantwortet?

167   ▷ Für den Fall, dass A zahlen müsste, war nach einem Ausgleichsanspruch des A gefragt.

Da die Antwort »nein« heißt, bräuchten wir uns mit dieser Frage eigentlich nicht mehr beschäftigen. Wäre unser Fall aber in einer Klausur so gestellt worden, müssten Sie die gestellte Frage in einem »Hilfsgutachten« beantworten.

■ Die Antwort, an wen A sich auf Grund welcher Anspruchsgrundlage hätte halten können, falls er die 3.800,– € gezahlt hätte, müssten Sie eigentlich geben können? (Denken Sie daran, dass A als Gesamtschuldner zahlt!)

▷ Wenn A den gesamten Betrag gezahlt hätte, hätte er einen Ausgleichsanspruch gegen seine Mitgesellschafter gem. § 426 Abs. 1 und Abs. 2 S. 1 BGB.

Zu Frage 3:

168   Können A und B die Aufnahme des Daniel Deppen in ihre Sozietät verhindern?

Über die Aufnahme eines neuen Gesellschafters in eine bestehende BGB-Gesellschaft werden Sie in den §§ 705 bis 740 BGB keine spezielle Vorschrift fin-

---

136 Vgl. *Kraft/Kreutz* C III 2 a bb.

den. Da die BGB-Gesellschaft von A, B und C aufgrund eines Gesellschaftsvertrags zustande gekommen ist, müssen wir uns deshalb an den allgemeinen Vorschriften, genauer: an den Vorschriften des Allgemeinen Teils des BGB über das Zustandekommen von Verträgen, orientieren.

■ Welche Vorschriften sind das?
▷ Antwort: Fußnote[137]

Wenn Sie davon die erste Vorschrift lesen, haben Sie auch schon die Antwort auf unsere dritte Fallfrage: Nach § 145 ist jeder Vertragspartner an sein Vertragsangebot gebunden. Daraus folgt auch, dass er an einen wirksam zustandegekommenen Vertrag ebenfalls gebunden ist. »Verträge sind zu halten« heißt ein alter Rechtsgrundsatz, der schon im römischen Recht (»pacta sunt servanda«[138]) galt und so selbstverständlich ist, dass er in keinem unserer Gesetze wiedergegeben ist.

169

■ Was folgt daraus für den Gesellschaftsvertrag unserer BGB-Gesellschaft? (Überlegen Sie!)
▷ Der Gesellschaftsvertrag ist zwischen A, B und C geschlossen worden und bindet alle drei Gesellschafter gleichermaßen.

Ein einmal geschlossener Vertrag kann deshalb, mangels besonderer Rücktritts- oder Kündigungsvereinbarungen, nur durch einen neuen Vertrag aufgehoben werden. Wenn der Gesellschaftsvertrag über die Aufnahme eines neuen Gesellschafters keine Vereinbarung enthält, müssten A, B und C darüber eine Vertragsänderung *beschließen*. Mit anderen Worten: Wenn A und B nicht einverstanden sind, kann C die Aufnahme des D als neuen Sozius nicht erreichen. Die etwas unsachliche Begründung für die Ablehnung des D ist in diesem Falle unerheblich. Wenn dem C die Zusammenarbeit mit D wichtiger sein sollte als die Sozietät mit A und B, dann müsste er seine Zugehörigkeit zur Gesellschaft gem. § 723 Abs. 1 S. 1 BGB (lesen!) kündigen. Die Folge der Kündigung (bei Ausscheiden des Gesellschafters) regelt § 736 BGB, den Sie abschließend auch noch lesen müssen, bevor wir uns das Wesen der BGB-Gesellschaft und die entsprechenden Vorschriften nochmals anhand der folgenden zusammenfassenden Übersicht (16) verdeutlichen.

170

Literatur zur Vertiefung (Rdnrn. 145–171):

Alpmann und Schmidt, GR, 1. Teil; *Eisenhardt*, § 4; *Funke/Falkner*, Das Haftungssystem der BGB-Gesellschaft nach der neuen BGH-Rechtsprechung – Bestehen noch Unterschiede zwischen BGH-Gesellschaft und OHG, JURA 2004, 721; *Kellermann*, Die BGB-Gesellschaft in ihrer Ausgestaltung durch die neuere Rechtsprechung, JA 2003, 648; *Kraft/Kreutz*, C; *Kübler*, § 6; *Medicus*, § 110; *Petersen*, Die rechtsfähige Personengesellschaft, JURA 2004, 683; *Saenger*, Der praktische Fall – Handels- und Gesellschaftsrecht: Rechtsfähigkeit und Haftungsbeschränkung bei der Gesellschaft des bürgerlichen Rechts, JuS 2003, 577; *Schmidt*, GR, §§ 58–60; *ders.*, Die BGB-Außengesellschaft: rechts- und parteifä-

137 §§ **145 ff. BGB!**
138 Vgl. *mein* BGB AT, Rdnr. 183, Fn. 90.

hig – Besprechung des Grundlagenurteils BGH II ZR 331/10 vom 29.01.2001, NJW 2001, 993; *Schreiber*, Geschäftsführungsbefugnis und Vertretungsmacht in der Gesellschaft des bürgerlichen Rechts, JURA 2001, 346; *Schulz*, Neuregelung im Recht der Personenhandelsgesellschaften, JA 1999, 424; *Schultzky/Weissinger*, Die Rechtsfähigkeit der BGB-Gesellschaft, JA 2001, 886; *Vogel*, Der praktische Fall – Gesellschaftsrecht: Wenig glückliche Computergeschäfte, JuS 1998, 1026.

Übersicht 16

171

Die BGB-Gesellschaft[139]
Die Gesellschaft des bürgerlichen Rechts (GbR) ist organisatorischer Grundtyp aller Personengesellschaften; auch genannt: »BGB-Gesellschaft«.
Gesetzliche Regelung: §§ 705–740
Wesen (§ 705): Zusammenschluss mindestens zweier Gesellschafter durch Gesellschaftsvertrag mit gegenseitiger Verpflichtung, Erreichung eines gemeinsamen Zweckes zu fördern und dazu »Beiträge« (§ 706) zu leisten.
Haftung der Gesellschafter: *Im Innenverhältnis:* Haftung für Sorgfalt in eigenen Angelegenheiten (§ 708). *Im Außenverhältnis:* Haftung gem. §§ 427, 431 i. V. m. § 128 HGB analog. Rechtsfolge: § 421 sowie bei Inanspruchnahme eines Gesellschafters durch Gläubiger der GbR § 426.
Geschäftsführung (Innenverhältnis !): Grundsätzlich (§ 709) *gemeinschaftlich* – Änderung durch Gesellschaftsvertrag möglich (§ 710). Gegen Geschäft von Einzelgeschäftsführer Widerspruchsrecht der anderen geschäftsführungsbefugten Gesellschafter (§ 711).
Vertretungsmacht (Außenverhältnis!): § 714: Gesetzliche Vermutung, dass Vertretungsmacht der Geschäftsführungsbefugnis entspricht. – Geltung der §§ 164 ff. (ggf. § 179!).
Entziehung von Geschäftsführungsbefugnis (§ 712) und Vertretungsmacht (§ 715) möglich, wenn grobe Pflichtverletzung durch Geschäftsführer.
Kontrollrecht jedes Gesellschafters, auch wenn von Geschäftsführung ausgeschlossen (§ 716).
Gewinnbeteiligung, soweit nicht anders vereinbart, grundsätzlich nicht im Verhältnis der Beiträge (§ 722), sondern gleich
Gesellschaftsvermögen (§ 718) ist *Gesamthandseigentum* = »gemeinschaftliches Vermögen«, über das nur gemeinschaftlich (»zur gesamten Hand«) – § 719 – verfügt werden darf.
Gründe für die Auflösung der GbR: ■ Erreichung des Gesellschaftszwecks → § 726 ■ Tod eines Gesellschafters → § 727 ■ Insolvenz der Gesellschaft oder eines Gesellschafters → § 728

---

139 §§ ohne Bezeichnung auf dieser Übersicht sind solche des BGB.

2.   Die offene Handelsgesellschaft (oHG)

Die oHG ist eine Handelsgesellschaft des HGB (§§ 105–160) und wie die GbR   **172**
eine Personengesellschaft und Gesamthandsgemeinschaft.

a)   Gesellschaftsvertrag

Wie für die BGB-Gesellschaft ist auch für die Entstehung einer oHG ein Gesell-   **173**
schaftsvertrag Voraussetzung.

Im Gegensatz zur BGB-Gesellschaft ist jedoch zwischen der Entstehung im
Innenverhältnis und der Entstehung im *Außenverhältnis* zu unterscheiden.

Der Gesellschaftsvertrag regelt das Rechtsverhältnis der Gesellschafter untereinander (lesen Sie § 109 HGB) und lässt die oHG zunächst im Innenverhältnis
entstehen. Im Außenverhältnis entsteht sie unter den Voraussetzungen von § 123
Abs. 1 HGB, insbesondere mit Eintragung in das Handelsregister oder schon
vorher durch Aufnahme des Geschäftsbetriebs (§ 123 Abs. 1 und 2 lesen).

Die Unterscheidung der Wirksamkeit der oHG im Innen- und Außenverhältnis ist bedeutsam im Hinblick auf den Verkehrsschutz: Erst wenn die Gesellschaft nach außen wirksam geworden ist, gilt das – mitunter recht strenge (ins-
bes. hinsichtlich Vertretung und Haftung) – oHG-Recht in vollem Umfang.[140]

Bei Mängeln des Gesellschaftsvertrags liegt eine sog. *fehlerhafte Gesellschaft*   **174**
vor. Unter den Voraussetzungen, dass

(1)   Willenserklärungen auf einen fehlerhaften Gesellschaftsvertrag (z. B.
wegen §§ 104 ff. BGB oder Verstoßes gegen ein gesetzliches Verbot –
§ 134 BGB[141] – oder gegen die guten Sitten– § 138 BGB –[142]) gerichtet
sind,

(2)   die Gesellschaft – z. B. durch Aufnahme von Tätigkeiten nach außen –
bereits in Vollzug gesetzt worden ist und

(3)   überwiegende Interessen einzelner oder der Allgemeinheit nicht entge-
genstehen,

wird die fehlerhafte Gesellschaft aus Gründen des Verkehrsschutzes vorerst als
fehlerfreie Gesellschaft behandelt. Der Nichtigkeitsgrund stellt einen Kündi-
gungs- bzw. Auflösungsgrund dar.

Kündigungs- oder Auflösungsgründe können nicht wie ein Anfechtungsgrund
die rückwirkende (»ex tunc«) Auflösung herbeiführen, sondern nur für die Zu-
kunft (»ex nunc«) geltend gemacht werden. Das Mittel hierzu ist ein Auflösungs-
antrag i. S. v. § 133 HGB (lesen), den ein Gesellschafter stellen kann, wenn ein
wichtiger Grund vorliegt.

---

140 Vgl. *Kraft/Kreutz*, D III.
141 *Falls Inhalt nicht mehr bekannt – Vorschrift ggf. nochmals lesen!*
142 *Siehe Fußn. 129.*

b) Gesellschaftszweck

175 Während eine BGB-Gesellschaft zur Erreichung jeden beliebigen Zwecks ideeller oder wirtschaftlicher Art (vgl. § 705 BGB) gegründet werden kann, kann die oHG gem. § 105 Abs. 1 HGB nur auf den Zweck des Betriebs eines Handelsgewerbes unter einer gemeinsamen Firma gerichtet sein. Nichtkaufleute (z. B. Freiberufler[143]) können deshalb grundsätzlich nur eine BGB-Gesellschaft bilden.

Nach § 105 HGB können folgende Gesellschaften offene Handelsgesellschaften sein:

- Eine Gesellschaft, die ein Handelsgewerbe betreibt, d. h. ein Unternehmen, das nach Art und Umfang einen kaufmännischen Geschäftsbetrieb erfordert.
- Eine Gesellschaft, die nur Kleingewerbe betreibt (ein Betrieb, der nach Art und Umfang keinen kaufmännischen Geschäftsbetrieb erfordert), wird mit der Eintragung zur oHG.
- Auch eine Gesellschaft, die »nur eigenes Vermögen verwaltet« und somit kein Gewerbe betreibt, wird mit der Eintragung zur oHG.

176 Neu waren nach der Handelsrechtsreform die beiden letzten Möglichkeiten. Eine »minderkaufmännische« oHG gab es zuvor nicht. Seit der Neufassung des § 105 Abs. 2 HGB steht die Rechtsform der oHG daher auch Kleingewerbetreibenden offen. Gleiches gilt für die KG, da § 161 Abs. 2 HGB auf die §§ 105 ff. HGB verweist.

177 Die Eintragungsmöglichkeiten für eine Gesellschaft, »die nur eigenes Vermögen verwaltet«, gibt Grundstücksgesellschaften (z. B. Ehegatten-Miteigentümer-Gesellschaften) die Möglichkeit, als oHG oder KG ins Handelsregister eingetragen zu werden. Dies war vor der Reform nicht möglich, da Grundstücksgesellschaften kein Gewerbe betreiben; es fehlt an dem Merkmal der Gewinnerzielungsabsicht. Nach *K. Schmidt*[144] ist § 105 Abs. 2 HGB inzwischen sogar so zu verstehen, dass allen Gesellschaften, die kein Gewerbe betreiben, die Eintragung als oHG (oder KG) möglich ist.

c) Innenverhältnis

178 Soweit im Gesellschaftsvertrag nichts anderes vereinbart wurde, gelten gem. § 109 HGB für das Innenverhältnis die §§ 110–122 HGB. Im Einzelnen ergeben sich daraus folgende Rechte und *Pflichten der Gesellschafter*.

---

143 *Das Gesetz über Partnerschaftsgesellschaften Angehöriger freier Berufe (Partnerschaftsgesellschaftsgesetz – PartGG) ermöglicht seit Juli 1995 eine neue Gesellschaftsform für Freiberufler. Die Partnerschaft ist eine Gesellschaft, in der sich ausschließlich Angehörige freier Berufe zur Ausübung ihrer Berufe zusammenschließen können. Sie übt kein Handelsgewerbe aus. Gesellschafter einer Partnerschaft können nur natürliche Personen sein. Die Partnerschaft (nicht der einzelne Gesellschafter) kann wie eine juristische Person Verträge schließen und als solche klagen und verklagt werden. Vgl. dazu Steding, Rdnr. 134–136. – Auch das PartGG hat durch das HRefG einige Änderungen erfahren, auf die hier aber nicht näher eingangen wird.*

144 ZIP 1997, 909 (916).

aa) Ersatz für Aufwendungen und Verluste

Jeder Gesellschafter kann gem. § 110 Abs. 1 HGB (lesen!) von der Gesellschaft 179
seine persönlichen, erforderlichen Leistungen, die er gegenüber Gesellschaftsgläubigern erbracht hat, zurückfordern. Gegenüber Mitgesellschaftern besteht
ein gesamtschuldnerischer Ausgleichsanspruch nach § 426 BGB.

bb) Beitragspflicht

Jeder Gesellschafter einer oHG muss die im Gesellschaftsvertrag vereinbarten 180
Beitragsleistungen erbringen, um den gemeinsamen Zweck zu fördern. Insofern
gilt das bereits zur BGB-Gesellschaft Ausgeführte[145] entsprechend. Eine Besonderheit für die oHG ergibt sich aus § 111 HGB Abs. 1 (lesen), der eine Verzin-
sungspflicht für Geldeinlagen vorsieht.

cc) Wettbewerbsverbot

Gem. § 112 Abs. 1 HGB darf kein Gesellschafter ohne Einwilligung der anderen 181
Gesellschafter in dem Handelszweig der Gesellschaft Geschäfte machen oder als
persönlich haftender Gesellschafter an einer anderen gleichartigen Handelsgesellschaft teilnehmen. Verstöße gegen dieses aus der *allgemeinen Treuepflicht* folgende Wettbewerbsverbot können Schadensersatzansprüche auslösen (vgl. § 113
Abs. 1 HGB).

dd) Geschäftsführung

Soweit im Gesellschaftsvertrag nichts anderes bestimmt ist, sind alle Gesellschaf- 182
ter nach § 114 Abs. 1 HGB geschäftsführungsbefugt und -verpflichtet. Der Umfang der Geschäftsführungsbefugnis erstreckt sich gem. § 116 Abs. 1 HGB auf
alle Handlungen, die der gewöhnliche Betrieb des Handelsgewerbes mit sich
bringt. Unter den Voraussetzungen von § 117 HGB (wie immer: lesen!) kann einem Gesellschafter die Geschäftsführungsbefugnis entzogen werden.

ee) Mitverwaltungsrechte

haben alle Gesellschafter, auch die, die von der Geschäftsführungsbefugnis ausge- 183
schlossen sind. Im Einzelnen sind dies *Informations- und Kontrollrechte* gem.
§ 118 HGB, das Stimmrecht nach § 119 HGB bei der Beschlussfassung, bei der
der Grundsatz der Einstimmigkeit von Gesellschafterbeschlüssen gilt, sowie das
Recht auf Gewinn- und Verlustbeteiligung i. S. d. §§ 120, 121 HGB und das Ent-
nahmerecht gem. § 122 HGB.

---

145 *Vgl. oben Rdnrn. 152 f.*

ff)   Gesamthänderisches Gesellschaftsvermögen

184   Das Gesellschaftsvermögen ist bei der oHG – wie bei der BGB-Gesellschaft[146] – Gesamthandsvermögen (§§ 718, 719 BGB i. V. m. § 105 Abs. 3 HGB). Aufgrund der Tatsache, dass der oHG in § 124 Abs. 1 HGB (dazu nochmals sogleich unter d), aa)) eine »rechtliche *Selbstst*ändigkeit« zugesprochen wird, geht die Verselbstständigung des Gesellschaftsvermögens als Sondervermögen weiter als bei der BGB-Gesellschaft: So reicht aufgrund der Regelung von § 124 Abs. 2 HGB zur Zwangsvollstreckung in das Gesellschaftsvermögen[147] ein vollstreckbarer Titel gegen einen Gesellschafter nicht aus, sondern dieser muss gegen »die Gesellschaft« gerichtet sein.

185   ■ Zwischenfrage: Sofern Ihnen in diesem Zusammenhang der Begriff »Titel« unbekannt ist, überlegen Sie einen Moment, was man darunter zu verstehen hat.
  ▷ »Titel« hat in diesem Kontext weder etwas mit Buchtitel noch dem Professoren- oder Doktortitel gemeinsam; es handelt sich vielmehr um einen Begriff aus dem Prozessrecht und ist die abgekürzte Bezeichnung für »*Vollstreckungstitel*«. Als solcher muss er die Parteien, Inhalt, Art und Umfang der Zwangsvollstreckung enthalten. Die wichtigsten Vollstreckungstitel sind gerichtliche Entscheidungen wie Urteile, Beschlüsse, Prozessvergleiche sowie vollstreckbare Urkunden.[148]

186   Das Gesellschaftsvermögen der oHG ist somit Haftungsobjekt. Das bedeutet auch, dass das Gesellschaftsvermögen der oHG *insolvenzfähig* ist (Einzelheiten hierzu regelt die am 1.1.1999 in Kraft getretene Insolvenzordnung, mit der Sie sich aber in diesem Rahmen ebensowenig befassen müssen wie mit § 130 a HGB).

d)   Außenverhältnis

187   Das Außenverhältnis der oHG ist in den §§ 123 bis 130 b HGB geregelt. Dabei handelt es sich weitgehend um zwingendes Recht[149].
  Voraussetzung für die Anwendung dieser Vorschriften ist, dass die oHG nach außen wirksam geworden ist, was sich – wie schon erwähnt – nach § 123 HGB richtet: Danach wird die oHG nach außen wirksam, wenn sie entweder (Abs. 1) ins Handelsregister eingetragen ist oder (Abs. 2) ihre Geschäfte schon vor der Eintragung begonnen hat.

  ■ Was bedeutet in diesem Zusammenhang wohl der »soweit«-Halbsatz in § 123 Abs. 2 HGB? Lesen Sie § 2 und § 105 Abs. 2 HGB und überlegen Sie wieder einmal selbst, bevor Sie weiterlesen.
  ▷ Bei einem Gewerbe, das unter § 2 HGB fällt, wirkt die Eintragung ins Handelsregister konstitutiv, weil das für die oHG erforderliche Handelsgewerbe

---

146 *Vgl. oben Rdnrn. 158 ff.*
147 *Ebenda.*
148 Vgl. *Creifelds*, »Vollstreckungstitel«.
149 Vgl. dazu *mein* BGB AT, Rdnrn. 283 ff.

erst durch die Eintragung entsteht. Im Außenverhältnis kann eine solche oHG also nur durch Eintragung wirksam werden.[150]

Zu den Geschäften, die vor der Eintragung aufgenommen wurden, können z. B. gehören: das Anmieten von Geschäftsräumen, der Kauf von Einrichtungsgegenständen, das Versenden von Werbematerial, die Aufnahme eines Kredits u. Ä.

aa) Die Firma als Anknüpfungspunkt für rechtliche Selbstständigkeit der oHG

Die gemeinschaftliche Firma ist nach § 105 Abs. 1 HGB ein wesentliches Begriffsmerkmal der oHG. Sie führt i. S. v. § 19 HGB als Namen eine Personenfirma, Sachfirma oder Phantasiebezeichnung, die den Rechtsformzusatz »offene Handelsgesellschaft« oder »oHG« enthalten muss.[151] **188**

Nach § 125a HGB (lesen!) sind folgende Angaben auf Geschäftsbriefen notwendig: Rechtsform und Sitz der Gesellschaft, Registergericht und Registernummer. Ist kein Gesellschafter eine natürliche Person, sind auf den Geschäftsbriefen ferner die Firmen anzugeben sowie die für diese Gesellschafter nach § 35a GmbHG oder § 80 AktG vorgeschriebenen Angaben.

Die *Firma* ist im Übrigen der maßgebende Anknüpfungspunkt zur Bestimmung der Rechtsnatur der oHG, der durch § 124 Abs. 1 HGB (lesen!) eine *rechtliche Selbstständigkeit* verliehen wird, die der einer juristischen Person ähnelt. Dadurch, dass die oHG »unter ihrer Firma Rechte erwerben und *Verbindlichkeiten eingehen*« kann, »*Eigentum* und andere dingliche Rechte an *Grundstücken erwerben*« sowie »vor Gericht *klagen* und *verklagt werden* kann«, erwirbt sie eine *Teilrechtsfähigkeit*. **189**

bb) Vertretung

Im Gegensatz zur BGB-Gesellschaft ist die Vertretungsmacht bei der oHG nicht an die Geschäftsführungsbefugnis gekoppelt.[152] Aufgrund der aus § 124 Abs. 1 HGB folgenden rechtlichen Selbstständigkeit der oHG werden nicht die einzelnen Gesellschafter durch die vertretungsberechtigten Gesellschafter vertreten, sondern *die Gesellschaft* als solche. Grundsätzlich ist gem. § 125 Abs. 1 HGB jeder Gesellschafter einzelvertretungsermächtigt, sofern der Gesellschaftsvertrag nichts anderes bestimmt. Der Umfang der Vertretungsmacht ist in § 126 Abs. 1 HGB geregelt und kann nicht mit Wirkung gegen Dritte beschränkt werden (§ 126 Abs. 2 HGB). Eine Entziehung der Vertretungsmacht ist – wie auch die Entziehung der Geschäftsführungsbefugnis (§ 117 HGB) – nur durch gerichtliche Entscheidung möglich (§ 127 HGB). **190**

---

150 Vgl. *Kraft/Kreutz*, D I 2 a, die zu Recht auf ein Redaktionsversehen hinweisen, da in § 123 Abs. 2 auch § 3 neben § 2 und § 105 Abs. 2 genannt sein müsste!
151 *Vgl. oben Rdnr. 34.*
152 *Kraft/Kreutz*, D III 2 a.

cc) Haftung der Gesellschafter und der Gesellschaft

191 Aufgrund der teilweisen Gleichstellung der oHG mit einer juristischen Person (§ 124 Abs. 1 HGB) wird für die Haftung der oHG § 31 BGB *analog* angewandt. Gem. § 128 HGB haften für die Verbindlichkeiten der Gesellschaft (wie bei der GbR) alle Gesellschafter den Gläubigern persönlich. Das bedeutet, dass Gläubiger der Gesellschaft zwei Zugriffsmöglichkeiten haben: Zum einen auf das Gesellschaftsvermögen, zum anderen auf das Privatvermögen der persönlich haftenden Gesellschafter. Alle Gesellschafter (ausgeschiedene, aktive und eintretende) haften unmittelbar gesamtschuldnerisch und unbegrenzt mit ihrem privaten Vermögen. Zwar können die Gesellschafter im Innenverhältnis vertraglich andere Haftungsregeln vereinbaren, doch sind diese gem. § 128 S. 2 HGB Dritten gegenüber unwirksam. Die unbeschränkte Haftung der Gesellschafter mit ihrem Privatvermögen findet durch § 129 HGB einige Einschränkungen. So kann ein Gesellschafter z. B. *Einwendungen*[153], die von der Gesellschaft erhoben werden können, gleichermaßen geltend machen, wenn er wegen einer Verbindlichkeit der Gesellschaft in Anspruch genommen werden soll (§ 129 Abs. 1 HGB – lesen!).

Beispiel: Gläubiger G hat gegen die Gesellschaft S-oHG eine Forderung, die am 31. Juli verjährt ist.

- ■ Als G gegen den Gesellschafter S am 1. August Klage erhebt, beruft sich dieser auf die Verjährung der Gesellschaftsschuld. Zu Recht?
- ▷ Die Antwort ergibt sich aus § 129 Abs. 1 HGB: Danach kann S sich zu Recht auf die Einrede der Verjährung berufen.

192 Typische »Einwendungen« der Gesellschaft, auf die sich ein Gesellschafter ggf. berufen kann, sind auch die Anfechtung (§§ 119 ff. BGB)[154] oder die Aufrechnung (§§ 387 ff. BGB)[155] (vgl. § 129 Abs. 2 und 3 HGB).

Aus der bereits öfter angesprochenen, in § 124 HGB normierten rechtlichen Selbstständigkeit der oHG folgt die Regelung des § 129 Abs. 4 HGB: Ein gegen die *Gesellschaft* gerichteter vollstreckbarer Titel wirkt *nicht* automatisch gegen den Gesellschafter.

Andererseits liegt es im Wesen der Gesamthandsgemeinschaft (»mitgegangen, mitgefangen, mitgehangen«[156]), dass der in eine bestehende Gesellschaft eintretende Gesellschafter auch für die vor seinem Eintritt entstandenen Verbindlichkeiten der Gesellschaft mithaftet (vgl. § 130 Abs. 1 HGB).

---

153 *Unter den Begriff »Einwendungen«, der im Privatrecht nicht immer einheitlich verwendet wird* (vgl. dazu *mein* BGB AT, Rdnrn. 357 ff.), *fallen auch sog. »Einreden«.*
154 Vgl. *mein* BGB AT, Rdnrn. 196 ff.
155 Vgl. *mein* SchR AT, Rdnrn. 99 f.
156 *Simrock*, Nr. 7044.

e) Beendigung

Die Beendigung der oHG vollzieht sich in zwei Phasen, der *Auflösung* der Gesellschaft nach den §§ 131–144 HGB sowie der Auseinandersetzung bzw. *Liquidation* der Gesellschaft nach den §§ 145–158 HGB. Einen erschöpfend geregelten Katalog von Auflösungsgründen enthält § 131 HGB. **193**

§ 131 HGB (ganz lesen!) wurde im Zuge der Handelsrechtsreform wesentlich geändert. Während die Bestimmung vormals insgesamt sechs Auflösungsgründe enthielt, sind in Abs. 1 nunmehr nur noch vier Auflösungsgründe enthalten und in Abs. 3 sechs *Ausscheidungsgründe* hinzugetreten. Von besonderer Bedeutung ist die Änderung der Rechtsfolge (sofern im Gesellschaftsvertrag nichts anders bestimmt ist) bei Tod eines Gesellschafters und bei Eröffnung des Insolvenzverfahrens über das Vermögen eines Gesellschafters. Während diese Ereignisse nach früherem Recht als Auflösungsgründe galten, bilden sie nun Ausscheidungsgründe nach § 131 Abs. 3 Nr. 1 und Nr. 2 HGB. Hierdurch sollen Gesellschaften auch dann erhalten bleiben, wenn entgegen der üblichen Praxis keine entsprechenden Fortsetzungs- und Nachfolgeklauseln vertraglich vereinbart wurden. Der früher geltende Grundsatz »Auflösung der Gesellschaft bei Austritt eines Gesellschafters« ist dadurch umgekehrt worden in den Grundsatz »Fortbestehen der Gesellschaft bei Ausscheiden eines Gesellschafters«.

Mit Eintritt eines Auflösungsgrundes wird die oHG zur Abwicklungsgesellschaft, für die das oHG-Recht weiter gilt. Erst der Abschluss des Auseinandersetzungsverfahrens führt zur endgültigen Beendigung der Gesellschaft. Näheres hierzu lesen Sie bei Bedarf bitte in der nachfolgend genannten Literatur zur Vertiefung nach.

3. Die Kommanditgesellschaft (KG)

Die KG (§§ 161–177a HGB) ist ebenfalls eine handelsrechtliche Personengesellschaft, die sich von der oHG allein dadurch unterscheidet, dass bei einem Teil der Gesellschafter (= *Kommanditisten*) die Haftung gegenüber den Gesellschaftsgläubigern auf einen bestimmten Betrag (»Einlage«) begrenzt ist. Im Übrigen müssen alle Voraussetzungen einer oHG erfüllt sein.[157] Die unbeschränkt bzw. persönlich (d. h. mit ihrem persönlichen Vermögen) haftenden Gesellschafter heißen *Komplementäre*. Soweit sich aus der Unterscheidung zwischen Komplementären und Kommanditisten nichts Besonderes ergibt, gelten alle Ausführungen zur oHG gleichermaßen für die KG. Gem. § 161 Abs. 2 HGB finden daher auf die KG alle Vorschriften des HGB über die oHG Anwendung, soweit in den §§ 162–177 a HGB nichts anderes vorgeschrieben ist. Diese Sondervorschriften tragen namentlich der Tatsache Rechnung, dass die Kommanditisten nur eingeschränkt haften und dementsprechend auch nur eingeschränkte Rechte haben können (z. B. keine Geschäftsführungsbefugnis – § 164 HGB – und keine Vertretungsmacht – § 170 HGB –). **194**

---

157 *Creifelds*, »Kommanditgesellschaft«.

195 § 177 HGB enthält eine gesetzliche Nachfolgeregelung für den Tod eines Kommandisten.

Die wichtigsten Unterschiede der oHG und der KG zur BGB-Gesellschaft sind auf der nachfolgenden Übersicht (17) zusammengefasst.

Übersicht 17

196

Besonderheiten der Handelsgesellschaften OHG und KG zur BGB-Gesellschaft		
BGB-Gesellschaft		OHG, KG
§§ 705–740 BGB	Gesetzliche Regelung	§§ 105–160 und §§ 161–177a HGB
Erreichung jedes beliebigen Zwecks ideeller oder wirtschaftlicher Art (§ 705 BGB)	Zweck der Gesellschaft	Können nur auf den Zweck des Betriebs eines Handelsgewerbes gerichtet sein = §§ 105 Abs. 1; 161 Abs. 1 HGB. Nichtkaufleute (z. B. Freiberufler oder Lohnhandwerker) können deshalb nur BGB-Gesellschaft oder Partnerschaftsgesellschaft bilden.
Mangels Rechtsfähigkeit[158] tritt die Gesellschaft unter dem Namen aller Gesellschafter (GST) auf mit dem Zusatz »als BGB-Gesellschaft, vertreten durch« (= Name des vertretungsberechtigten GST). Da keine Handelsgesellschaft, keine Kaufmannseigenschaft.	Name und Kaufmannseigenschaft	Führen als Namen eine *Firma* mit Rechtsformzusatz nach § 19 HGB. Beide Handelsgesellschaften sind als solche Kaufleute nach § 6 Abs. 1 HGB. Ebenso sind die GST der oHG und der/die persönlich haftende/n GST der KG Kaufleute.

158 Vgl. aber oben Rdnr. 146!

Übersicht 17 (Fortsetzung)

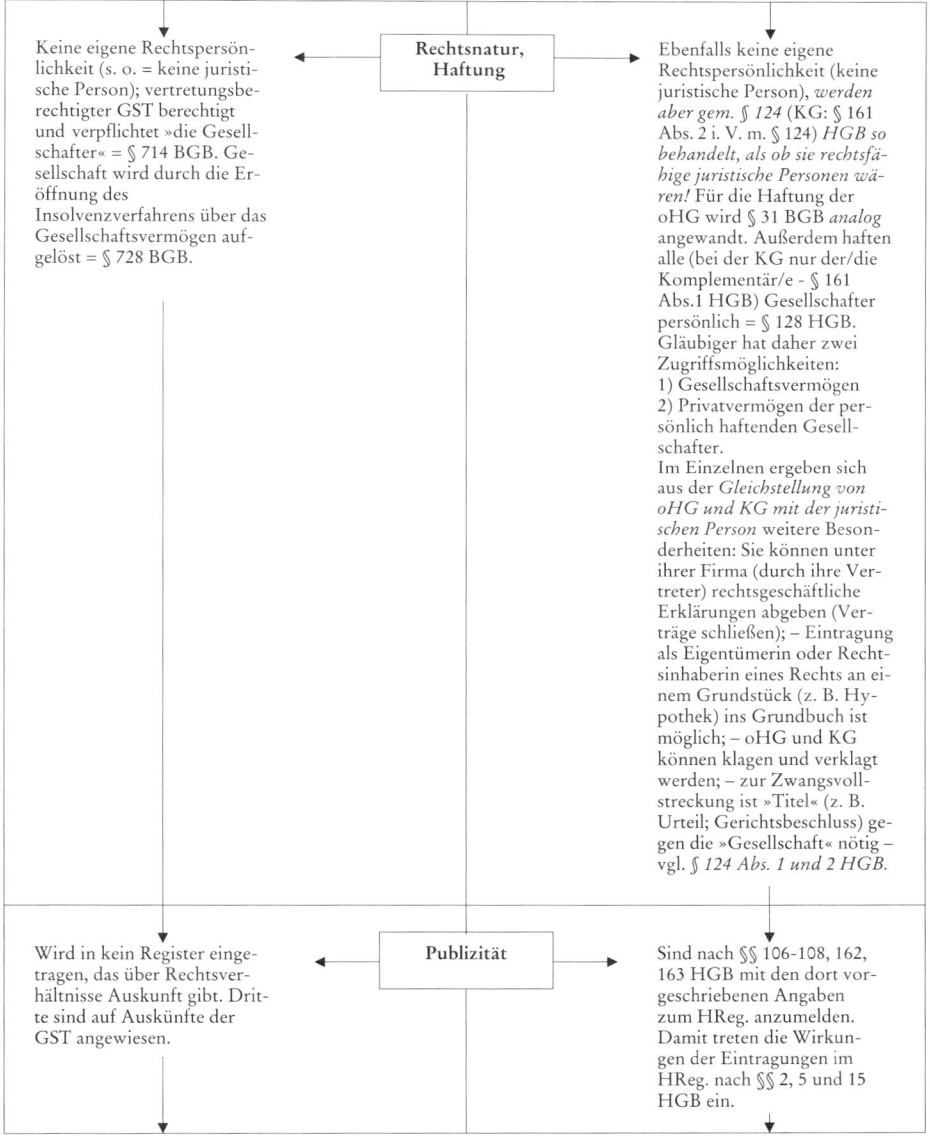

Rechtsnatur, Haftung

Keine eigene Rechtspersönlichkeit (s. o. = keine juristische Person); vertretungsberechtigter GST berechtigt und verpflichtet »die Gesellschafter« = § 714 BGB. Gesellschaft wird durch die Eröffnung des Insolvenzverfahrens über das Gesellschaftsvermögen aufgelöst = § 728 BGB.

Ebenfalls keine eigene Rechtspersönlichkeit (keine juristische Person), *werden aber gem. § 124 (KG: § 161 Abs. 2 i. V. m. § 124) HGB so behandelt, als ob sie rechtsfähige juristische Personen wären!* Für die Haftung der oHG wird § 31 BGB *analog* angewandt. Außerdem haften alle (bei der KG nur der/die Komplementär/e - § 161 Abs.1 HGB) Gesellschafter persönlich = § 128 HGB. Gläubiger hat daher zwei Zugriffsmöglichkeiten:
1) Gesellschaftsvermögen
2) Privatvermögen der persönlich haftenden Gesellschafter.
Im Einzelnen ergeben sich aus der *Gleichstellung von oHG und KG mit der juristischen Person* weitere Besonderheiten: Sie können unter ihrer Firma (durch ihre Vertreter) rechtsgeschäftliche Erklärungen abgeben (Verträge schließen); – Eintragung als Eigentümerin oder Rechtsinhaberin eines Rechts an einem Grundstück (z. B. Hypothek) ins Grundbuch ist möglich; – oHG und KG können klagen und verklagt werden; – zur Zwangsvollstreckung ist »Titel« (z. B. Urteil; Gerichtsbeschluss) gegen die »Gesellschaft« nötig – vgl. *§ 124 Abs. 1 und 2 HGB.*

Publizität

Wird in kein Register eingetragen, das über Rechtsverhältnisse Auskunft gibt. Dritte sind auf Auskünfte der GST angewiesen.

Sind nach §§ 106-108, 162, 163 HGB mit den dort vorgeschriebenen Angaben zum HReg. anzumelden. Damit treten die Wirkungen der Eintragungen im HReg. nach §§ 2, 5 und 15 HGB ein.

Übersicht 17 (Fortsetzung)

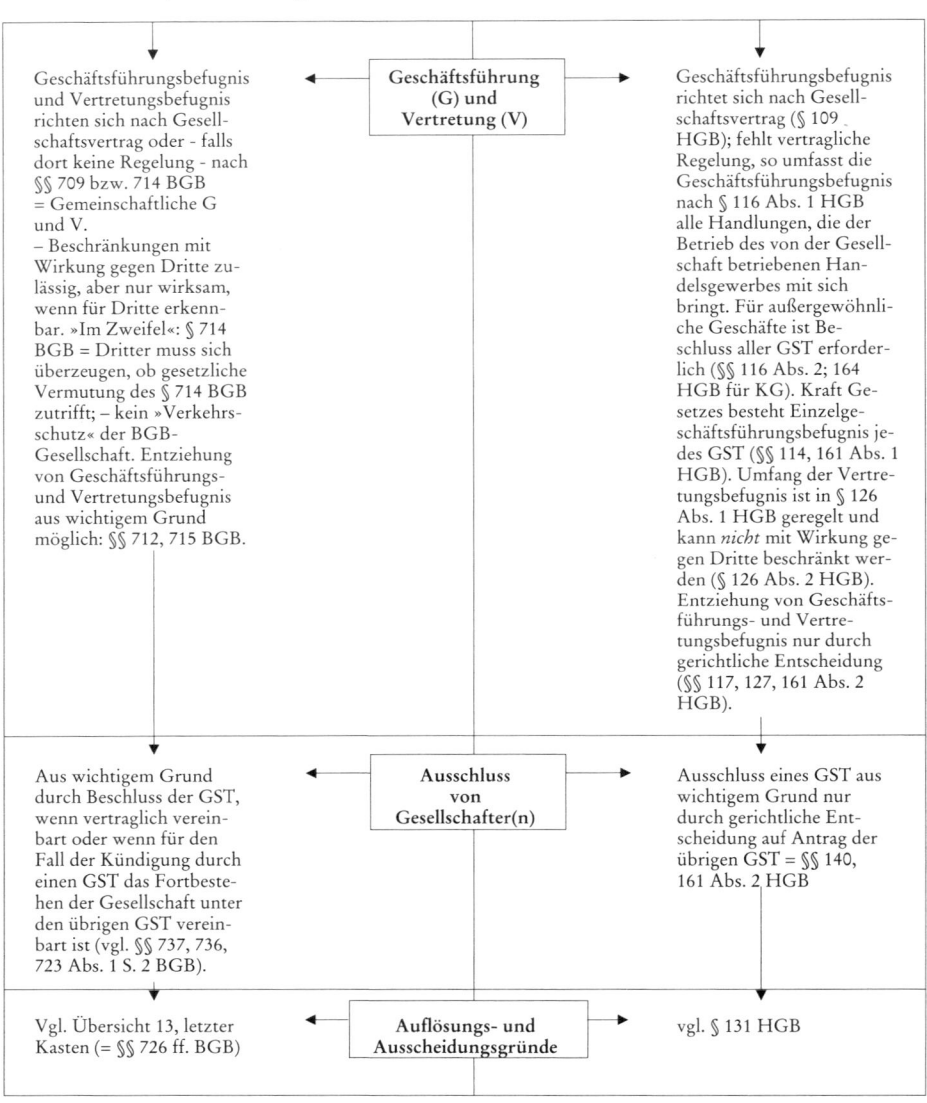

Geschäftsführungsbefugnis und Vertretungsbefugnis richten sich nach Gesellschaftsvertrag oder - falls dort keine Regelung - nach §§ 709 bzw. 714 BGB = Gemeinschaftliche G und V. – Beschränkungen mit Wirkung gegen Dritte zulässig, aber nur wirksam, wenn für Dritte erkennbar. »Im Zweifel«: § 714 BGB = Dritter muss sich überzeugen, ob gesetzliche Vermutung des § 714 BGB zutrifft; – kein »Verkehrsschutz« der BGB-Gesellschaft. Entziehung von Geschäftsführungs- und Vertretungsbefugnis aus wichtigem Grund möglich: §§ 712, 715 BGB.	**Geschäftsführung (G) und Vertretung (V)**	Geschäftsführungsbefugnis richtet sich nach Gesellschaftsvertrag (§ 109 HGB); fehlt vertragliche Regelung, so umfasst die Geschäftsführungsbefugnis nach § 116 Abs. 1 HGB alle Handlungen, die der Betrieb des von der Gesellschaft betriebenen Handelsgewerbes mit sich bringt. Für außergewöhnliche Geschäfte ist Beschluss aller GST erforderlich (§§ 116 Abs. 2; 164 HGB für KG). Kraft Gesetzes besteht Einzelgeschäftsführungsbefugnis jedes GST (§§ 114, 161 Abs. 1 HGB). Umfang der Vertretungsbefugnis ist in § 126 Abs. 1 HGB geregelt und kann *nicht* mit Wirkung gegen Dritte beschränkt werden (§ 126 Abs. 2 HGB). Entziehung von Geschäftsführungs- und Vertretungsbefugnis nur durch gerichtliche Entscheidung (§§ 117, 127, 161 Abs. 2 HGB).
Aus wichtigem Grund durch Beschluss der GST, wenn vertraglich vereinbart oder wenn für den Fall der Kündigung durch einen GST das Fortbestehen der Gesellschaft unter den übrigen GST vereinbart ist (vgl. §§ 737, 736, 723 Abs. 1 S. 2 BGB).	**Ausschluss von Gesellschafter(n)**	Ausschluss eines GST aus wichtigem Grund nur durch gerichtliche Entscheidung auf Antrag der übrigen GST = §§ 140, 161 Abs. 2 HGB
Vgl. Übersicht 13, letzter Kasten (= §§ 726 ff. BGB)	**Auflösungs- und Ausscheidungsgründe**	vgl. § 131 HGB

4. Die stille Gesellschaft

Begriff und Wesen der stillen Gesellschaft (der stille Gesellschafter ist nicht **197**
»Kaufmann«, da er kein – nach außen gerichtetes – Gewerbe betreibt[159]) ergeben
sich aus § 230 HGB (lesen!). Danach handelt es sich bei der stillen Gesellschaft
um eine Gesellschaft, bei der sich ein »stiller Teilhaber« an dem Handelsgewerbe
eines anderen (=Kaufmann!) mit einer in das Vermögen dieses anderen überge-
henden Einlage gegen Gewinn- und Verlustrechnung beteiligt. Im Gegensatz zu
den anderen Gesellschaften wird kein gemeinsames Gesellschaftsvermögen gebildet, sondern die Einlage geht in das Eigentum des tätigen Teilhabers über.[160]
Bei der stillen Gesellschaft handelt es sich um eine reine »Innengesellschaft«: Der
Inhaber des Handelsgewerbes tritt nach außen weiterhin als Einzelkaufmann auf
und wird gem. § 230 Abs. 2 HGB aus den geschlossenen Geschäften allein berechtigt und verpflichtet (vgl. Einzelheiten in §§ 230–236 HGB).

5. Die Europäische wirtschaftliche Interessenvereinigung (EWIV)

Mit der Einführung der EWIV am 1.7.1989 verfolgte der Ministerrat der EG das **198**
Ziel, durch eine Gesellschaftsform auf Gemeinschaftsebene die grenzüberschreitende Zusammenarbeit für Personen, Gesellschaften und andere juristische Einheiten zu erleichtern und damit die Errichtung und das Funktionieren eines europäischen Binnenmarkts zu fördern.[161]

Die EWIV ist eine ausgeprägte *Personengesellschaft* mit der Möglichkeit der
Fremdorganschaft, deren Mitglieder unbeschränkt und persönlich als Gesamtschuldner haften.[162] Auf Einzelheiten soll im Rahmen dieses Überblicks nicht
eingegangen, sondern insofern auf die Literatur zur Vertiefung verwiesen werden.

Literatur zur Vertiefung (Rdnrn. 172–198):

Alpmann und Schmidt, GR, 3. Teil, 3. Abschn. (EWIV); *Eisenhardt*, §§ 10–16
(oHG), 17 (PG); *Funke/Falkner*, JURA 2004, 721 (s. Rdnr. 170); *Hakenberg*,
7. Teil, IV; *Kindler*, Grundfragen der Kommandithaftung, JuS 2006, 865;
Kraft/Kreutz, E. (oHG), F. (KG), G. (StG); *Kübler*, §§ 7–9; *Petersen*, JURA
2004, 683 (s.o. Rdnr. 170); *Schmidt*, GR, § 65 (EWIV).

---

159 *S. o., Rdnrn. 8 ff.*
160 *Creifelds*, »Stille Gesellschaft« (1).
161 Vgl. *Kraft/Kreutz*, J, I, 2 ; *Alpmann und Schmidt*, GR, S. 259.
162 *Hakenberg*, S. 213.

IV. Kapitalgesellschaften

1. Begriff und Wesen

199 Die zweite große Gruppe der Gesellschaften bilden die bereits erwähnten Kapitalgesellschaften. Im Gegensatz zu den Personengesellschaften beruht die Organisation der Kapitalgesellschaften nicht auf einem schuldrechtlichen Vertrag, welcher individuelle Beziehungen zwischen den persönlich beteiligten Gesellschaftern begründet, sondern sie beruht auf der rechtsgeschäftlich vereinbarten Geltung einer Verfassung bzw. Satzung. In dieser sind insbesondere die Willensbildung sowie die Geschäftsführungsbefugnis und Vertretungsmacht der Kapitalgesellschaften geregelt.

■ Warum heißen diese Gesellschaften Kapitalgesellschaften? (Überlegen Sie!)
▷ Kapitalgesellschaften heißen sie deshalb, weil ihre Haftung auf das Gesellschaftsvermögen beschränkt ist; die Gesellschafter haften also grundsätzlich mit ihrem persönlichen Vermögen.

200 Neben der *Haftungsbeschränkung auf das Gesellschaftsvermögen* gelten für alle Kapitalgesellschaften folgende *Gemeinsamkeiten*:
(1) Kapitalgesellschaften sind fähig, Träger von Rechten und Pflichten zu sein. Es handelt sich um juristische Personen.
(2) Kapitalgesellschaften sind sogenannte Körperschaften, die vom Bestand ihrer Gesellschafter bzw. Mitglieder unabhängig sind. Durch freien Austritt und Übertragung der Mitgliedschaft ist also ein Gesellschafterwechsel möglich.
(3) Geschäftsführung und Vertretung werden von zwei verselbstständigten Organen wahrgenommen, die nicht Mitglied der Gesellschaft sein müssen (»Fremdorganschaft«).
(4) Die Kapitalgesellschaft tritt im Rechtsverkehr zumeist unter einer Sachfirma auf, d. h., der Name der Gesellschaft bezieht sich regelmäßig auf den Gegenstand des Unternehmens. Nach der Änderung des Firmenrechts können Kapitalgesellschaften auch eine Personenfirma führen oder eine Phantasiebezeichnung wählen.[163]

Die Kapitalgesellschaften sind durchweg nicht im Handelsgesetzbuch, sondern in Spezialgesetzen geregelt. In diesen »Grundbegriffen aus dem Handelsrecht« wird daher auf die Kapitalgesellschaften noch knapper eingegangen als auf die handelsrechtlichen Personengesellschaften. Im Folgenden soll nur ein rascher Überblick über die bekanntesten Gesellschaftsformen gegeben werden. Auf ausführliche Darstellungen zum Gesellschaftsrecht wird in der Literatur zur Vertiefung verwiesen.

---

163 *Vgl. oben, Rdnr. 33.*

2. Der rechtsfähige Verein als organisatorischer Grundtyp

So wie die BGB-Gesellschaft den organisatorischen Grundtyp der Personenge- **201**
sellschaften darstellt, verkörpert der rechtsfähige Verein des BGB den organisatorischen Grundtyp der Kapitalgesellschaften.

Der rechtsfähige Verein ist eine juristische Person, über deren Entstehung,
Handlungsfähigkeit und Haftung in *meinem* BGB AT (Rdnrn. 73–82) relativ ausführlich berichtet wurde. Um den Rahmen *dieses* Grundrisses nicht allzusehr
auszuweiten, wird auf *mein* BGB AT verwiesen, dessen Kenntnis (ggf. dort nachlesen) hier vorausgesetzt werden muss.

3. Die Aktiengesellschaft

Wenn wir den rechtsfähigen Verein soeben als organisatorischen Grundtyp aller **202**
Kapitalgesellschaften bezeichnet haben, lässt sich die Aktiengesellschaft als die
typische Kapitalgesellschaft schlechthin bezeichnen.

Das Recht der Aktiengesellschaften war ursprünglich im HGB von 1897 mitgeregelt.[164] Seit 1937 gibt es ein eigenes Aktiengesetz (AktG), welches nach mehr-
facher Änderung durch das AktG vom 6.9.1965[165] ersetzt und seither (u. a. durch
Anpassung an das Recht der Europäischen Gemeinschaft und das HRefG) mehrfach geändert wurde.

Im Gebiet der Europäischen Gemeinschaft kann seit einiger Zeit eine *Europäi-* **202a**
sche Aktiengesellschaft (*Societas Europaea* = SE) gegründet werden, die europa-
weit agierenden Unternehmen die grenzüberschreitende Betätigung erleichtern
und ihre internationale Wettbewerbsfähigkeit stärken soll.

Die SE hat wie die deutsche Aktiengesellschaft eine eigene Rechtspersönlichkeit (dazu sogleich, Rdnrn. 203 ff.), deren Grundkapital (mindestens 120 000 Euro)
in Aktien zerlegt ist.

Einzelheiten lesen Sie bei Bedarf bitte in einem Lehrbuch über das *Gesell-*
schaftsrecht nach (Stichwort »Societas Europaea«).[166]

a) Wesen

Das Wesen der AG beschreibt § 1 AktG: Die AG hat eine *eigene Rechtspersön-* **203**
lichkeit, ist also juristische Person (§ 1 Abs. 1 S. 1 AktG). Für die Verbindlichkeiten der AG *haftet* allein das *Gesellschaftsvermögen* (§ 1 Abs. 1 S. 2 AktG). Das
sog. Grundkapital der AG ist in *Aktien* zerlegt (§ 1 Abs. 2 AktG).

■ Was würden Sie antworten, wenn Sie gefragt würden: »Was ist eine Aktie«?
(Denken Sie nach!)

---

164 *Vgl. oben, Rdnr. 142.*
165 Für Jurastudenten u. a., welche die Sammlung »*Schönfelder*« besitzen: vgl. dort Gesetz Nr. 51; oder: *Beck-Texte im dtv*, Nr. 5010.
166 Bei Interesse vgl. *Schäfer*, S. 318 f. sowie den kritischen Aufsatz von *Braun*, JURA
2005, 150.

▷ Eine Aktie ist ein Wertpapier, das die von seinem Inhaber (Aktionär) durch Übernahme eines Anteils am Grundkapital der AG erworbenen Rechte verbrieft.

Die Aktie kann auf einen Nennbetrag lauten, der mindestens 1 Euro (§ 8 Abs. 2 S. 1 AktG) betragen muss, oder als Stückaktie begründet werden (§ 8 Abs. 1 AktG – lesen Sie § 8 AktG möglichst einmal ganz durch). Im Übrigen ist der Begriff Aktie mehrdeutig und wird vom Gesetz in dreifacher Bedeutung gebraucht. Ihre Wertpapiereigenschaft folgt aus § 10 AktG. Daneben stellt sie einen ziffernmäßigen Bruchteil des Grundkapitals dar, und schließlich bezeichnet sie die Mitgliedschaft in der AG.

Obwohl die AG überwiegend außerhalb des HGB geregelt ist, gilt sie als Handelsgesellschaft (vgl. § 3 AktG).

b) Entstehung

204 Die AG entsteht nach ihrer Gründung durch *Eintragung in das Handelsregister*, zu der sie gem. § 36 AktG verpflichtet ist. Eine AG ist unabhängig vom Unternehmensgegenstand *Formkaufmann* i. S. v. § 6 HGB.

Das Grundkapital muss auf einen Nennbetrag in Euro lauten (§ 6 AktG) und nach § 7 AktG mindestens 50 000 Euro betragen.

Gem. § 23 Abs. 1 AktG muss sich die AG eine *Satzung* geben, die notariell zu beurkunden ist. Einzelheiten zum Inhalt der Satzung ergeben sich aus § 23 Abs. 2 AktG. Für die *Firma* der AG gilt § 4 AktG.[167], der die Bezeichnung »Aktiengesellschaft« oder eine allgemein verständliche Abkürzung dieser Bezeichnung verlangt (z. B. »AG«). Mit der Übernahme der Aktien durch die Gesellschafter ist die AG errichtet (§ 29 AktG). Gem. § 30 AktG müssen die Gründer die Organe bestellen, insbesondere einen Aufsichtsrat, einen Vorstand und den Abschlussprüfer für das erste Geschäftsjahr. Nach § 32 AktG sind die Gründer zur Erstellung eines Gründungsberichts verpflichtet, der von Vorstand und Aufsichtsrat zu prüfen ist (§ 33 AktG). Sind Einlagen geleistet (vgl. §§ 36, 36 a AktG), kann und muss die AG zur Eintragung ins Handelsregister angemeldet werden.

c) Organe

205 Als juristische Person nimmt die AG am Rechtsverkehr durch Handlungen ihrer Organe teil:

aa) Vorstand

206 Die *Geschäftsführung und Vertretung* der AG werden vom *Vorstand* wahrgenommen, dessen Tätigkeitsfeld und Kompetenzen in den §§ 76–94 AktG geregelt sind. Nach § 76 Abs. 2 S. 1 AktG kann der Vorstand aus einer oder mehreren

---

167 Vgl. oben, Rdnr. 35.

Personen bestehen. Ist Letzteres der Fall, besteht Gesamtgeschäftsführung (§ 77 AktG) und Gesamtvertretung (§ 78 AktG). Gem. § 84 AktG wird der Vorstand, der eigenverantwortlich und weisungsgebunden handelt, vom *Aufsichtsrat* bestellt und abberufen.

bb) *Aufsichtsrat*

Der Aufsichtsrat (§§ 95–116 AktG) vertritt die AG gegenüber den Vorstands-   207
mitgliedern. Neben der Bestellung und Abberufung des Vorstands obliegt ihm auch die Kontrolle des Vorstands. Der Aufsichtsrat besteht aus mindestens drei (§ 95 S. 1 AktG) und maximal (bei einem Grundkapital von mehr als 10 000 000 Euro) 21 Mitgliedern (§ 95 S. 4 AktG). Für die Zusammensetzung des Aufsichtsrats gilt § 96 AktG.

cc) *Hauptversammlung*

Die Hauptversammlung (§§ 118–149 AktG) ist das oberste Organ der AG. Sie ist   208
die Versammlung aller Aktionäre bzw. Anteilseigner der Gesellschaft, die dort ihre Rechte wahrnehmen können. Ihre wichtigste Aufgabe besteht in der Beschlussfassung. Dabei ist jeder Aktionär entsprechend dem Nennbetrag seiner Aktien stimmberechtigt (Einzelheiten vgl. §§ 133–137 AktG).

d) Haftungsfragen

Für Verbindlichkeiten der AG haftet den Gläubigern nur das Gesellschaftsver-   209
mögen (s. o. bzw. § 1 Abs. 1 S. 2 AktG). Eine Haftung der Organe oder einzelner Aktionäre mit ihrem Privatvermögen ist also ausgeschlossen (Ausnahmen: vgl. §§ 62, 93 Abs. 2, 116 AktG).

Bei der Verletzung von Sorgfaltspflichten haften Vorstandsmitglieder der Gesellschaft gem. § 93 AktG. Für vertragliche oder deliktische Schadensersatzansprüche haftet die AG mangels separater Regelung im AktG wie der rechtsfähige Verein, also analog § 31 BGB.

e) Auflösung

richtet sich nach den §§ 262 ff. AktG. Ist das Abwicklungsverfahren nach diesen   210
Vorschriften beendet, ist die Gesellschaft im Handelsregister zu löschen (§ 273 Abs. 1 S. 2 AktG). Mit dem Zeitpunkt der Löschung im Handelsregister ist die AG mit eigener Rechtspersönlichkeit endgültig »erloschen«.

4. Kommanditgesellschaft auf Aktien

211 Die KGaA ist eigentlich keine reine Kapitalgesellschaft, sondern eine Mischform, die Elemente der AG mit denen der KG verbindet.[168]. Wegen ihrer Einbindung in das Aktiengesetz (dort §§ 278–290) bietet es sich an, diese Gesellschaftsform im Anschluss an die AG vorzustellen. Sofern sich aus dem Mischformcharakter der KGaA nichts anderes ergibt, gelten die Vorschriften des ersten Buchs des AktG für die KGaA gem. § 278 Abs. 3 AktG sinngemäß.

Auch die KGaA ist eine rechtsfähige Kapitalgesellschaft, bei der jedoch im Unterschied zur AG mindestens ein Gesellschafter den Gläubigern persönlich und unbeschränkt haftet (Komplementär), während die übrigen Gesellschafter ohne persönliche Haftung an dem in Aktien zerlegten Grundkapital beteiligt sind (Kommanditaktionäre) – vgl. § 278 Abs. 1 AktG.

Konsequenterweise gelten daher für das Rechtsverhältnis der persönlich haftenden Gesellschafter der KGaA gem. § 278 Abs. 2 AktG die Vorschriften für die KG (§§ 161–177 a HGB).

Für die *Firma* der KGaA gilt § 279 AktG, der den Rechtsformzusatz »Kommanditgesellschaft auf Aktien« oder eine allgemein verständliche Abkürzung dieser Bezeichnung verlangt.

5. Gesellschaft mit beschränkter Haftung

212 Die GmbH ist eine Kapitalgesellschaft mit ähnlicher, aber einfacherer Struktur wie die Aktiengesellschaft, da sie weniger Formzwängen unterliegt als die AG und mehr Spielraum für die Gestaltung der Satzung lässt.

a) Wesen und Entstehung

213 Das Wesen der GmbH ergibt sich aus ihrem in § 1 GmbHG[169] geregelten Zweck. Danach können Gesellschaften mit beschränkter Haftung nach Maßgabe des GmbHG zu jedem gesetzlich zulässigen Zweck durch eine oder mehrere Personen errichtet werden. Der Vorteil der GmbH, die kein Handelsgewerbe betreiben *muss*, liegt vor allem darin, dass die Gesellschafter bzw. die Kapitalgeber für Verbindlichkeiten der Gesellschaft nicht mit ihrem persönlichen Vermögen, sondern nur mit ihrer Einlage haften.

214 Auch die Gründung der GmbH setzt einen *Gesellschaftsvertrag* voraus, der notariell beurkundet werden muss (§ 2 GmbHG). Im Einzelnen muss der Gesellschaftsvertrag nach § 3 Abs. 1 GmbHG enthalten:

  (1) die Firma und den Sitz der Gesellschaft,
  (2) den Gegenstand des Unternehmens,
  (3) den Betrag des Stammkapitals,

---

168 *Kübler*, § 15 VII 1.
169 Sammlung *Schönfelder* Nr. 52 – Das GmbHG entstand in seiner Erstfassung vom 20. April 1892 noch vor dem HGB.

(4) den Betrag der von jedem Gesellschafter auf das Stammkapital zu leis-
tenden Einlage (Stammeinlage).

Das Stammkapital der GmbH muss gem. § 5 Abs. 1 GmbHG mindestens 25 000
Euro, die Stammeinlage jedes Gesellschafters mindestens 100 Euro betragen.

Die *Firma* der GmbH muss nach § 4 GmbHG die Bezeichnung »Gesellschaft
mit beschränkter Haftung« oder eine allgemein verständliche Abkürzung dieser
Bezeichnung (z. B. GmbH) enthalten.

Als reine Kapitalgesellschaft hat die GmbH gem. § 13 Abs. 1 GmbHG als solche »selbstständig Rechte und Pflichten«.

Gem. § 13 Abs. 3 GmbHG gilt die GmbH als Handelsgesellschaft im Sinne
des HGB und ist nach dessen § 6 Formkaufmann.

Mit ihrer Eintragung ins Handelsregister (vgl. § 7 GmbHG) ist sie entstanden
und nach außen wirksam. Für den Rechtszustand vor der Eintragung gilt § 11
GmbHG. Danach besteht die GmbH als solche vor der Eintragung nicht und die
Gesellschafter haften persönlich, wenn vor Eintragung im Namen der Gesellschaft gehandelt wurde.

b) Organe

Die GmbH ist wie der rechtsfähige Verein und die AG als juristische Person und **215**
Kapitalgesellschaft körperschaftlich aufgebaut und hat mindestens zwei *Organe*,
deren Bezeichnung indessen mehr an die Personengesellschaften erinnert: Während Verein und AG einen Vorstand besitzen, hat die GmbH einen oder mehrere
Geschäftsführer als leitende Organe (vgl. § 6 Abs. 1 GmbHG); daneben tritt die
Gesamtheit der Gesellschafter (§§ 45 ff. GmbHG) sowie je nach Gesellschaftsvertrag ein Aufsichtsrat (§ 52 GmbHG).

Im Einzelnen sind die Rechte und Pflichten der Geschäftsführer insbesondere
in den §§ 35–44 GmbHG geregelt.

Gem. § 35 Abs. 1 GmbHG wird die GmbH durch die Geschäftsführer *gesetzlich vertreten*, so dass die Gesellschaft gem. § 36 Abs. 1 GmbHG durch die von
den Geschäftsführern vorgenommenen Rechtsgeschäfte berechtigt und verpflichtet wird.

Oberstes Organ ist die Gesellschafterversammlung (§ 48 GmbHG), deren Beschlüsse für die Geschäftsführer bindend sind.

c) Haftungsfragen

Gemäß § 13 Abs. 2 GmbHG haftet den Gläubigern für Verbindlichkeiten der **216**
GmbH nur das Gesellschaftsvermögen.

Bei der Verletzung von Sorgfaltspflichten haften die Geschäftsführer der Gesellschaft solidarisch für den entstandenen Schaden (vgl. § 43 Abs. 1 und 2
GmbHG). Die Haftung der Gesellschaft für das Handeln ihrer Geschäftsführer
ergibt sich gegebenenfalls aus § 31 BGB analog.

d) Auflösung

217 Für die Beendigung der GmbH gilt im Wesentlichen dasselbe wie für die AG. Die Auflösungsgründe sind in § 60 GmbHG geregelt. Im Gegensatz zu den für die AG geltenden Auflösungsvorschriften enthält § 60 GmbHG keine abschließende Regelung der Auflösungsgründe, sondern gem. § 60 Abs. 2 GmbHG können im Gesellschaftsvertrag gesetzlich nicht vorgesehene Auflösungsgründe vereinbart werden.[170] Und anders als das AktG sieht § 61 GmbHG die Auflösung der Gesellschaft durch richterliches Gestaltungsurteil aufgrund einer Auflösungsklage vor.[171]

Hier zeigt sich also wieder eine Ähnlichkeit zu den Personengesellschaften (vgl. § 133 HGB für die oHG).

6. Die eingetragene Genossenschaft

218 Die Genossenschaft ist ein *Verein mit eigener Rechtspersönlichkeit* und *freier Mitgliederzahl*, dessen *Zweck* darauf gerichtet ist, den *Erwerb oder die Wirtschaft der Mitglieder* (Genossen) mittels eines gemeinschaftlichen Geschäftsbetriebs *zu fördern* (vgl. § 1 Abs. 1 GenG). Der Begriff der Genossenschaft klingt nicht nur altmodisch, er ist auch sehr alt: Das Genossenschaftsgesetz wurde bereits am 1. Mai 1889[172] verabschiedet und hat seither einige Novellierungen erfahren. Ihren Ursprung hatten die Genossenschaften im Bereich der Landwirtschaft: Um gegenüber Großgrundbesitzern konkurrenzfähig bleiben zu können, schlossen sich bäuerliche Kleinbetriebe zusammen. Im Vordergrund des Wirkens der Genossenschaft steht nicht die Gewinnerzielung als solche, sondern das Wohl ihrer Mitglieder. Deren *Haftung* ist wie bei der AG und GmbH *auf die Einlagen beschränkt*, d. h. für die Verbindlichkeiten der Genossenschaft haftet den Gläubigern gem. § 2 GenG das Genossenschaftsvermögen. Die Genossenschaft entsteht gem. §§ 10 und 13 GenG mit Eintragung ins Genossenschaftsregister, sie ist *juristische Person* (§ 17 Abs. 1 GenG) und gem. § 17 Abs. 2 GenG Kaufmann i. S. d. HGB. Typische Genossenschaften sind z. B. Kreditgenossenschaften, Winzergenossenschaften (die ganz besonders um das »Wohl« ihrer Genossen bemüht sein werden), Einkaufsgenossenschaften und Wohnungsbaugenossenschaften.

219 Während das Genossenschaftsrecht rund 100 Jahre relativ bedeutungslos war, hat sich dies seit der Wiedervereinigung Deutschlands etwas geändert: Rund 1450 Agrargenossenschaften der ehemaligen DDR, dort »LPGen« (landwirtschaftliche Produktionsgenossenschaften) mussten umgewandelt werden. Die Beantwortung der Frage, welche Rechtsform – die eingetragene Genossenschaft i. S. d. GenG, die GmbH oder die GbR – sich für dieses ehemals sozialistische Gebilde am besten eignet, brachte manche Probleme mit sich.[173]

---

170 *Kübler*, § 17 VII 1.
171 *Dort*, § 17 VII 2.
172 Sammlung *Schönfelder* Nr. 53.
173 *Für Interessierte: Steding*, NL-BZAR 7/93, 7 ff.

Literatur zur Vertiefung (Rdnrn. 199–219):

Alpmann und Schmidt, GR, 2. Teil; *Bayreuther*, Die Kapitalgesellschaft & Co KGaA, JuS 1999, 651; *Braun*, Die europäische Aktiengesellschaft nach »Inspire Art« bereits ein Auslaufmodell?, JURA 2005, 150; *Bunke/Lommatzsch*, Schwerpunktbereichsklausur – Wirtschafts- und Unternehmensrecht: Die Haftung des GmbH-Geschäftsführers, JuS 2006, 1097; *Eisenhardt*, §§ 9–12; *Kraft/Kreutz*, K I–IV, L, M I–V und N I; *Kübler*, §§ 13–17; *Langenbucher*, Einführung in das Recht der Aktiengesellschaft, JURA 2004, 577; *ders.*, Grundfälle zum Recht der Gesellschaft mit beschränkter Haftung, JuS 2003, 387, 478 und 581; *Oetker*, Der praktische Fall – Handels-, Gesellschafts- und Arbeitsrecht: Die gescheiterte GmbH und ihre Auflösung, JuS 2002, 459; *Steding*, Für eine Wiederbelebung des Genossenschaftsgedankens, ZRP 1995, 403 ff.; *ders.*, Agrargenossenschaften – eine »vollwertige« e.G. im Sinne des GenG?, NL-BZAR 7/1993, 7; *Stumpf*, Die eingetragene Genossenschaft, JuS 1998, 701.

V. Besondere Unternehmensformen

Neben diesen genannten Gesellschaftstypen aus den beiden großen Gruppen der Personengesellschaften und Kapitalgesellschaften gibt es noch eine Vielzahl von Mischtypen und besonderen Unternehmensformen, von denen ich Ihnen nur zwei vorstellen möchte. **220**

1. Die GmbH & Co. KG

■ Können Sie sich vorstellen, welcher der beiden großen Gesellschaftgruppen die GmbH & Co.KG zuzuordnen ist und worin ihre Besonderheit liegt? (Überlegen Sie!) **221**
▷ Die GmbH & Co.KG ist eine Sonderform der Kommanditgesellschaft und damit eine Personengesellschaft. Sie besteht aus einer juristischen Person, der GmbH, und einer oder mehreren natürlichen Personen, den Kommanditisten.

Die juristische Person »GmbH« bildet dabei den Komplementär, also den persönlich haftenden Gesellschafter. Die persönliche Haftung beschränkt sich auf das Vermögen der juristischen Person »GmbH«, so dass das private Vermögen der einzelnen Gesellschafter dieser GmbH für Gesellschaftsschulden nicht mithaftet. Daneben haften die Kommanditisten, wie bei jeder anderen KG auch, mit ihren Einlagen. Die GmbH & Co. KG ist letztlich eine Personengesellschaft mit beschränkter Haftung. **222**

Die Haftungsbeschränkung ist somit ein Vorteil gegenüber der normalen Personengesellschaft, die derartige Haftungsbeschränkungen sonst nicht zulässt.[174] **223**

---

174 Seitdem das BVerfG die Vermögenssteuer für verfassungswidrig erklärt hat und die Einkommensteuergesetzgebung geändert wurde, sind steuerliche Vorteile der GmbH & Co KG gegenüber der GmbH entfallen.

2. Der Versicherungsverein auf Gegenseitigkeit

224 Dabei handelt es sich um eine Vereinigung von Personen, deren Beteiligung im Verein mit einem Versicherungsverhältnis verbunden ist. Das Versicherungsverhältnis begründet zugleich die Mitgliedschaft in diesem Verein. Rechtsgrundlage für den VVaG ist das »Gesetz über die Beaufsichtigung der privaten Versicherungsunternehmen und Bausparkassen«, kurz »Versicherungsaufsichtsgesetz« bzw. VAG genannt. Der VVaG ist eine juristische Person, die ein privates Versicherungsunternehmen betreibt, deren Mitglieder am Gewinn und am Verlust des Vereins beteiligt sind. Organe der VVaG sind der Vorstand, Aufsichtsrat und als »Oberste Vertretung« ggf. die Mitgliederversammlung. Gem. §§ 34 bis 36 VAG finden die Vorschriften des Aktiengesetzes entsprechende Anwendung.

Prägen Sie sich diese beiden beschriebenen Unternehmensformen nochmals an der folgenden Übersicht (18) ein und verschaffen Sie sich dann nochmals einen Überblick über die wichtigsten Gesellschaften auf Übersicht 19.

Literatur zur Vertiefung (Rdnrn. 220–226):

Alpmann und Schmidt, GR, 3. Teil, 1. Abschnitt; *Eisenhardt*, § 30; *Kübler*, § 21; *Lambrich*, Die Haftung bei der GmbH & Co. KG, JURA 2007, 88; *Schmidt*, GR, § 42.

Übersicht 18

| Besondere Unternehmensformen | 225 |

GmbH & Co. KG

Sonderform der KG, also grundsätzlich Personengesellschaft, deren Gesellschafter eine juristische Person (GmbH = Komplementär) und eine oder mehrere natürliche Personen (= Kommanditisten) sind. GmbH *haftet* voll mit ihrem ganzen (Gesellschafts-) Vermögen; Kommanditisten haften mit ihrer Einlage = Personengesellschaft mit beschränkter Haftung = *Vorteil gegenüber normaler KG* (Komplementäre haften dort auch mit Privatvermögen).

Versicherungsverein auf Gegenseitigkeit (VVaG)

Gesetzliche Regelung: »Gesetz über die Beaufsichtigung der privaten Versicherungsunternehmen und Bausparkassen« (VAG)

VVaG ist Vereinigung von Personen, deren Beteiligung im Verein mit Versicherungsverhältnis verbunden ist = juristische Person, die privates Versicherungsunternehmen betreibt. Mitglieder sind am Gewinn und Verlust beteiligt.

Organe: Aufsichtsrat, Vorstand und – als »Oberste Vertretung« – ggf. Mitgliederversammlung

Gem. §§ 34–36 VAG finden Vorschriften des AktG auf den VVaG entsprechende Anwendung.

226 Übersicht 19

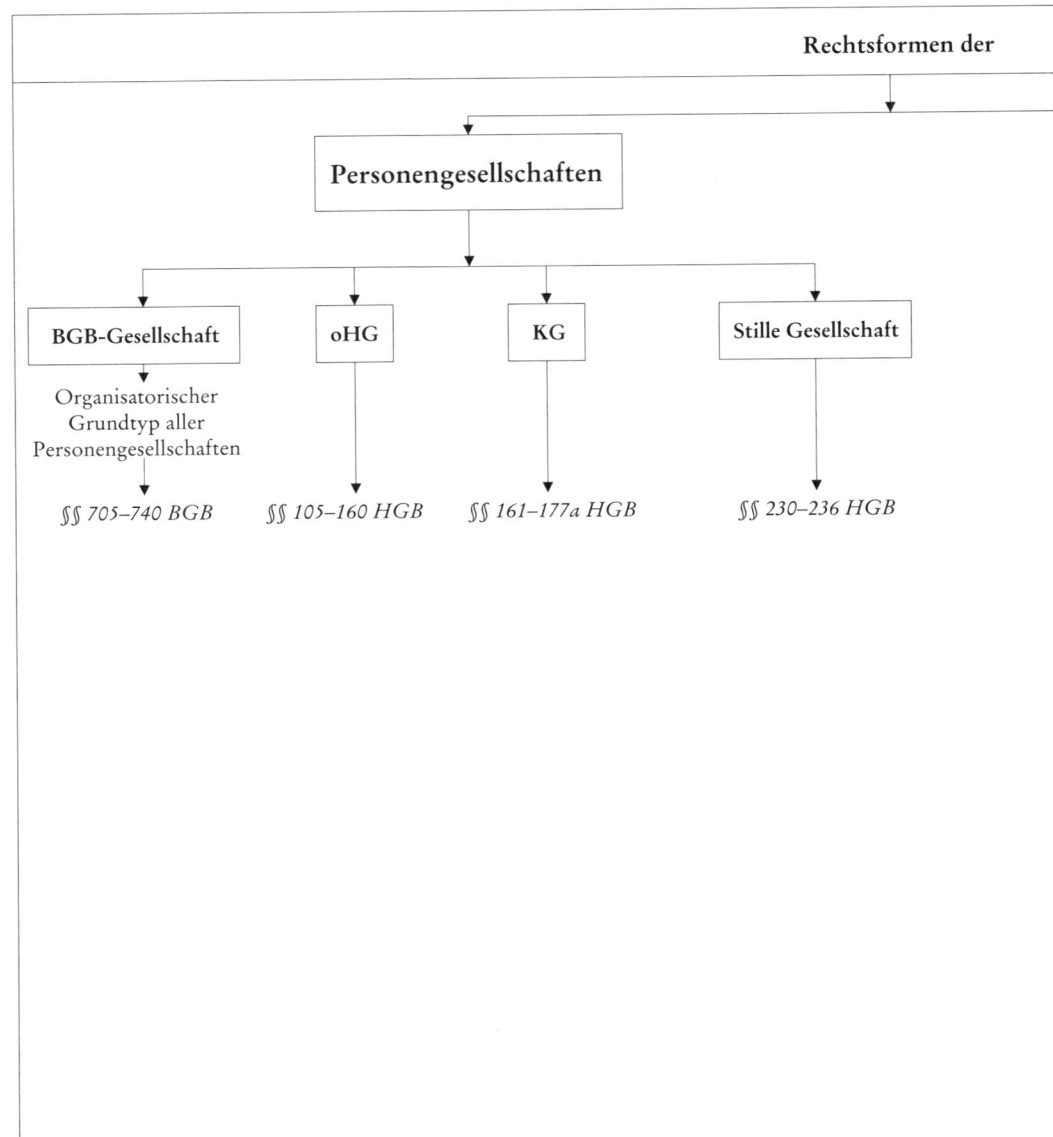

Gesellschaften

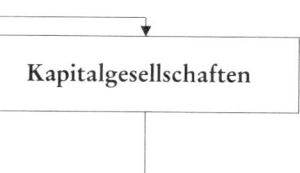

Kapitalgesellschaften

Rechtsfähiger Verein	Aktiengesellschaft (AG)	Kommanditgesellschaft auf Aktien (KGaA)	Gesellschaft mit beschränkter Haftung (GmbH)	Eingetragene Genossenschaft (e. G.)
	Organisatorischer Grundtyp der Kapitalgesellschaften			
§§ 21–79 BGB	*§§ 1–277 AktG*	*§§ 278–290 AktG*	*GmbHG*	*GenG*
Personenvereinigung mit eigener Rechtspersönlichkeit, die durch Organe handelt und durch Verfassung (Satzung) geregelt ist. Handeln der Organe verpflichtet und berechtigt nur Verein mit Vereinsvermögen = keine persönliche Haftung der Mitglieder. Bestand des Vereins unabhängig von Mitgliedern. (»Fremdorganschaft«)	Gesellschaft mit eigener Rechtspersönlichkeit (j. P.) und vorgeschriebenem Mindest/ Grundkapital (50.000,-- Euro), das in Aktien zerlegt ist und an dem die GST (Aktionäre) durch Übernahme von Aktien beteiligt sind. AG hat Verfassung (Satzung) und handelt durch Vorstand. Keine Haftung der GST mit persönlichem Vermögen.	Wie AG, aber (mind.) ein persönlich haftender GST (Komplementär) als Geschäftsführer, während die übrigen GST ohne persönliche Haftung an dem in Aktien zerlegten Grundkapital beteiligt sind (Kommanditaktionäre).	Gesellschaft mit eigener Rechtspersönlichkeit, an der GST mit Einlage auf das in Stammanteile zerlegte Grund/Stammkapit al (25.000,-- Euro) beteiligt sind. GmbH hat Verfassung und handelt durch Organ. Keine persönliche Haftung der GST.	Eigene Rechtspersönlichkeit. Zweck: »Förderung des Erwerbs oder der Wirtschaft ihrer Mitglieder mittels gemeinschaftl. Geschäftsbetriebes« (§ 1 Abs. 1 GenG); e. G. handelt durch Organe. Persönliche Haftung der Mitglieder nur ausnahmsweise, z. B. im Falle ihres Ausscheidens bei Insolvenz der Genossenschaft.

7. Kapitel   Handelsbücher

227   Wenn Sie nun wieder einmal das Inhaltsverzeichnis Ihres Gesetzestextes auf-
schlagen, werden Sie feststellen, dass wir bisher nur das 1. und 2. Buch des HGB
sowie einige Paragrafen des 4. Buchs behandelt haben. Das 3. Buch, das mit der
Überschrift »Handelsbücher« versehen ist, wurde zur Harmonisierung des Gesellschaftsrechts in den Europäischen Gemeinschaften erst durch das so genannte
Bilanzrichtlinien-Gesetz vom 19.12.1985 (BiRiLiG) eingefügt. Bis dahin wurden
die »Handelsbücher« im Vierten Abschnitt des Ersten Buchs in den alten §§ 38–
47 b HGB abgehandelt. Diesen Vorschriften entsprechen in der Neuregelung des
Dritten Buchs im Wesentlichen die §§ 238–240 und 257 HGB, die sich u. a. mit
der Buchführungs-, Inventarisierungs- und der Bilanzierungspflicht von Kaufleuten befassen. Sie enthalten, wie man angesichts der Überschrift zum Dritten
Buch annehmen könnte, nicht nur Regelungen für die Handelsbücher im engeren
Sinn, sondern betreffen die handelsrechtliche Rechnungslegung und das gesamte
kaufmännische Rechnungswesen.[175]

I.   Bedeutung und rechtliche Grundlagen

228   Sinn und Zweck der Vorschriften des Dritten Buchs ist es, zum einen die Interessen der Allgemeinheit und zum anderen die Interessen der Gläubiger des Kaufmanns zu schützen. Durch die Offenlegung der Bücher wird ermöglicht, dass
man sich einen Überblick über die Zahlungsfähigkeit und Bonität eines kaufmännischen Unternehmens machen kann. Dies ist namentlich bei Kapitalgesellschaften von Bedeutung, für deren Verbindlichkeiten bekanntlich kein Gesellschafter persönlich haftet, sondern das »anonyme« Gesellschaftsvermögen.

229   Das Dritte Buch des HGB ist nach der übersichtlichen sog. »Klammer-
Methode«, die wir schon vom (gesamten) BGB und Buch 2 des BGB kennen[176],
aufgebaut:

So finden sich zunächst im ersten Abschnitt, sozusagen im »Allgemeinen Teil«
dieses Buchs, Vorschriften (§§ 238–263 HGB), die für »*alle* Kaufleute« gelten.
Der zweite Abschnitt enthält Vorschriften für Kapitalgesellschaften (§§ 264–289
HGB) und Konzerne (§§ 290–335b HGB), während der dritte Abschnitt ergänzende Sonderregelungen (§§ 336–339 HGB) für eingetragene Genossenschaften
enthält. Im vierten Abschnitt folgen schließlich ergänzende Vorschriften (§§ 340–
341o HGB) für Kreditinstitute und Versicherungsunternehmen. Der fünfte Ab-

---

175 *Für »Wirtschaftsjuristen« an Fachhochschulen gehört dieses für die Unternehmenspra-
xis sehr bedeutsame Gebiet zum Pflichtstoff, der in Spezialvorlesungen zumeist von
wirtschaftswissenschaftlich ausgebildeten Kollegen vermittelt wird. Einige allgemeine
Grundkenntnisse sollte sich aber auch der Jurist verschaffen, für den dies kein Pflicht-
fach ist.*
176 Vgl. *mein* BGB AT, Rdnrn. 57 ff.

schnitt enthält Regelungen über das private Rechnungslegungsgremium (§ 342 HGB) und den Rechnungslegungsbeirat (§ 342a HGB).

II. Buchführungspflicht

1. Inhalt

Die Buchführungspflicht ergibt sich unmittelbar aus § 238 Abs. 1 S. 1 HGB (lesen Sie § 238 Abs. 1 ganz!). Gegenstand der Buchführungspflicht sind danach Handelsbücher im engeren Sinn, womit die fortlaufenden Aufzeichnungen der Handelsgeschäfte des Kaufmanns und seiner Vermögenslage gemeint sind. Zu diesen Handelsbüchern gehören insbesondere das *Grund*buch[177] (Journal) und Nebenbücher, wie z. B. Einkaufs- und Verkaufsbuch.[178] Von den Handelsbüchern im weiteren Sinn werden, wie oben angedeutet, das gesamte kaufmännische Rechnungswesen einschließlich der Inventare, der Bilanzen, der Unterlagen über die Geschäftskorrespondenz sowie Buchungsbelege (vgl. § 257 Abs. 1 HGB) umfasst[179]. Wenn § 238 Abs. 1 HGB die Buchführungspflicht auf die »Handelsgeschäfte« des Kaufmanns bezieht, so sind damit nicht nur einzelne Geschäftsabschlüsse, sondern *alle* Geschäftsvorfälle angesprochen.[180]

230

Die Buchführungspflicht ist gem. § 238 Abs. 1 S. 1 HGB die Pflicht zur *ordnungsmäßigen* Buchführung!

231

■ Was unter dem – subjektiv sicherlich vieldeutigen – Begriff der »ordnungsmäßigen Buchführung« objektiv und nach der Absicht des Gesetzgebers zu verstehen ist, sollten Sie selbst beantworten können, wenn Sie dieses Kapitel bisher aufmerksam gelesen bzw. »studiert« haben! Denken Sie nach, bevor Sie weiterlesen!

▷ Sie wurden »einige Zeilen zuvor« aufgefordert, § 238 Abs. 1 HGB »ganz« zu lesen! Lesen Sie nun nochmals Abs. 1 S. 2: Danach muss also die ordnungsmäßige »Buchführung so beschaffen sein, dass sie einem sachverständigen Dritten innerhalb einer angemessenen Zeit einen Überblick über die Geschäftsvorfälle und über die Lage des Unternehmens vermitteln kann.«

Diese Konkretisierung der »Generalklausel«[181] des § 238 Abs. 1 S. 1 HGB wird in Abs. 1 S. 3 durch die Bestimmung verstärkt, dass die Geschäftsvorfälle sich in ihrer Entstehung und Abwicklung verfolgen lassen müssen. Das bedeutet, dass alle Zu- und Abgänge an Geld, Waren und sonstigen Vermögensgegenständen (z. B. Wertpapiere, Grundstücke) in einer bestimmten, planmäßigen Ordnung aufgezeichnet werden müssen.

---

177 *Nicht zu verwechseln mit dem Grundbuch i. S. d. Grundbuchordnung und des Sachenrechts des BGB* (dazu *mein* SaR, 6. Kapitel).
178 *Brox/Henssler*, Rdnr. 165.
179 A. a. O.
180 Ebenda.
181 *Brox/Henssler*, Rdnr. 166.

Des Weiteren wird diese Generalklausel konkretisiert durch Gewohnheitsrecht und Handelsbräuche[182], die sich bei vergleichbaren Unternehmen herausgebildet haben.[183]

2. Arten der Buchführung

232 Auf welche Art und Weise die Buchführung vorzunehmen ist, ist im Gesetz nicht vorgeschrieben. Man unterscheidet zwischen *einfacher* und *doppelter Buchführung*.

a) Einfache Buchführung

233 Bei der einfachen Buchführung gibt es ein Kassabuch (Grundbuch), in dem Ein- und Ausgänge von Geld erfasst werden und Personenkonten, d. h. für jeden Abnehmer oder Lieferanten besteht ein Konto. Bei diesen Kundenkonten werden links die Warenlieferungen und rechts die Zahlungseingänge »gut geschrieben«.

Beispiel:[184]

Einfache Buchführung			
Konto: Karl Knete			
Soll	Euro	Haben	Euro
12.1.2008 Warenlieferung gem. Rechnung Nr. 0007/96	2000,–		
		30.1.2008 Banküberweisung für Rechnung Nr. 0007/96	2 000,–

Abb. 3

b) Doppelte Buchführung

234 Die einfache Buchführung kann gestiegenen und permanent steigenden Anforderungen des kaufmännischen Geschäftsverkehrs nicht genügen und ist nur für Kleinbetriebe (des Einzelhandels) oder für Handwerksbetriebe geeignet.

Handelsrechtliche Bedeutung hat daher weit überwiegend nur noch die doppelte Buchführung. Dabei wird jeder Geschäftsgang mindestens zweimal (doppelt) sowohl im Soll als auch im Haben verbucht. Ihren Sinn erhält die doppelte Buchführung aus der Bilanz.

---

182 *Vgl. zum Handelsbrauch auch unten Rdnrn. 249 ff.*

183 Vgl. *Brox/Henssler*, Rdnr. 166.

184 Ähnlich *Hübner*, Rdnr. 62.

■ Frage an »Wirtschaftswissenschaftler« bzw. solche, die es werden wollen: Was ist eine »Bilanz«? (Nachdenken!)

▷ Eine Bilanz ist eine auf einen bestimmten Zeitpunkt (Bilanzstichtag) bezogene **235** Gegenüberstellung des Vermögens (Aktiva) und des Kapitals (Passiva) eines Unternehmens. Während die linke Seite der Bilanz angibt, in welchen konkreten Werten das Vermögen angelegt ist, zeigt die rechte Seite, woher das Kapital stammt (Eigen- bzw. Fremdkapital). Der Unterschied (Saldo) zwischen Vermögen und Kapital bildet den Erfolg. Woher Gewinn oder Verlust im Einzelnen stammen, ergibt die Gewinn- und Verlustrechnung (sprachliche Herkunft: »bi-lanx«[185] = »zwei Waagschalen habend«[186]).

Rechtlich erfasst ist die Bedeutung und der Aufbau der Bilanz in § 266 HGB (*sehen Sie sich* diese Vorschrift *an*, aber *lesen* Sie nur hier weiter . . .). Grob vereinfachend lässt sich diese Vorschrift (mit *Hübner*[187]) wie folgt zusammenfassen:

Die *Aktivseite* bezeichnet die *Verwendung* der Mittel, wobei nach der Länge der Bindung zwischen Anlage- und Umlaufvermögen unterschieden wird.

Die *Passivseite* nennt die *Herkunft* der Mittel und gliedert sich grob in das Eigen- und Fremdkapital (Schulden). Das ergibt folgendes *Grundschema*[188]:

Bilanzaufbau (Grundschema)	
Aktiva	Passiva

A. Anlagevermögen
   I. Immaterielle Vermögensgegenstände (Rechte und Werte)
  II. Sachanlagen (Grundstücke)
 III. Finanzanlagen (Beteiligungen)
B. Umlaufvermögen
   I. Vorräte (Sachen)
  II. Forderungen und sonstige Vermögensgegenstände
 III. Wertpapiere
 IV. Flüssige Mittel (Kasse, Bankguthaben)
C. Rechnungsabgrenzungsposten
	A. Eigenkapital
	   I. Gezeichnetes Kapital
	  II. Kapitalrücklage
	 III. Gewinnrücklage
	 IV. Gewinnvortrag/Verlustvortrag*
	B. Rückstellungen
	C. Fremdkapital (Verbindlichkeiten)
	D. Rechnungsabgrenzungsposten

* alternativ: Bilanzgewinn/Bilanzverlust (§ 268 Abs. 1 HGB)	

Abb. 4

185 Lat.
186 Vgl. *Duden*, »Bilanz« (= frz. *balance*; it. *bilancia*).
187 Rdnr. 63.
188 Vgl. *Hübner*, Rdnr. 63.

c) Führung der Handelsbücher

236 Hier ist § 239 HGB einschlägig, der u. a. verlangt, dass bei der Buchführung eine lebende Sprache verwendet wird und die Eintragungen vollständig, richtig, zeitgerecht und geordnet vorgenommen werden. Lesen Sie § 239 HGB hierzu einmal ganz durch!

III. Inventarisierungspflicht

237 Gem. § 240 HGB wird die Buchführungspflicht durch die Pflicht zur Inventarerrichtung ergänzt. Inventar im handelsrechtlichen Sinn ist ein genaues Verzeichnis aller Vermögensgegenstände (Aktiva) und Schulden (Passiva) eines Kaufmanns, das zu Beginn des Handelsgewerbes und zum Schluss eines jeden Geschäftsjahres aufzustellen ist und die Grundlage für Eröffnungsbilanz und Jahresabschluss darstellt[189] (lesen Sie dazu § 240 HGB genau!). Gem. § 240 Abs. 2 HGB darf also das Geschäftsjahr 12 Monate nicht übersteigen. Einzelheiten sind in § 241 HGB (»Inventurvereinfachungsverfahren«) geregelt.

IV. Weitere Pflichten

1. Erstellung des Jahresabschlusses

238 Aus § 242 Abs. 1 HGB ergibt sich für den Kaufmann die Pflicht, eine *Eröffnungsbilanz* und einen *Jahresabschluss* zu erstellen. Dieser besteht nach § 242 Abs. 3 HGB aus der *Bilanz* und der *Gewinn- und Verlustrechnung* (§ 242 ganz durchlesen!).

Im Einzelnen sind die Grundsätze für die Aufstellung des Jahresabschlusses allgemein in den §§ 243–245 HGB und im besonderen in den §§ 246–256 HGB geregelt. Sie brauchen diese Vorschriften nun nicht lesen, sondern sollten sich für den Bedarfsfall nur merken, »wo es steht«...

2. Aufbewahrungs- und Vorlagepflicht

239 Gem. § 257 HGB ist der Kaufmann verpflichtet, bestimmte Unterlagen (z. B. Handelsbücher, Inventare, Bilanzen und Buchungsbelege) zehn Jahre bzw. (z. B. Handelsbriefe) sechs Jahre aufzubewahren. Bei einem Rechtsstreit hat er sie dem Gericht vorzulegen (vgl. § 258 HGB).

3. Offenlegungspflicht

240 Gem. §§ 325 ff. HGB (nicht lesen = siehe oben: es reicht, wenn Sie wissen, »wo es steht«...) sind *Kapitalgesellschaften* verpflichtet, bestimmte *Unterlagen offen-*

---

189 *Creifelds*, »Inventar«.

zulegen. Dies gilt gem. § 264a Abs. 1 HGB auch für bestimmte offene Handelsgesellschaften und Kommanditgesellschaften.

Aus Gründen der Rechtssicherheit sind diese Unterlagen (z. B. der Jahresabschluss) beim Handelsregister einzureichen und im »Bundesanzeiger« bekanntzumachen.[190] Die Pflicht zur Offenlegung ist in § 339 HGB ähnlich für eingetragene Genossenschaften normiert.

Aus der Tatsache bzw. der Formulierung des Gesetzes, dass einige der hier genannten Pflichten für »den Kaufmann« (also für *alle* Kaufleute) bestehen, während die Offenlegungspflicht nur gesondert für Kapitalgesellschaften und Genossenschaften geregelt ist, können wir unschwer(?) schließen: Einzelkaufleute und Personengesellschaften sind grundsätzlich nicht verpflichtet, den Jahresabschluss und den Geschäftsbericht offenzulegen (= im Handelsregister einzureichen und zu veröffentlichen)[191].

V. Pflichtverletzungen und ihre Folgen

»Die« Verpflichtung zur Führung von *Handelsbüchern* – mit denen sich im **241** HGB ein ganzes »Buch« und in diesem Buch ein ganzes Kapitel befasst –, enthält also eine *Vielzahl von Einzelpflichten der Kaufleute*. Zum Teil haben Einzelkaufmann, Personengesellschaften und Kapitalgesellschaften gleiche, zum Teil unterschiedliche Pflichten, wie Sie gelesen (und hoffentlich behalten) haben:

Jeder Kaufmann ist grundsätzlich zur *Buchführung, Inventarisierung* und zur *Aufstellung des Jahresabschlusses* verpflichtet (vgl. §§ 238, 240, 242 HGB[192]), sofern er *nicht Fiktiv- oder Scheinkaufmann* ist.[193]

Darüber hinausgehende Pflichten (Offenlegung) haben *Kapitalgesellschaften (und Konzerne)* sowie Genossenschaften.

■ Was aber gilt, wenn ein Kaufmann eine dieser Pflichten verletzt, die in vielen **242** großen Lehrbüchern[194] nicht im Kapitel »Handelsbücher«, sondern unter einem Abschnitt »Rechnungslegungspflichten« abgehandelt werden?

▷ Es »passiert« zunächst relativ wenig: Weder das HGB noch das BGB sehen zivilrechtliche Sanktionen bei der Verletzung von »Rechnungslegungspflichten« vor (Ausnahme: §§ 334 f. HGB für die Kapitalgesellschaften, wonach das Registergericht bei Nichtbefolgung bestimmter Pflichten – »überfliegen« Sie §§ 334–335b HGB – Ordnungs- oder Zwangsgeld festsetzt...). Die fehlerhafte oder fehlende Buchführung, vorsätzlich oder auch nur fahrlässig veranlasst, kann gegebenenfalls jedoch den Tatbestand der Steuerhinterziehung nach

---

190 *Vgl. hierzu oben, Rdnr. 54, Fn. 59.*
191 *Brox/Henssler*, Rdnr. 185.
192 *Brox/Henssler*, Rdnr. 189.
193 *Ebenda* sowie *dies.*, Rdnr. 69.
194 Z. B. *Schmidt*, HR, § 15; *Canaris*, §§ 12, 13.

§ 370 Abs. 1 Nr. 1 AO[195] oder zumindest eine Ordnungswidrigkeit i. S. v. § 379 Abs. 1 Nr. 2 AO[196] darstellen.

Auch die §§ 283–283 d StGB (»Insolvenzstraftaten«) können zu einer Bestrafung bei einer Verletzung der Buchführungspflichten führen, wenn dadurch auch nur fahrlässig einer der dort erfassten Insolvenztatbestände erfüllt wird. Lesen Sie hierzu z. B. den unter Fußnote[197] wiedergegebenen Auszug aus § 283 b StGB.

Prägen Sie sich die wichtigsten Vorschriften zu den Handelsbüchern anhand der folgenden Übersicht 20 nochmals schlagwortartig ein.

195 **§ 370 AO – Steuerhinterziehung** (Auszug)
»(1) Mit Freiheitsstrafe bis zu fünf Jahren oder mit Geldstrafe wird bestraft, wer
1. den Finanzbehörden oder anderen Behörden über steuerlich erhebliche Tatsachen unrichtige oder unvollständige Angaben macht,
2. die Finanzbehörden pflichtwidrig über steuerlich erhebliche Tatsachen in Unkenntnis lässt oder
3. pflichtwidrig die Verwendung von Steuerzeichen oder Steuerstemplern unterlässt
und dadurch Steuern verkürzt oder für sich oder einen anderen nicht gerechtfertigte Steuervorteile erlangt.
(2) Der Versuch ist strafbar.«

196 **§ 379 AO – Steuergefährdung** (Auszug)
»(1) Ordnungswidrig handelt, wer vorsätzlich oder leichtfertig
1. Belege ausstellt, die in tatsächlicher Hinsicht unrichtig sind, oder
2. nach Gesetz buchungs- oder aufzeichnungspflichtige Geschäftsvorgänge nicht oder in tatsächlicher Hinsicht unrichtig verbucht oder verbuchen lässt
und dadurch ermöglicht, Steuern zu verkürzen oder nicht gerechtfertigte Steuervorteile zu erlangen . . .«

197 **§ 283b StGB – Verletzung der Buchführungspflicht**
»(1) Mit Freiheitsstrafe bis zu zwei Jahren oder mit Geldstrafe wird bestraft, wer
1. Handelsbücher, zu deren Führung er gesetzlich verpflichtet ist, zu führen unterlässt oder so führt oder verändert, dass die Übersicht über seinen Vermögensstand erschwert wird,
2. Handelsbücher oder sonstige Unterlagen, zu deren Aufbewahrung er nach Handelsrecht verpflichtet ist, vor Ablauf der gesetzlichen Aufbewahrungsfristen beiseite schafft, verheimlicht, zerstört oder beschädigt und dadurch die Übersicht über seinen Vermögensstand erschwert,
3. entgegen dem Handelsrecht
   a) Bilanzen so aufstellt, dass die Übersicht über seinen Vermögensstand erschwert wird, oder
   b) es unterlässt, die Bilanz seines Vermögens oder das Inventar in der vorgeschriebenen Zeit aufzustellen.
(2) Wer in den Fällen des Absatzes 1 Nr. 1 oder 3 fahrlässig handelt, wird mit Freiheitsstrafe bis zu einem Jahr oder mit Geldstrafe bestraft.«

Übersicht 20

Handelsbücher*
Gesetzliche Regelung: Drittes Buch HGB → §§ 238–342e
Zweck: Schutz von Interessen der Allgemeinheit und der Gläubiger des Kaufmanns.
Buchführungspflicht: § 238 Abs. 1 (§ 239) • **Arten der Buchführung:** → einfache → doppelte (vgl. Bilanz → § 266)
Inventarisierungspflicht: § 240
Weitere Pflichten: • Eröffnungsbilanz und Jahresabschluss erstellen (§§ 242–256) • Aufbewahrungs- und Vorlagepflicht (§ 257) • Offenlegungspflicht → Kapitalgesellschaften: §§ 325–329 → über § 264a Abs. 1 ggf. auf OHG und KG anwendbar
Pflichtverletzungen: Evtl. §§ 334 f., §§ 370, 379 AO oder §§ 283–283d StGB

* Paragrafen ohne Bezeichnung sind solche des HGB.

Literatur zur Vertiefung (Rdnrn. 227–242):

Brox/Henssler, § 9; *Canaris*, §§ 12, 13; *Fink/Woring*, Buchführung für Juristen, JuS 2001, 1067; *Hofmann*, E; *Hübner*, § 4; *Jung*, Kap. 8; *Lange/Pyschny*, Einführung in das Recht der Bilanzierung, JURA 2005, 768; *Roth*, §§ 20, 21.

8. Kapitel: Handelsgeschäfte

243 Den Handelsgeschäften des Kaufmanns ist das Vierte Buch des HGB (§§ 343–
475 h) gewidmet. Auch dieses Vierte Buch ist in sich systematisch aufgebaut wie
das BGB[198]. Der Erste Abschnitt (§§ 343–372 HGB) ist sozusagen der »Allgemeine Teil« des Buchs »Handelsgeschäfte«, bevor im Zweiten bis Sechsten Abschnitt »besondere« Handelsgeschäfte wie der Handelskauf u. a. geregelt werden.
Entsprechend dieser Ausklammerungsmethode werden auch in diesem Kapitel
die »Allgemeinen Vorschriften« im ersten Abschnitt (A) behandelt und die besonderen Handelsgeschäfte im zweiten Abschnitt (B) zusammengefasst.

A. Allgemeine Vorschriften

I. Begriff und Arten des Handelsgeschäfts

1. Begriff

244 »Handelsgeschäfte« sind gem. § 343 HGB alle Geschäfte eines Kaufmanns, die
zum Betriebe seines Handelsgewerbes gehören.

Wie bereits angedeutet[199], wird der Begriff des Handelsgeschäfts im HGB (vgl.
dort §§ 22 f.) darüber hinaus auch zur Bezeichnung des Betriebs bzw. Unternehmens eines Kaufmanns verwendet.

Hier sind nun die Rechtsgeschäfte eines Kaufmanns gemeint, für die das HGB
im Vierten Buch einige Sonderregelungen aufstellt, die neben den Vorschriften
des BGB gelten bzw. gegebenenfalls Vorrang vor diesen haben.

In § 343 HGB sollten Sie sich unbedingt die Worte »*zum Betrieb seines Handelsgewerbes*« unterstreichen.

■ Was folgt daraus? (Überlegen Sie!)
▷ Für *Privat*geschäfte eines Kaufmanns gelten die HGB-Vorschriften nicht!
Wenn z. B. der Lebensmittelhändler X für seine private Wohnung eine Hausrats-
versicherung abschließt, ist das für ihn kein Handelsgeschäft, wohl aber für den
Versicherer (= einseitiges Handelsgeschäft). Sofern Zweifel daran bestehen, ob
ein bestimmtes Rechtsgeschäft eines Kaufmanns privater Natur ist oder zu einem
Handelsgewerbe gehört, wird in § 344 HGB allerdings eine gesetzliche (wider-
legbare) Vermutung für letzteres ausgesprochen (§ 344 HGB lesen!).

Um festzustellen, ob ein

---

198 Vgl. *mein* BGB AT, Rdnrn. 57 ff.
199 *Vgl. oben, Rdnr. 41.*

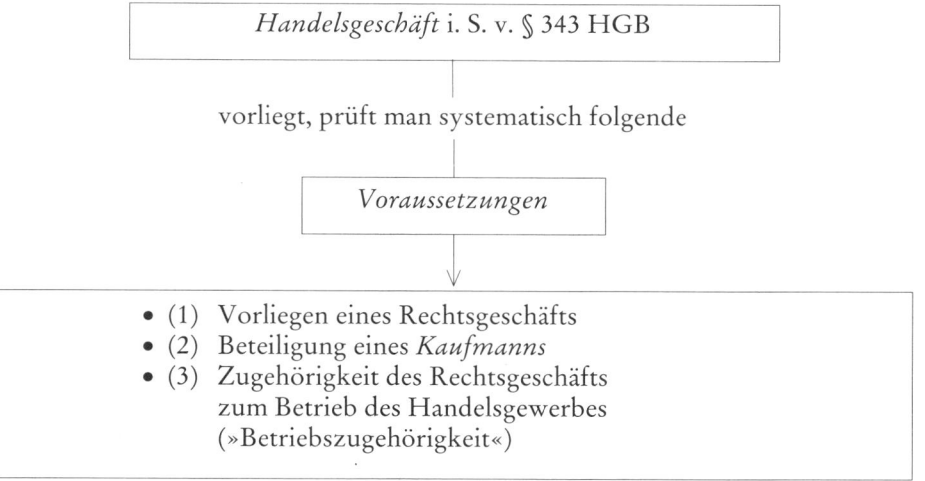

zu (1): Der Begriff des Rechts*geschäfts* ist weit auszulegen[200]: Dazu gehören nicht nur Geschäfte wie einseitig verpflichtende Rechtsgeschäfte und Verträge, sondern auch *geschäftsähnliche Handlungen* (wie Mahnungen und Fristsetzungen) und *Realakte*[201] (wie z. B. Verbindung, Vermischung, Verarbeitung).

zu (3): Für die Betriebszugehörigkeit stellt § 344 HGB, wie Sie oben bereits gelesen haben, eine gesetzliche Vermutung auf, die der Kaufmann im Streitfall widerlegen muss!

2. Arten

a) Einseitiges Handelsgeschäft

Von einem einseitigen Handelsgeschäft spricht man, wenn *nur einer der Vertragspartner Kaufmann* ist und dieses Geschäft zu seinem Handelsgewerbe gehört, oder wenn zwar beide Vertragsparteien Kaufleute sind, aber für einen von ihnen ein Privatgeschäft vorliegt.

Beispiel: Verkauft der Teppichhändler T dem Kaufmann K für dessen Privatwohnung einen Orientteppich, hat T ein (einseitiges) Handelsgeschäft getätigt.

Grundsätzlich kommen gem. § 345 HGB bei einem einseitigen Handelsgeschäft die Vorschriften über die Handelsgeschäfte für *beide* Vertragsteile zur Anwendung, auch wenn der andere nicht Kaufmann ist.

In manchen Vorschriften setzt das HGB voraus, dass eine bestimmte Person Kaufmann ist, z. B. muss gem. § 350 HGB der *Bürge*, für den die Bürgschaft ein Handelsgeschäft ist, *Kaufmann* sein.

---

200 *Brox/Henssler*, Rdnr. 281.
201 Vgl. zu diesen Begriffen *mein* BGB AT, Rdnrn. 138 ff.

b) Beiderseitiges Handelsgeschäft

247 Ein beiderseitiges Handelsgeschäft liegt vor, wenn beide Vertragsparteien Kaufleute sind und das Geschäft jeweils zum Betrieb ihres Handelsgewerbes gehört.

Im Einzelnen gelten einige besondere *Vorschriften* des HGB *nur für beiderseitige Handelsgeschäfte*, während andere *auch für einseitige Handelsgeschäfte* gelten, und zwar

248

nur für beiderseitige Handelsgeschäfte:	*auch* für einseitige Handelsgeschäfte:
§ 346 HGB – Handelsbrauch § 352 Abs. 1 HGB – gesetzlicher Zinssatz § 353 HGB – Fälligkeitszinsen §§ 369 ff. HGB – Kaufmännisches Zurückbehaltungsrecht § 377 HGB – Untersuchungs- und Rügepflicht beim Handelskauf	§ 347 HGB – Sorgfaltspflicht des Kaufmanns § 348 HGB – Vertragsstrafe § 349 HGB – Keine Einrede der Vorausklage § 350 HGB – Formfreiheit bei Bürgschaft, Schuldversprechen und Schuldanerkenntnis § 354 HGB – Provision etc. § 366 HGB – Erweiterter Gutglaubensschutz §§ 373 – 376 HGB – Allgemeine Handelskaufvorschriften §§ 383 ff. HGB – Kommissionsgeschäft §§ 407 – 452 d HGB – Frachtgeschäft §§ 453 – 466 HGB – Speditionsgeschäft §§ 467 – 475 h HGB – Lagergeschäft

Abb. 5

Wir gehen auf einige dieser Vorschriften später an verschiedenen Stellen nochmals ein!

II. Handelsbräuche

249 Gem. § 346 HGB (lesen!) haben Kaufleute auf *Handelsbräuche*, d. h. »auf die im Handelsverkehr geltenden Gewohnheiten und Gebräuche Rücksicht zu nehmen.« Handelsbräuche (auch: -usancen, -gewohnheiten, -sitten) sind also *kaufmännische Verkehrssitten*, die sich vom Gewohnheitsrecht[202] dadurch unterscheiden, dass sie zwar auch langjährige Übung, aber keinen allgemeinen Rechtsgeltungswillen voraussetzen, also keinen Gesetzescharakter wie das Gewohnheitsrecht haben.[203] Sie sind allerdings in den jeweiligen Branchen oder Regionen für Kaufleute verbindlich, auch wenn sie ihnen unbekannt sind, und werden von der Rechtsprechung berücksichtigt. Will ein Kaufmann sich Handelsbräuchen

---

202 Vgl. *mein* BGB AT, Rdnr. 5.
203 *Brox/Henssler*, Rdnr. 16.

nicht unterwerfen, muss er sich ggf. bei den örtlichen (in- oder ausländischen) Industrie- und Handelskammern nach ihrem Bestehen erkundigen und ausdrücklich ihren Ausschluss vereinbaren (§ 346 HGB ist dispositiv!).

Wo sie gelten, spielen Handelsbräuche in der Praxis eine wichtige Rolle und sind (auch unter Berücksichtigung von §§ 157, 242 BGB – lesen, falls nicht – mehr – bekannt!) bei der Auslegung und Ergänzung eines Handelsgeschäfts zu berücksichtigen.[204] Handelsbräuche haben u. a. zur Anerkennung der Grundsätze über das *kaufmännische Bestätigungsschreiben* (unter den Voraussetzungen von § 362 HGB[205] »analog«) geführt, und aus ihnen haben sich insbesondere nationale und internationale *Handelsklauseln* entwickelt. **250**

Angesichts der ständig wachsenden grenzüberschreitenden Wirtschaftsbeziehungen haben Handelsklauseln (wie auch internationale Kaufverträge) für die Praxis zunehmend an Bedeutung gewonnen. Dem tragen viele Hochschulen Rechnung, indem sie internationale bzw. europäisch (»European Business«) organisierte Studiengänge eingeführt haben. Es kann also angehenden Wirtschaftsjuristen und Wirtschaftswissenschaftlern, die vielleicht einmal im Außenhandel (z. B.) tätig sein werden, nicht schaden, ein wenig über die rechtliche (und wirtschaftliche) Bedeutung der Handelsklauseln zu erfahren. **251**

Diesem Thema ist der folgende Exkurs gewidmet, den Sie nicht lesen müssen, wenn Sie nur für Ihre Prüfung zur Vorlesung »Überblick über das Handelsrecht« lernen wollen . . .

Exkurs:

Handelsklauseln im nationalen und internationalen Warenverkehr

I. Begriff der Handelsklauseln

Der lange Sprüche scheuende Handelsverkehr verwendet gern Abkürzungen. Handelsklauseln sind häufig durch Abkürzungen ausgedrückte Formeln und Begriffe, die im Handelsverkehr für bestimmte vertragliche Vereinbarungen verwendet werden. Ihre Verwendung dient der Rechtsklarheit und der Vereinfachung des Handelsverkehrs. Dies allerdings nur, wenn beide Vertragsparteien die wirtschaftliche Bedeutung und die Rechtsfolgen der Klauseln kennen. **252**

II. Anwendungsbereich von Handelsklauseln

Im Mittelpunkt des Anwendungsbereichs steht der Kaufvertrag (§ 433 BGB). Für den sog. Handelskauf enthält das HGB Sondervorschriften (in den §§ 373–382), auf die unten[206] näher eingegangen wird. **253**

---

204 *Brox/Henssler*, Rdnr. 17.
205 *Was oben, Rdnr. 6, auf Übersicht 1 bereits angedeutet und unten unter Rdnrn. 284 ff. noch erläutert wird.*
206 *Rdnrn. 308 ff.*

Der nationale und internationale Warenhandel bringen es mit sich, dass Güter vom Verkäufer zum Käufer zu transportieren sind. Es handelt sich also vornehmlich um sog. »Distanzgeschäfte«. Üblicherweise wird im Kaufvertrag vereinbart, nach welchen Modalitäten der Warentransport abzuwickeln ist. Die Lieferungs- und anderen Vertragsbedingungen können dabei individuell vereinbart werden, je nachdem, ob die Waren per Lkw, Bahn, Schiff oder Flugzeug transportiert werden. Viel häufiger jedoch werden die Details mit Hilfe von marktüblichen, standardisierten Vertragsbedingungen geregelt. Sie teilen die Pflichten und Rechte von Verkäufer und Käufer nach festgelegten Kriterien auf, die sich in einer Vielzahl von Handelsklauseln manifestiert haben.

III. Arten der Handelsklauseln

254　Je nach Vertragspflicht lassen sich die Handelsklauseln grob in drei Gruppen einteilen:

> Lieferklauseln
> Zahlungsklauseln und
> Befreiungsklauseln.

1.　Lieferklauseln

a)　Regelungsinhalte

255　Bei der Anwendung von Lieferklauseln bei Distanzkäufen geht es vor allem um zwei Fragen, die für Verkäufer und Käufer gleichermaßen von Bedeutung sind, nämlich,
(1)　wer trägt die Transport- (bzw. Beförderungs)kosten
und
(2)　wer trägt die Gefahr des zufälligen (also von keiner Partei verschuldeten) Untergangs oder der zufälligen Verschlechterung der Ware?

Typisches Beispiel für den zufälligen Untergang (dies im wahrsten Sinne des Wortes) der Ware, z. B. beim Seetransport, ist der Container, der bei Sturm über Bord gespült wird. Beispiel für die Verschlechterung ist das Einwirken von Seewasser auf die Ware.

b)　Bedeutung im nationalen Warenhandel

aa)　Kosten- und Gefahrtragung nach dem BGB

256　Um die Bedeutung der Lieferklauseln für die Kosten- und Gefahrtragung verstehen zu können, muss man grob die nationalen gesetzlichen Regelungen kennen, die mangels Sonderregelungen durch das HGB dem BGB zu entnehmen sind.
　Zur Kostentragung enthält das BGB in § 448 eine klare Regelung. Danach trägt der Verkäufer die Kosten der Übergabe, während dem Käufer die Kosten

der Abnahme und des Versands zur Last fallen. Die Gefahrtragung ist in den §§ 446 und 447 BGB (lesen!) geregelt. Mit Gefahr ist in diesen Vorschriften die sog. »Preisgefahr« gemeint. Preisgefahr bedeutet für den Käufer das Risiko, den vollen Kaufpreis zahlen zu müssen, obwohl er die Ware nicht oder nur in mangelhaftem Zustand erhält.

Beim alltäglichen Ladenkauf, der für dieses Thema nicht von Bedeutung ist, geht diese Gefahr gem. § 446 BGB sinnvollerweise mit der Übergabe der Sache auf den Käufer über.

Anders beim Versendungskauf! Ein solcher liegt gem. § 447 BGB vor, wenn **257** der Verkäufer auf Verlangen des Käufers die verkaufte Ware an einen anderen Ort als den Erfüllungsort versendet. Gem. § 269 BGB ist dies der Wohnsitz des Schuldners bzw. der Ort der Niederlassung des Verkäufers der geschuldeten Ware. Der Käufer müsste sich die Ware normalerweise beim Verkäufer holen; es handelt sich also um eine Holschuld. Der Verkäufer übernimmt beim Versendungskauf mehr, als er normalerweise tun müsste. Eben die Verpflichtung, für die Versendung der Ware an den vom Käufer gewünschten Ablieferungsort zu sorgen. Daher muss der Käufer, auf dessen Verlangen die Ware versandt wird, das dadurch erhöhte Risiko ordnungsgemäßer Erfüllung tragen, insbesondere für Transportschäden oder Verlust der Ware. Die Gefahr geht gem. § 447 BGB deshalb auf den Käufer über, wenn der Verkäufer die Ware an einen Beförderer übergeben hat.

bb) Abdingbarkeit der gesetzlichen Regelungen durch Handelsklauseln

§ 447 wie auch § 448 BGB sind abdingbar, d. h., von ihrer Regelung kann durch **258** vertragliche Einzelvereinbarung, durch Allgemeine Geschäftsbedingungen oder durch Handelsbrauch und insbesondere durch Handelsklauseln abgewichen werden.

Im nationalen Binnenhandel wird der Warenverkehr nach sog. »National Trade Terms« abgewickelt. Dies sind Lieferungsbedingungen des jeweiligen Landes, die auf nationalem Recht basieren. Die nationalen Trade Terms wurden von der internationalen Handelskammer Paris sozusagen als »Weltsprache des Warenhandels«[207] erstmals 1923 und nochmals 1953 aufgezeichnet und nach Länder und Ländergruppen geordnet.

cc) Einzelne nationale Lieferklauseln (National Trade Terms)

Die gebräuchlichsten Lieferklauseln sind z. B. »ab Werk/Lager«, »ab Bahnhof«, **259** »frei Waggon«, »frei Haus«. Diese Klauseln sehen zwar bezüglich der *Gefahrtragung* grundsätzlich keine Abweichung vom Versendungskauf vor, enthalten aber eine jeweils unterschiedliche Regelung der Kostentragung für Verpackung und Transport zu Lasten des Verkäufers. Die folgende *Abbildung* (6) wird dies verdeutlichen:

---

207 *Schmidt*, HR, § 30 I 3 b.

260

Gefahr- und Kostentragungen
nach den deutschen National Trade Terms

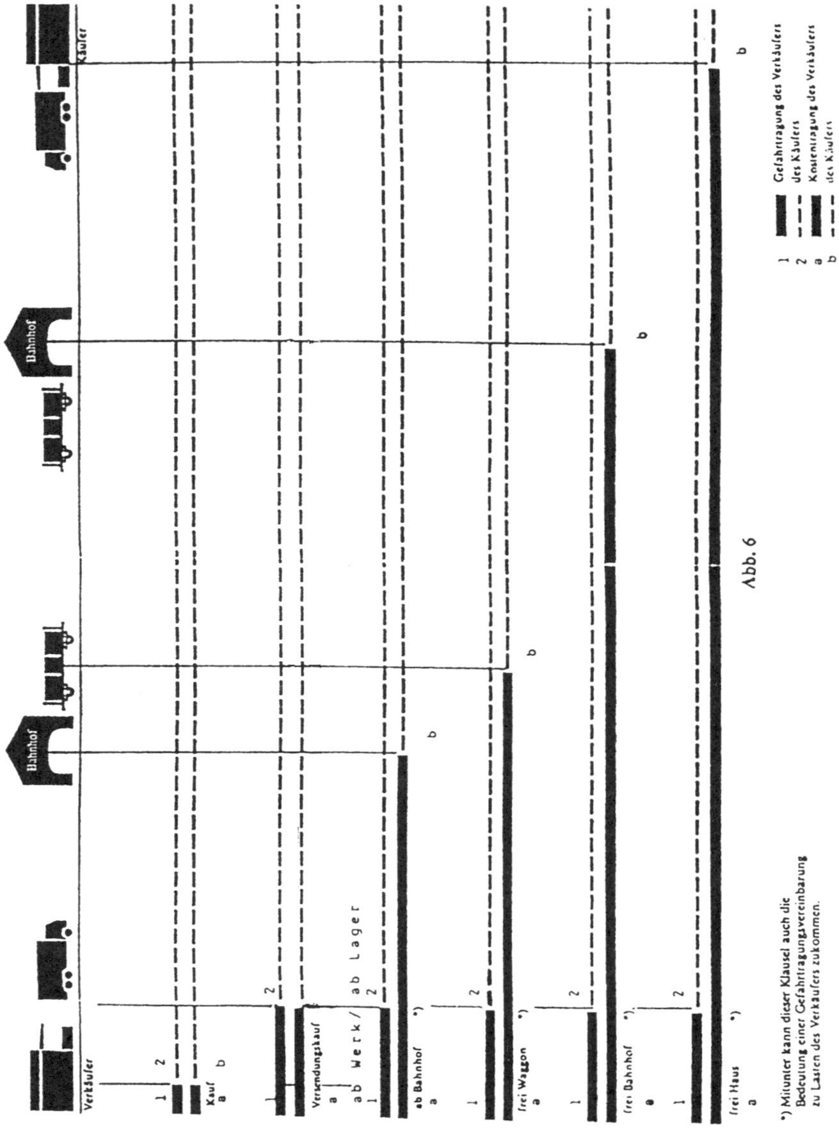
Verkäufer
Käufer
Bahnhof
Bahnhof
Kauf
Versendungskauf
ab Werk/ab Lager
ab Bahnhof
frei Waggon
frei Bahnhof
frei Haus
1 Gefahrtragung des Verkäufers
2 des Käufers
a Kostentragung des Verkäufers
b des Käufers

Abb. 6

*) Mitunter kann dieser Klausel auch die Bedeutung einer Gefahrtragungsvereinbarung zu Lasten des Verkäufers zukommen.

Erläuterungen zu Abb. 6:   **261**

* Einfacher Kauf:
  Gefahr- und Kostentragung ab Übergabe am Wohnsitz des Verkäufers beim
  Käufer (vgl. § 446 BGB).
* Versendungskauf:
  Gefahr- und Kostentragung ab Übergabe an den Beförderer beim Käufer (vgl.
  § 447 Abs. 1 BGB).
* »Ab Werk/ab Lager«
  vermindert die Verpflichtung des Verkäufers gegenüber dem Versendungskauf
  noch: seine Verpflichtung besteht nur darin, die Ware auf seinem Grundstück
  zur Abholung zur Verfügung zu stellen.
* »Ab Bahnhof«
  bedeutet, dass der Verkäufer Transportkosten bis zum Verladebahnhof über-
  nimmt.
* »Frei Waggon«:
  Hier kommen die Kosten für die Verladung hinzu.
* »Frei Bahnhof«
  heißt: Kostenübernahme des Verkäufers bis zur Ankunft der Ware am Be-
  stimmungsbahnhof.
* »Frei Haus«
  schließlich bedeutet die Kostenübernahme des Verkäufers bis zur Übergabe im
  Haus bzw. in der Niederlassung des Käufers.

c)   Bedeutung im internationalen Warenhandel

aa)   *Nachteile der National Trade Terms*

Wenngleich die National Terms der verschiedenen Länder zwar formal angegli-   **262**
chen sind und als »Weltsprache des Warenhandels« verstanden werden, erfahren
sie indessen eine unterschiedliche Auslegung. Das kann zu Missverständnissen
zwischen den Handelspartnern verschiedener Nationalität führen.

Darüber hinaus kann bei internationalen Geschäften zweifelhaft sein, welche
nationalen National Trade Terms im Einzelfall anzuwenden sind. Im Sinne der
für den Handelsverkehr notwendigen Rechtsklarheit und Rechtsvereinheitli-
chung sind die National Trade Terms im internationalen Warenverkehr letztlich
nur wenig hilfreich.

bb)   *International Rules for the Interpretation*[208]

Die Internationale Handelskammer (IHK) in Paris (englisch: *International Cham-*   **263**
ber of Commerce, daher oft »ICC« abgekürzt) hat erstmals 1936 sog. »International Rules for the Interpretation of Trade Terms« bzw. »International Commer-
cial Terms« – kurz: *Incoterms* – zusammengestellt, die (wie z. B. auch AGB) nur
aufgrund ausdrücklicher Bezugnahme der Parteien Vertragsbestandteil werden.

---

208 *Internationale Auslegungsregelungen.*

(1) Incoterms als Auslegungsregeln

264 Die Incoterms enthalten internationale Regeln zur Auslegung der gebräuchlichsten Lieferklauseln in Außenhandelsverträgen. Die neueste Fassung der Incoterms datiert von 2000[209] und enthält Auslegungsregeln für 13[210] Klauseln, die aus der folgenden Grafik (*Abbildung 7*) zu ersehen sind.

Incoterms im Überblick[211]		
Incoterms: Transportart und geeignete Lieferklausel		
Allgemeine Transportarten einschl. multimodaler Transport (Combinded Transport)	**EXW**	Ex Works . . . (named place) Ab Werk . . . (benannter Ort)
	FCA	Free Carrier . . . (named place) Frei Frachtführer . . . (benannter Ort)
	CPT	Carriage Paid To . . . (named point of destination) Frachtfrei . . . (benannter Bestimmungsort)
	CIP	Carriage and Insurance Paid to . . . (named point of destination) Frachtfrei . . . versichert (benannter Bestimmungsort)
	DAF	Delivered At Frontier . . . (named point) Geliefert Grenze . . . (benannter Ort)
	DDU	Delivered Duty Unpaid . . . (named point) Geliefert unverzollt . . . (benannter Ort)
	DDP	Delivered Duty Paid . . . (named point) Geliefert verzollt . . . (benannter Ort)
Lufttransport[212]	**FCA**	Free Carrier . . . (named place) Frei Frachtführer . . . (benannter Ort)
Eisenbahntransport	**FCA**	Free Carrier . . . (named place) Frei Frachtführer . . . (benannter Ort)
See- und Binnenschiffstransport[213]	**FAS**	Free Alongside Ship . . . (named port of shipment) Frei Längsseite Seeschiff . . . (benannter Verschiffungshafen)
	FOB	Free On Board . . . (named port of shipment) Frei an Bord . . . (benannter Verschiffungshafen)
	CFR	Cost und Freight . . . (named port of destination) Kosten und Fracht . . . (benannter Bestimmungshafen)
	CIF	Cost, Insurance and Freight . . . (named port of destination) Kosten, Versicherung und Fracht . . . (benannter Bestimmungshafen)
	DES	Delivered Ex Ship . . . (named port of destination) geliefert ab Schiff . . . (benannter Bestimmungshafen)
	DEQ	Delivered Ex Quay (duty paid) . . . (named port of destination) Geliefert ab Kai (verzollt) . . . (benannter Bestimmungshafen)

Abb. 7

209 Abgedruckt bei *Baumbach/Hopt*, Einl Incoterms (6) nach Rdnr. 16, vgl. dort Rdnrn. 3–16.
210 *Die Klausel »FCA« wird als eine gezählt!*
211 Der offizielle Text der Incoterms 2000 ist abgedruckt bei *Bredow/Seiffert*, S. 213.
212 *Auch möglich: CTP/CIP oder DDU/DDP.*
213 *Im Container- oder Roll-on/Roll-off-Verkehr sind anstelle von FOB oder CFR/CIF die Klauseln FCA bzw. CTP/CIP vorzuziehen.*

(2)   Bedeutung der Incoterms

In diesem Rahmen soll die rechtliche und wirtschaftliche Bedeutung, insbesonde-   **265**
re bezüglich des Transportrisikos und der Kostenregelung, anhand einer der beiden wichtigsten Klauseln, die beim Überseekauf verwendet werden, exempla-
risch dargestellt werden. Dies sind die Klauseln FOB und CIF, von denen FOB
im Folgenden erläutert wird.

FOB bedeutet zunächst, dass zur Lieferpflicht des Verkäufers auch die Verladung gehört, allerdings ist es Sache des Käufers, für den erforderlichen Fracht-
raum zu sorgen.

Im Einzelnen lassen sich die Pflichten und Rechte von Verkäufer und Käufer
anhand eines Auszugs[214] aus den offiziellen Auslegungsregeln zu den »Incoterms« wie folgt (Abb. 8) beschreiben:

214 *(Ohne A 6–10 und B 6–10).*

125

FOB Frei an Bord
(... benannter Verschiffungshafen)

»Frei an Bord« bedeutet, daß der Verkäufer seine Lieferverpflichtung erfüllt, wenn die Ware die Schiffsreling in dem benannten Verschiffungshafen überschritten hat. Dies bedeutet, daß der Käufer von diesem Zeitpunkt an alle Kosten und Gefahren des Verlusts oder der Beschädigung der Ware zu tragen hat.

A DER VERKÄUFER HAT

A 1 Lieferung vertragsgemäßer Ware

Die Ware in Übereinstimmung mit dem Kaufvertrag zu liefern sowie die Handelsrechnung oder die entsprechende elektronische Mitteilung und alle sonstigen vertragsgemäßen Belege hierfür zu erbringen.

A 2 Lizenzen, Genehmigungen und Formalitäten

Auf eigene Gefahr und Kosten die Ausfuhrbewilligung oder andere behördliche Genehmigung zu beschaffen sowie alle Zollformalitäten zu erledigen, die für die Ausfuhr der Ware erforderlich sind.

A 3 Beförderungs- und Versicherungsvertrag

a) *Beförderungsvertrag*
Keine Verpflichtung.
b) *Versicherungsvertrag*
Keine Verpflichtung.

A 4 Lieferung

Die Ware an Bord des vom Käufer benannten Schiffs im benannten Verschiffungshafen in dem vereinbarten Zeitpunkt oder innerhalb der vereinbarten Frist und dem Hafenbrauch entsprechend zu liefern.

A 5 Gefahrenübergang

Vorbehaltlich der Bestimmungen von B 5, alle Gefahren des Verlusts oder der Beschädigung der Ware so lange zu tragen, bis sie die Schiffsreling im benannten Verschiffungshafen überschritten hat.

FOB Frei an Bord
(... benannter Verschiffungshafen)

Die FOB-Klausel verpflichtet den Verkäufer, die Ware zur Ausfuhr freizumachen. Diese Klausel kann nur für den See- oder Binnenschiffstransport verwendet werden. Hat die Schiffsreling keine praktische Bedeutung, wie bei Ro-Ro- oder Containertransporten, ist die FCA-Klausel geeigneter.

B DER KÄUFER HAT

B 1 Zahlung des Kaufpreises

Den Preis vertragsgemäß zu zahlen.

B 2 Lizenzen, Genehmigungen und Formalitäten

Auf eigene Gefahr und Kosten die Einfuhrbewilligung oder andere behördliche Genehmigung zu beschaffen sowie alle erforderlichen Zollformalitäten für die Einfuhr der Ware und gegebenenfalls für ihre Durchfuhr durch ein drittes Land zu erledigen.

B 3 Beförderungsvertrag

Auf eigene Kosten den Vertrag über die Beförderung der Ware vom benannten Verschiffungshafen abzuschließen.

B 4 Abnahme

Die Ware gemäß A 4 abzunehmen.

B 5 Gefahrenübergang

Alle Gefahren des Verlusts oder der Beschädigung der Ware von dem Zeitpunkt an zu tragen, in dem sie die Schiffsreling im benannten Verschiffungshafen überschritten hat.

Abb. 8: Auslegung der FOB-Klausel

Zur Gefahr- und Kostentragung bei FOB folgender *Fall*:   **267**

> Käufer Bodo Bayer (B) aus Hamburg bestellt bei Peter Sellers (S) in London drei Kisten jeweils gleichen Inhalts mit hochwertigen elektronischen Geräten. Als Lieferklausel im Kaufvertrag wurde »FOB« vereinbart. Die Verladung der drei schweren Kisten erfolgt mit einem Krangreifer, der die erste Kiste ordnungsgemäß an Bord des Versandschiffs »Good Hope« in London absetzt. Die zweite Kiste rutscht aus dem Greifer heraus und fällt auf die an Bord der »Good Hope« stehende erste Kiste. Beide Kisten samt Inhalts werden zerstört. Die dritte Kiste rutscht ebenfalls aus dem Greifer, stürzt zwischen Kai und Reling ins Wasser und versinkt für ewig.
> *Frage:* Welche Kisten muss B bezahlen bzw. welche Kisten muss S evtl. nachliefern?

■ Versuchen Sie, die Frage (ohne juristische Begründung) selbst zu beantworten!

▷ Die Antwort ist relativ einfach: Kiste eins und Kiste zwei befanden sich bereits an Bord, als sie zerstört wurden. Sie wurden »free on board« geliefert und müssen von B bezahlt werden, ohne dass er (von S!) dafür Ersatz bekommt. Kiste drei wurde noch nicht »free on board« geliefert: S muss eine neue Kiste liefern, bevor B bezahlen muss!

2. Zahlungsklauseln

a) Bedeutung im nationalen Warenhandel

Die Lieferpflicht des Verkäufers und die Zahlungspflicht des Käufers sind eng **268** aufeinander bezogen: Jeder Vertragsteil leistet nur, um die Gegenleistung des anderen Teils zu erhalten. Beide Parteien haben daher ein Interesse daran, ihre Leistung nicht vorzeitig ganz aus der Hand zu geben. Ihre Interessen sind ausgeglichen, wenn der Leistungsaustausch *gleichzeitig* erfolgt. Diesem Gedanken trägt grundsätzlich § 320 Abs. 1 S. 1 BGB Rechnung (lesen!), denn im Ergebnis soll die dort verankerte Einrede des nicht erfüllten Vertrags die Funktion haben, den gleichzeitigen Leistungsaustausch zu bewirken. Dieser Gedanke wird der Praxis indessen nur dann gerecht, wenn es sich um einen alltäglichen Ladenkauf handelt. Bei Distanzgeschäften kann diese Vorschrift ihre Funktion *nicht* erfüllen! Denn in der Praxis ist die Lieferung des Verkäufers ein Prozess, der von der Produktion über die Aussonderung, die Verpackung und den Transport bis zur Übereignung verläuft, und jeder einzelne dieser Leistungsschritte ist mit Risiken und Kosten verbunden.

Es muss sich deshalb eine der Vertragsparteien zur Vorleistung entschließen, wenn die Vertragsdurchführung überhaupt in Gang kommen soll.

Daraus entstand das Bedürfnis, Zahlungsklauseln zu entwickeln, die möglichst **269** dem Verkäufer die Sicherheit geben, dass er den Kaufpreis bekommt, und dem Käufer die größtmögliche Sicherheit, dass er die Ware tatsächlich erhält oder den Kaufpreis nicht vergeblich vorgeleistet hat.

Von den hier üblichen Handelsklauseln können nur einige wenige abrissartig dargestellt werden:

⇨ »Barzahlung« bedeutet in der Regel nur »Zahlung sofort«, schließt also bargeldlose Zahlung nicht aus.

⇨ »Rein netto« = ohne Skonto.

⇨ »2% oder 3% Skonto« bei Zahlung innerhalb kurzer Zeit, z. B. zwei Wochen.

⇨ »Nachnahme«. Käufer muss zahlen, ohne die Ware zuvor untersuchen zu können; ähnliches gilt für die in vielen National Trade Terms verwendete Klausel »c. o. d.« (cash on delivery).

Wichtig ist schließlich die Klausel

⇨ »Kasse gegen Dokumente« (»cash against documents«). Im Rahmen von Handelsgeschäften werden als Dokumente alle Papiere bezeichnet, die den Versand oder die Lagerung von Handelsgütern und deren Versicherung, die vertragsgemäße Lieferung und die Beachtung vereinbarter (inkl. Handels-)Klauseln oder behördlich vorgeschriebener Einzelheiten belegen.

Unter wirtschaftlichen Gesichtspunkten können die Dokumente unterteilt werden in:

Warenpapiere, Versicherungspapiere und *Begleitpapiere*.

Unterstellt, dass alle Dokumente ordnungsgemäß sind, ist im Normalfall davon auszugehen, dass der Käufer die Ware auch ordnungsgemäß erhält. Ist daher die Klausel »Kasse gegen Dokumente« vereinbart, ist der Käufer verpflichtet, gegen Übernahme der Dokumente den Kaufpreis zu zahlen. Die Klausel begründet für beide Seiten eine teilweise Vorleistungspflicht. Während der Käufer schon vor Erhalt der Ware zahlen muss, muss der Verkäufer die Ware schon zum Versand gebracht haben, da er andernfalls die Dokumente nicht bekommen hätte, die er dem Käufer vorlegt.

b) Bedeutung im internationalen Warenhandel

aa) *»Kasse gegen Dokumente«*

270 Von den international verwendeten Zahlungsklauseln ist die Klausel »cash against documents« (c.a.d.) die gebräuchlichste, da die Benutzung von Dokumenten den internationalen Handelsverkehr wesentlich beschleunigt. Der Käufer kann mit den erhaltenen Dokumenten bereits den Weiterverkauf der Ware betreiben und die Ware z. B. »schwimmend« verkaufen. Der Verkäufer kann mit Hilfe der Klausel »Kasse gegen Dokumente« schnell das eingesetzte Kapitel wieder zu seiner Verfügung erhalten.

(1) Risiken für Verkäufer und Käufer

271 Für beide Seiten enthält diese Klausel allerdings auch Risiken. Der Verkäufer, der auf seine Kosten die Ware auf den Weg gebracht hat, kann letztlich nicht sicher sein, dass der Käufer zahlt, sei es, weil er insolvent ist, sei es, dass er nicht zahlen *will*.

(2) Sicherungsmöglichkeiten

Vor allem für den exportierenden Verkäufer entsteht hier ein Sicherungsbedürf- **272**
nis. Die Schwierigkeiten einer Rechtsverfolgung im Ausland und die Belastung
der Ware mit oft hohen Transportkosten zwingen ihn dazu, den Zahlungsan-
spruch abzusichern: Der Verkäufer (Exporteur) liefert deshalb nur, wenn der
Käufer (Importeur) zuvor ein *Akkreditiv* gestellt hat. Was man darunter zu verstehen hat, lässt sich, sehr vereinfacht, wie folgt beschreiben: Bei der Eröffnung
eines Akkreditivs erklärt sich eine Bank im Auftrag und für Rechnung eines
Kunden bereit, diesem selbst oder einem Dritten bei der beauftragten Bank einen
bestimmten Geldbetrag zur Verfügung zu stellen und unter bestimmten Bedingungen auszuzahlen.

bb) »Kasse (oder Dokumente) gegen Akkreditiv« (letter of credit)

Die Klausel »cash against documents« wird im Außenhandel regelmäßig erwei- **273**
tert bzw. ersetzt durch »Kasse gegen Akkreditiv« (»cash against letter of credit«)
oder »Dokumente gegen Akkreditiv« (»documents against letter of credit«).

   Um die Abwicklung eines Außenhandelskaufs mit der Zahlungsklausel »documents against letter of credit« (»DLC«) darzustellen, eignet sich folgendes
Fallbeispiel:

> Der Hamburger Exporteur Vulpius (V) hat mit dem japanischen Importeur Koyota
> (K) in Tokio einen Liefervertrag (Kaufvertrag) über zehn Büromaschinen geschlossen.
> Die Zahlung soll »documents against letter of credit« im Bestimmungsland erfolgen.

Die Abwicklung dieses Geschäfts verdeutlicht die folgende Grafik:

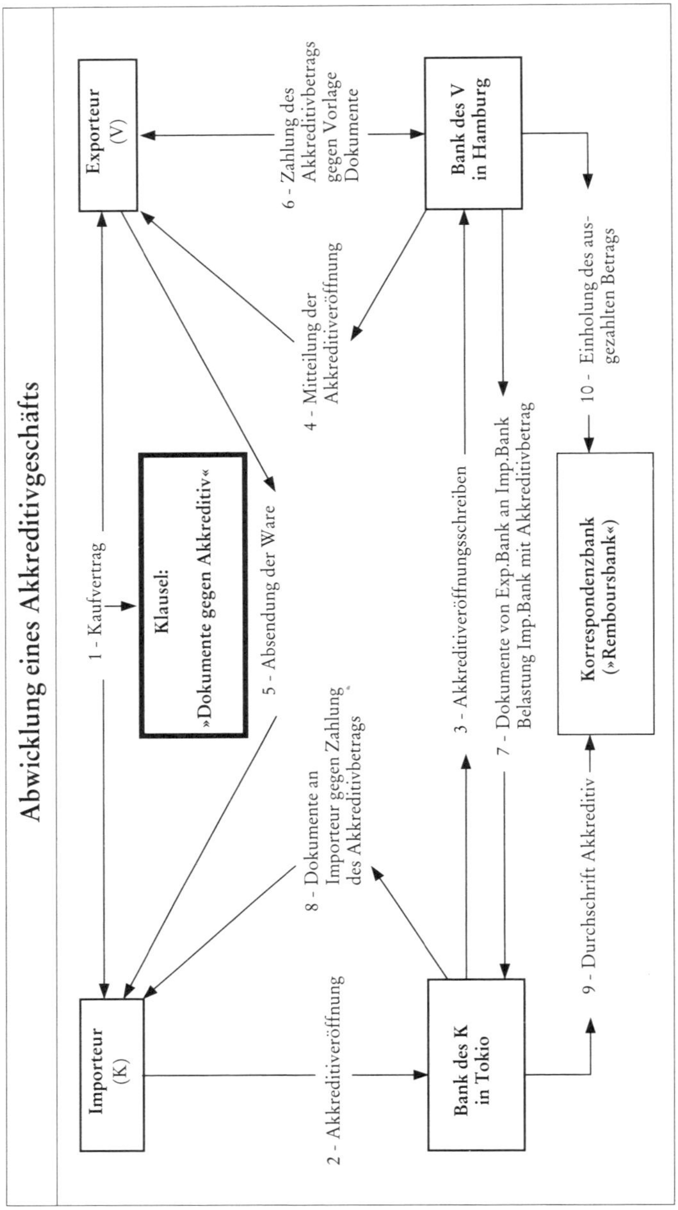

Abwicklung eines Akkreditivgeschäfts

Exporteur (V)

Bank des V in Hamburg

6 - Zahlung des Akkreditivbetrags gegen Vorlage Dokumente

4 - Mitteilung der Akkreditiveröffnung

1 - Kaufvertrag

Klausel: »Dokumente gegen Akkreditiv«

5 - Absendung der Ware

3 - Akkreditiveröffnungsschreiben

7 - Dokumente von Exp.Bank an Imp.Bank Belastung Imp.Bank mit Akkreditivbetrag

10 - Einholung des aus-gezahlten Betrags

Korrespondenzbank (»Remboursbank«)

8 - Dokumente an Importeur gegen Zahlung des Akkreditivbetrags

9 - Durchschrift Akkreditiv

Importeur (K)

2 - Akkreditiveröffnung

Bank des K in Tokio

Abb. 9

130

Erläuterungen zu Abb. 9:

(1) Grundlage für das Dokumenten-Akkreditiv ist ein zwischen dem Exporteur **275** und dem Importeur abgeschlossenes Warengeschäft (Kaufvertrag), das als Zahlungsbedingung die sogenannte Akkreditivklausel enthält, die meist genauer spezifiziert ist.

(2) Durch die im Kaufvertrag enthaltene Akkreditivklausel ist der Importeur verpflichtet, das zur Zahlungsabwicklung geforderte Dokumenten-Akkreditiv frist- und formgerecht durch seine Hausbank zugunsten des Exporteurs eröffnen zu lassen. Vor Erteilung des Akkreditivauftrags an seine Bank muss der Importeur in der Regel die Akkreditivsumme anschaffen, sofern sein laufendes Konto nicht das entsprechende Guthaben aufweist und keine Kreditgewährung vereinbart wurde.

(3) Die Bank des Importeurs fertigt daraufhin ein Akkreditiveröffnungsschreiben aus und sendet dieses an die Bank des Exporteurs.

(4) Die Bank des Exporteurs teilt dem Exporteur die Akkreditiveröffnung mit.

(5) Nach Fertigstellung sendet der Exporteur die Ware an den Importeur ab.

(6) Die Versanddokumente reicht der Exporteur seiner Bank ein und erhält – sofern sie »akkreditivkonform« sind und fristgerecht vorgelegt werden – den Akkreditivbetrag ausgezahlt.

(7) Die Bank des Exporteurs sendet daraufhin die Dokumente an die Bank des Importeurs und belastet diese mit dem ausgezahlten Betrag.

(8) Die Bank des Importeurs wiederum händigt dem Importeur die Dokumente aus und verfügt über den vom Importeur angeschafften Akkreditivbetrag. Dieses Abwicklungsschema bedarf einer Ergänzung, wenn die Bank des Importeurs nicht in direkter Kontoverbindung mit der Bank des Exporteurs steht. Dann muss ein Korrespondenzinstitut der Bank des Importeurs als sogenannte »Remboursbank« eingeschaltet werden.

(9) In diesem Fall sendet die Bank des Importeurs eine Durchschrift des Akkreditivs an die Korrespondenzbank und

(10) bittet die Bank des Exporteurs, sich für die Zahlungen »aus dem Akkreditiv zu erholen«, d. h. sich die ausgezahlten Beträge von der Korrespondenzbank vergüten zu lassen. Vor Auszahlung des Akkreditivbetrags werden die eingereichten Dokumente von der Bank des Exporteurs sorgfältig überprüft. Stimmen sie nicht genau mit den Akkreditivbedingungen überein, so wird der Akkreditivbetrag *nicht* oder nur »unter Vorbehalt« von der Bank des Exporteurs ausgezahlt und über die Bank des Importeurs die Entscheidung des Importeurs eingeholt, ob die Dokumente trotz der festgestellten Mängel angenommen werden sollen.

Dazu zwei *Beispiele* aus der Praxis, die ein Jurist aus der Auslandsrechtsabteilung **276** eines bedeutenden deutschen Industrieunternehmens berichtete:
1. Die Vertragspartner hatten u. a. vereinbart, dass die Lieferung der Ware auf dem Landweg »free on truck« (F. O. T.) erfolgen solle, was auch in die Dokumente aufgenommen wurde. F. O. T. bedeutet »frei Waggon«, also die Lieferung per Eisenbahn. Als die Bank des Exporteurs erfuhr, dass die Lieferung der Ware statt

dessen per Lkw vorgenommen wurde (offenbar hatte man sich hier an amerikanischen Filmen orientiert, in denen »Monster-Lkws« als »Truck« bezeichnet werden), weigerte sie sich, den Akkreditivbetrag auszuzahlen, bevor der Importeur seine Zustimmung gab.

2. Aus einem Akkreditiveröffnungsschreiben ging hervor, dass bestimmte Motorteile in der »Farbe: schwarz, RAL215 Nr. 13« geliefert werden sollten. In dem vom Exporteur an seine Bank eingereichten Dokument fehlte die RAL-Nr. Die Bank zahlte den Akkreditivbetrag erst aus, nachdem die Dokumente berichtigt waren.

3.   Befreiungsklauseln

277   Im Handelsverkehr sind schließlich Klauseln gebräuchlich, die den Anbieter von Ersatzansprüchen freihalten sollen, wenn ihm die Erfüllung des Vertrags nicht oder nicht zu den ausgehandelten Bedingungen möglich ist.

a)   Bedeutung im nationalen Warenhandel

278   Hier können solche Klauseln insbesondere lauten:
- »*Solange der Vorrat reicht*«; dies bedeutet, *dass* der Verkäufer nach Erschöpfung seines Vorrats keine weiteren Waren beschaffen muss. Die Besteller werden dann der Reihe nach bedient.
- Bei der Klausel »*Zwischenverkauf vorbehalten*« ist der Verkäufer an den Vertrag nur gebunden, wenn er vorher nicht anderweitig verkauft hat.
- »*Lieferungsmöglichkeit vorbehalten*« berechtigt den Verkäufer, vom Vertrag zurückzutreten, wenn er die Ware trotz aller Anstrengung nicht beschaffen kann, ohne Ersatzansprüchen des Käufers ausgesetzt zu sein.

b)   Bedeutung im internationalen Warenhandel

279   Im internationalen Warenhandel haben Freizeichnungsklauseln besondere Bedeutung, da hier die Überschaubarkeit der gesetzlichen Risikoverteilung bei unvorhergesehenen und unüberwindlichen Leistungsstörungen besonders gering ist. In Allgemeinen Geschäftsbedingungen und Standardverträgen oder durch Handelsklauseln werden die Auswirkungen »höherer Gewalt« geregelt. So wird die Haftung für »höhere Gewalt« durch sog. »force majeure-Klauseln« ausgeschlossen. »Force majeure« liegt vor, wenn die Störung des Leistungsaustauschs auf Ereignissen beruht, die auch durch äußerste, nach Lage der Dinge billigenderweise zu erwartende Sorgfalt nicht verhindert werden konnte. Als *Beispiel* hierfür mag die heute kaum noch bekannte Schließung des Suez-Kanals 1956 dienen. Durch die Schließung dieser Wasserstraße waren viele Lieferer in Bedrängnis ge-

---

215 »RAL« steht heute für »Deutsches Institut für Kennzeichnung und Gütesicherung e. V.« als Nachfolger des 1925 gegründeten »Reichsausschuss für Lieferbedingungen.« Die Kennzeichnung von Waren erfolgt nach dem »RAL«-System.

raten, da die die Ware transportierenden Schiffe den Umweg um das »Kap der guten Hoffnung« nehmen mussten, u. a. mit der Folge, *dass* sich die Transportkosten erheblich verteuerten. Gegen diese und andere Verzugsschäden waren diejenigen Lieferer, die in ihren Vertrag eine »force majeure-Klausel« einbezogen hatten, abgesichert.

Typische Beispiele für »force majeure«-Fälle sind also allgemein kriegerische 280 Auseinandersetzungen, Naturkatastrophen und ähnliche Ereignisse, durch die die rechtzeitige Lieferung der Ware oder die Lieferung gänzlich unmöglich wird.

Um die Befreiung des Verkäufers von der Lieferpflicht durch eine »force majeure-Klausel« zu verhindern, versuchen manche Importeure einen – allerdings leicht durchschaubaren – »Trick« anzuwenden: Sie erklären sich mit der Geltung der »force majeure-Klausel« nur unter der Bedingung einverstanden, dass die Handelskammer des Landes, in dem das die Lieferung behindernde Ereignis eintritt, die Klassifizierung dieses Ereignisses als »höhere Gewalt« bestätigt.

Auf eine solche Bedingung wird sich indessen ein im internationalen Handel erfahrener Verkäufer nicht einlassen. Denn keine Handelskammer der Welt wird jemals eine solche Bestätigung ausstellen, da sie im Falle einer Falschauskunft Regressansprüchen ausgesetzt wäre.

IV. Fazit

Die *rechtliche* Bedeutung der Handelsklauseln liegt vor allem darin, dass mit ein- 281 fachen Bezeichnungen bzw. standardisierten Abkürzungen von Schlüsselbegriffen komplexe Sachverhalte, wie z. B. die Gefahr- und Transportkostentragung, vollständig erfasst werden, wobei die Aussagen der Handelsklauseln von beiden Vertragsparteien im gleichen Sinne verstanden werden. Dies dient der *Rechtsklarheit*, der *Rechtssicherheit* und der *Rechtsvereinfachung* und führt zugleich zum Abbau von Misstrauen bei Partnern, die sich bisher wenig oder gar nicht kannten.

Da beiden Vertragsparteien der Inhalt und die Auslegung von Klauseln, wie sie hier beispielhaft erläutert wurden, bekannt ist, führt das z. B. dazu, dass allein durch die kombinierte Verwendung der drei Klauseln »FOB«, »documents against letter of credit« und »force majeure« zahlreiche Seiten von vertraglichen Formulierungen erspart bleiben! Die damit verbundene *Zeit- und Kostenersparnis* ist zugleich eine der wirtschaftlich bedeutsamen Folgen der Verwendung von Handelsklauseln.

Die *wirtschaftliche* Bedeutung liegt aber vor allem darin, dass die Handels- 282 klauseln es zum einen beiden Parteien ermöglichen, ihr jeweiliges wirtschaftliches Interesse an der Vertragsabwicklung abzusichern und zum anderen durch die Überschaubarkeit der Gefahr- und Kostentragungsrisiken die betriebliche Kalkulation bzw. das Risk Management erleichtert wird.

Literatur zur Vertiefung (Exkurs):

Bredow/Seiffert, Incoterms 2000; *Deckert*, Der Vertrag im internationalen Handelsverkehr, JURA 1997, 288; *Janssen/Glaie*, JA 2005, 597; *Liesecke*, WM-Beilage 3/1978, 1– 47; *Luttmer/Winkler*, Seite 1– 41; *Schmidt*, HR, § 30; *Schüssler*, Die Incoterms – Internationale Regeln für die Auslegung der handelsrechtlichen Vertragsformen, DB 1986, 1161 ff.; *Wertenbruch*, Die Incoterms-Vertragsklauseln für den internationalen Kauf, ZGS 2005, 136; *Wörlen/Metzler-Müller*, Handelsklauseln ...

III. Zustandekommen von Handelsgeschäften

283 Zunächst gelten für das Zustandekommen die allgemeinen Vorschriften über das Zustandekommen von Verträgen i. S. v. §§ 145 ff. BGB. Selbstverständlich setzt auch das Zustandekommen eines Handelsgeschäfts Angebot und Annahme voraus. Grundsätzlich gilt dabei auch, dass diese sich deckenden Willenserklärungen ausdrücklich oder konkludent[216] geäußert werden können und dass das *Schweigen* auf eine Willenserklärung, z. B. auf das Angebot, rechtlich bedeutungslos ist, sofern nicht die Parteien ausdrücklich etwas anderes vereinbart haben oder das Gesetz (wie z. B. §§ 108 Abs. 2 S. 2 und 177 Abs. 2 S. 2 BGB) etwas anderes bestimmt.[217] Besondere Bestimmungen gelten zum Beispiel insbesondere für

1. das Schweigen auf ein Angebot zur Geschäftsbesorgung.

284 Hierzu findet sich eine gesetzliche Regelung in § 362 HGB (Abs. 1 lesen!).

§ 362 Abs. 1 S. 1 HGB setzt voraus, dass einem Kaufmann, dessen Gewerbebetrieb die Besorgung von Geschäften für andere mit sich bringt, ein Antrag über die Besorgung solcher Geschäfte von jemandem zugeht, mit dem er in Geschäftsverbindung steht.

§ 362 Abs. 1 S. 2 HGB setzt voraus, dass einem Kaufmann ein Antrag über die Besorgung von Geschäften von jemandem zugeht, demgegenüber er sich zur Besorgung solcher Geschäfte erboten hat.

In beiden Fällen muss ein Kaufmann also auf einen Antrag zu einem Geschäftsbesorgungsvertrag unverzüglich antworten; andernfalls gilt sein *Schweigen als Annahme* des Antrags.

Besondere Bedeutung hat auch

2. das kaufmännische Bestätigungsschreiben.

285 Im Handelsverkehr ist es üblich, dass ein Vertragspartner dem anderen mündlich (telefonisch) oder telegrafisch getroffene Vereinbarungen zu Beweiszwecken

216 Vgl. ggf. *mein* BGB AT, Rdnrn. 132 f.
217 *Brox/Henssler*, Rdnr. 289.

schriftlich bestätigt. Weicht der Inhalt eines solchen kaufmännischen Bestätigungsschreibens von den vorherigen mündlichen Vereinbarungen ab, so muss der Empfänger unverzüglich widersprechen; andernfalls gilt nach Handelsbrauch der (abweichende) Inhalt des kaufmännischen Bestätigungsschreibens als vereinbart[218], sofern der Absender nicht arglistig gehandelt hat. Im Gegensatz zu anderen Handelsbräuchen[219] hat diese Regelung gewohnheitsrechtlichen Charakter und ist somit eine gesetzesgleiche Regelung.[220] Das Schweigen auf ein kaufmännisches Bestätigungsschreiben gilt als *Genehmigung*[221] seines Inhalts.

Hat man einen Fall daraufhin zu überprüfen, ob die Grundsätze über

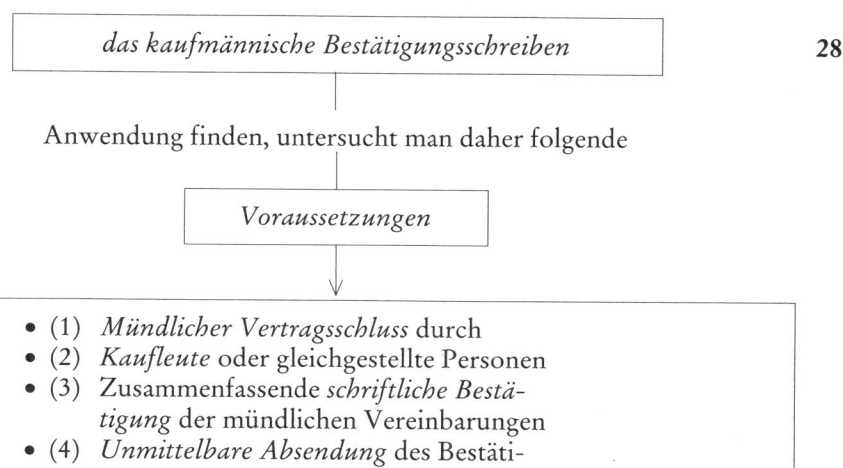

286

das kaufmännische Bestätigungsschreiben

Anwendung finden, untersucht man daher folgende

Voraussetzungen

- (1) *Mündlicher Vertragsschluss* durch
- (2) *Kaufleute* oder gleichgestellte Personen
- (3) Zusammenfassende *schriftliche Bestätigung* der mündlichen Vereinbarungen
- (4) *Unmittelbare Absendung* des Bestätigungsschreibens nach den Vertragsverhandlungen
- (5) *Redlichkeit* des Absenders
- (6) *Schweigen des Empfängers*

IV. Besonderheiten beim Erwerb vom Nichtberechtigten

1. Gutgläubiger Eigentumserwerb

■ Frage zur Gedächtnisauffrischung: Welche Regelungen (vier Paragrafen sollten **287** Ihnen einfallen!) sieht das BGB vor, wenn es um den gutgläubigen Eigentumserwerb an beweglichen Sachen geht? Überlegen Sie, bevor Sie Fußnote[222] lesen!

218 *Creifelds,* »Bestätigungsschreiben«.
219 *Vgl. oben, Rdnrn. 249 ff.*
220 Vgl. zum Gewohnheitsrecht mein BGB AT, Rdnr. 5.
221 *Anders z. B. §§ 108 Abs. 2 S. 2 und 177 Abs. 2 S. 2 BGB!*
222 **§§ 932, 933, 934 (935) BGB!** (Vgl. dazu *mein* SaR, Rdnrn. 114–125).

In den dort genannten Gutglaubensvorschriften des BGB ist bekanntlich der gute Glaube an das *Eigentum* des nichtberechtigt Verfügenden geschützt. Lesen Sie nun nochmals § 366 Abs. 1 HGB!

■ Worin besteht der wesentliche Unterschied dieser Vorschrift bezüglich des guten Glaubens, wenn Sie diese mit § 932 Abs. 1 S. 1 und Abs. 2 BGB vergleichen? (Erst nachdenken, dann weiterlesen!)

▷ In § 366 Abs. 1 HGB ist im Gegensatz zu § 932 BGB nicht der gute Glaube an das Eigentum (bzw. das Pfandrecht) des Verfügenden, sondern schon der *gute Glaube an die Verfügungsbefugnis* geschützt!

Der

288

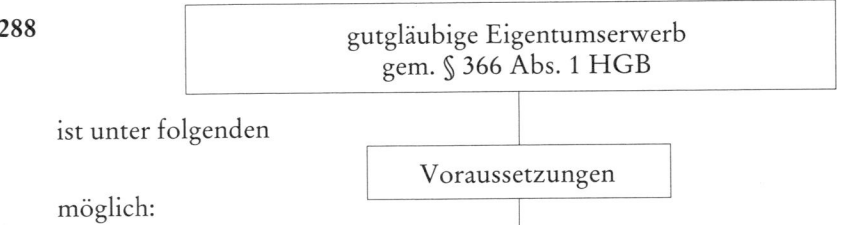

gutgläubige Eigentumserwerb
gem. § 366 Abs. 1 HGB

ist unter folgenden

Voraussetzungen

möglich:

- (1) Der *Veräußerer* muss *Kaufmann* sein.[223]
- (2) Gegenstand der Veräußerung ist eine *bewegliche Sache*.
- (3) Die Veräußerung muss im *Betrieb des Handelsgewerbes* erfolgen.
- (4) Der Erwerber muss den Veräußerer *gutgläubig für verfügungsbefugt halten*.
- (5) Der Erwerber darf den Mangel der Verfügungsbefugnis nicht kennen. (Insofern gilt § 932 Abs. 2 BGB, auf den § 366 Abs. 1 HGB *auch* verweist, entsprechend!).

289 Prüfen Sie, ob diese Voraussetzungen in folgendem Fall[224] erfüllt sind:

Übungsfall 9	
Käufer K erwirbt in der Kunsthandlung des Verkäufers V ein wertvolles Bild, das dem E gehört. Das Bild ist durch einen Aufkleber sichtbar mit dem Namen des E als Eigentümer gekennzeichnet. E hatte das Bild seinem Freund F geliehen, der es, weil er Geld benötigte, dem V in Verkaufskommission[225] gegeben hatte. E klagt gegen K auf Herausgabe des Bildes.	

---

223 **Für den (nicht eingetragenen) Scheinkaufmann gilt diese *Erleichterung* des gutgläubigen Erwerbs nicht – vgl. dazu oben, Rdnrn. 27 f.**
224 Nach *Brox/Henssler*, Rdnr. 308.
225 *Vgl. dazu unten, Rdnr. 341.*

■ Anspruchsgrundlage für das Verlangen des E ist § ...? (Setzen Sie die Anspruchsgrundlage selbst ein; suchen Sie im BGB – ! –, bevor Sie Fußnote[226] lesen!)

Voraussetzung ist, dass E noch Eigentümer ist! K hat das Eigentum unter den Voraussetzungen von § 366 Abs. 1 HGB i. V. m. § 929 S. 1 BGB erworben, wenn E nicht beweisen kann, dass K beim Erwerb des Bildes bösgläubig war!

Der gute Glaube *an die Verfügungsbefugnis* wird vom Gesetz – wie bei § 932 BGB der gute Glaube an das Eigentum – vermutet![227]

Darüber hinaus ist § 366 Abs. 1 HGB nach h. M. auch auf den guten Glauben an die *Vertretungsmacht* entsprechend anzuwenden, da es für den gutgläubigen Erwerber oft nur schwer feststellbar ist, ob sein Verhandlungspartner im eigenen oder im fremden Namen auftritt und ob die Verfügungs- oder Vertretungsbefugnis vorliegt.[228]

2. Einschränkung des gutgläubigen Eigentumserwerbs

Im Bürgerlichen Recht findet der gutgläubige Eigentumserwerb nach den §§ 932 **290** ff. BGB eine Einschränkung durch § 935 Abs. 1 BGB für »abhanden gekommene« bewegliche Sachen. Aufgrund des Verweises auf die Vorschriften des BGB in § 366 Abs. 1 HGB gilt diese Einschränkung auch im Handelsrecht.

Besonderheiten ergeben sich für Geld, Inhaberpapiere oder in öffentlicher **291** Versteigerung erworbene Sachen (lesen Sie § 935 Abs. 2 BGB). Nach § 367 Abs. 1 HGB ist der gute Glaube ausgeschlossen, wenn das abhanden gekommene Inhaberpapier an einen Bankier veräußert wurde und der Verlust des Papiers im Bundesanzeiger bekannt gemacht worden war und seit dem Ablauf des Jahres, in dem die Veröffentlichung erfolgt ist, nicht mehr als ein Jahr verstrichen war (§ 367 Abs. 1 HGB sowie die Ausnahmen in Abs. 2 und 3 lesen!). Weitergehende Einzelheiten entnehmen Sie bei Bedarf der nachfolgenden »Literatur zur Vertiefung«...

Dies gilt in gleichem Maße für die handelsrechtlichen Besonderheiten beim **292** Pfandrechtserwerb vom Nichtberechtigten, auf den § 366 HGB ebenfalls (i. V. m. §§ 1207, 932, 935 BGB) Anwendung findet.

V. Das Kontokorrent...

ist im HGB in § 355 zwar noch vor den bisher angesprochenen Vorschriften ge- **293** regelt, wird aber in der Lehrbuchliteratur durchweg erst an dieser oder noch späterer Stelle behandelt. Dies mag u. a. daran liegen, dass man die in § 355 HGB verwendeten Begriffe besser verstehen kann, wenn man sich in die »allgemeinen Vorschriften« des Ersten Abschnitts und die damit verbundenen Rechtsprobleme schon etwas eingelesen hat!

---

226 **§ 985 BGB.**
227 *Brox/Henssler*, Rdnr. 312.
228 A. a. O., Rdnr. 313.

294 Der Begriff »Kontokorrent« kommt, wie so vieles im Handelsrecht (z. B. Delkredere, Bilanz, Bankrott u. a.)[229] aus dem Italienischen: »conto corrente« = laufendes Konto. Lesen Sie zunächst § 355 Abs. 1 HGB.

Brox/Henssler[230] *u. a.* vergleichen diese Art der Kontenabrechnung mit der Abrechnung beim Skat, wenn um Geld gespielt wurde:

»Anstatt nach jedem einzelnen Spiel zu zahlen, werden die jeweils gewonnenen Beträge auf dem Konto des einzelnen Spielers gutgeschrieben; am Ende des Skatabends werden die Konten saldiert und der sich ergebende Betrag gezahlt oder eingezogen. Dadurch wird eine Vielzahl von Geldbewegungen durch eine einzige ersetzt.«

(Eine hübsche Erklärung! Begriffen? Wenn nicht, lernen Sie Skat oder spielen Sie weiter Rommé und lesen noch etwas weiter...)

295 Das Kontokorrent lässt sich auch – ohne Kartenspiel – wie folgt definieren: Es ist eine, insbesondere bei Banken (Giro[231]-Konto) stark verbreitete Einrichtung, durch die eine Mehrheit von gegenseitigen Ansprüchen zwischen zwei Parteien durch Verrechnung auf eine Geldschuld zurückgeführt wird. Ein Kontokorrent i. S. v. § 355 (– § 357) HGB setzt also eine Geschäftsverbindung zwischen zwei Personen (bzw. Parteien) voraus, von denen *mindestens eine Kaufmann* sein muss. Darüber hinaus muss vereinbart sein, dass die gegenseitigen Geldansprüche verrechnet werden und in bestimmten Perioden, mindestens einmal jährlich, so abgerechnet werden, dass ein Saldo festgestellt[232] wird. (Auf Ihrem Girokonto – die Bank ist »Kaufmann« – dauert diese Periode von Kontoauszug zu Kontoauszug...)

Wir wollen nicht zu sehr ins Detail gehen und halten für das

296 folgende rechtlichen

nach

fest:

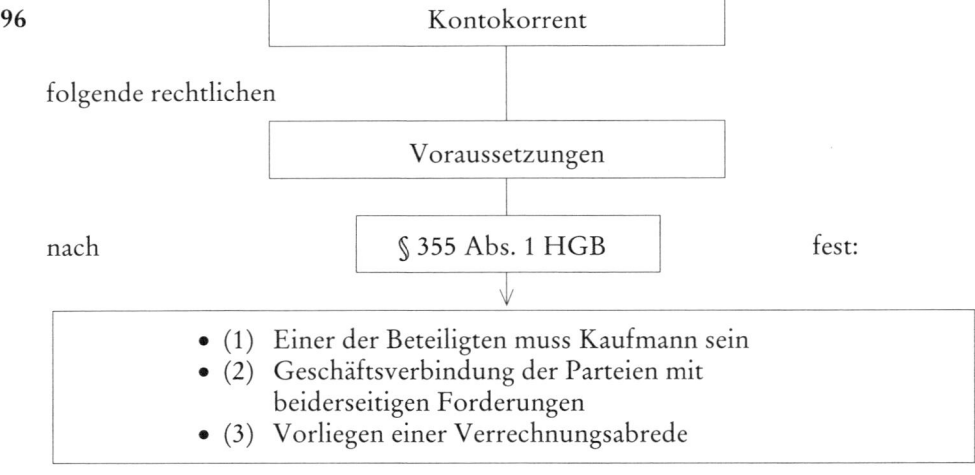

229 Vgl. *oben* Rdnr. 119 mit Fn. 103.
230 Rdnr. 336.
231 Ital.(!): vgl. z. B. Giro d'Italia; da laufen nicht (nur!) die Konten, sondern vor allem die Räder (oder umgekehrt...).
232 *Creifelds*, »Kontokorrent«.

Zu (1): Ist keiner der Beteiligten Kaufmann, spricht man vom »uneigentlichen« **297** Kontokorrent, sofern die Voraussetzungen (2) und (3) erfüllt sind. In diesem Fall muss aus der Verrechnungsabrede (Kontokorrentabrede) entnommen werden, ob und inwieweit die §§ 355–357 HGB anwendbar sein sollen.

Zu (2) und (3): Eine auf Dauer angelegte Geschäftsverbindung besteht z. B. auch, wenn ein Kunde ständig bei demselben »Verkäufer« einkauft und »anschreiben« lässt (z. B. die Hausfrau im »Tante-Emma-Laden« oder der Dauerkonsument in seiner »Stammkneipe« . . .). Hier entstehen ebenfalls beiderseitige Forderungen, die die eine Partei (Tante Emma, Wirt) sofort erfüllt und von Zeit zu Zeit eine Gesamtrechnung ausstellt, in der die Einzelbeträge zu einer Gesamtsumme addiert sind. Die einzelnen Rechnungsposten bleiben in diesem Fall selbstständig bestehen und können vom Gläubiger jederzeit isoliert geltend gemacht bzw. vom Schuldner jederzeit getilgt werden (vgl. §§ 366, 367 BGB). Im Unterschied zum »Kontokorrent« liegt hier eine *offene Rechnung* vor. Es fehlt an einer entsprechenden Kontokorrentabrede.

Sind indessen die Voraussetzungen für ein Kontokorrent erfüllt, so hat das die Wirkung, dass der Gläubiger über die einzelnen Forderungen nicht mehr selbstständig verfügen kann. Die Forderungen können somit weder einzeln abgetreten, ver- oder gepfändet noch getilgt werden. Sie werden »laufend« verrechnet!

VI. Das kaufmännische Zurückbehaltungsrecht

1. Die Regelung nach § 273 BGB

Das kaufmännische Zurückbehaltungsrecht, dem im Handelsrecht besondere **298** praxisrelevante Bedeutung zukommt, baut auf der Regelung des bürgerlichrechtlichen Zurückbehaltungsrechts des § 273 BGB[233] auf. Lesen Sie daher zunächst § 273 Abs. 1 BGB. Daraus folgt: Jeder Schuldner hat ein solches Zurückbehaltungsrecht wegen *Leistungen aller Art, an allen Sachen und sonstigen Rechten*, wenn sein Anspruch gegen seinen Gläubiger *fällig* ist. Es muss sich um *dasselbe* rechtliche Verhältnis handeln (sog. *Konnexität* der Ansprüche). Das Zurückbehaltungsrecht i. S. v. § 273 BGB wirkt also als ein reines Leistungsverweigerungsrecht (§ 273 Abs. 1 BGB nochmals lesen!).

2. Die Regelung nach §§ 369 ff. HGB

Die §§ 369–372 HGB enthalten *folgende Besonderheiten* (lesen Sie nur § 369 **299** Abs. 1 HGB):
- Es muss ein *beiderseitiges Handelsgeschäft* vorliegen, d. h. die Beteiligten müssen *Kaufmann* sein.
- *Fälligkeit* der Forderungen ist grundsätzlich erforderlich.

---

233 *Vgl. auch §§ 320 und 1000 BGB.*

- *Konnexität* der Rechtsbeziehung ist *nicht erforderlich*, d. h. das kaufmännische Zurückbehaltungsrecht kann auch aus verschiedenen Rechtsbeziehungen, die zwischen beteiligten Kaufleuten bestehen, geltend gemacht werden.
- § 369 Abs. 1 HGB erstreckt das Zurückbehaltungsrecht *nur* auf *bewegliche Sachen und Wertpapiere*.
- Die *Wirkung* des kaufmännischen Zurückbehaltungsrechts ist *umfassend*: Neben dem *Leistungsverweigerungsrecht* hat der Kaufmann an dem zurückbehaltenen Gegenstand *auch ein Verwertungsrecht* bzw. »Befriedigungsrecht« gem. § 371 HGB (zur Information § 371 Abs. 1 S. 1 HGB lesen).

Abgesehen von der Beschränkung auf bewegliche Sachen ist das kaufmännische Zurückbehaltungsrecht i. S. d. §§ 369 ff. HGB also großzügiger als das in § 273 BGB geregelte Zurückbehaltungsrecht[234] und dient so der Erleichterung des kaufmännischen Rechtsverkehrs.

Verdeutlichen Sie sich Voraussetzungen und Rechtsfolgen nochmals anhand von Übersicht 21.

Übersicht 21

299a

Kaufmännisches Zurückbehaltungsrecht
(§§ 369–372 HGB)

Voraussetzungen:

- Beiderseitiges Handelsgeschäft
- Fälligkeit der Forderungen grundsätzlich erforderlich
- Konnexität nicht erforderlich (Zurückbehaltungsrecht gilt auch für andere Rechtsbeziehungen dieser Kaufleute)
- An beweglichen Sachen und Wertpapieren

Rechtsfolgen:

- Leistungsverweigerungs- und Verwertungsrecht
- Befriedigungsrecht → § 371 HGB

VII. Weitere »allgemeine« Sondervorschriften für Handelsgeschäfte

1. Kaufmännische Sorgfaltspflicht

300 Gem. § 347 Abs. 1 HGB hat ein Kaufmann, der ein Handelsgeschäft i. S. v. § 343 HGB vornimmt, für die Sorgfalt eines »ordentlichen Kaufmanns« einzustehen. § 347 Abs. 1 HGB ist also eine *Haftungsvorschrift* (ähnlich: § 708 BGB).

---

234 Vgl. dazu aber *Brox/Henssler*, Rdnr. 321, mit Hinweis auf den weiten Begriff »desselben rechtlichen Verhältnisses« i. S. d. § 273 BGB!

■ Überlegen Sie, mit welcher Haftungsvorschrift des BGB § 347 Abs. 1 HGB korrespondiert bzw. von welcher Haftungsvorschrift sein Inhalt möglicherweise abweicht!

▷ Für die Haftung des Kaufmanns gilt selbstverständlich auch § 276 Abs. 1 S. 1 BGB!

Danach hat jeder Schuldner Vorsatz und Fahrlässigkeit zu vertreten, wenn eine strengere oder mildere Haftung weder bestimmt noch aus dem sonstigen Inhalt des Schuldverhältnisses . . . zu entnehmen ist. Fahrlässig handelt, wer die im Verkehr erforderliche Sorgfalt außer Acht lässt (§ 276 Abs. 2 BGB). Je nachdem, in welchem Berufskreis ein Schuldner rechtsgeschäftlich tätig wird, ist die »erforderliche Sorgfalt« nach objektiven Maßstäben anders zu bewerten. Somit kommt man konsequenterweise bei der Beurteilung, ob ein *Kaufmann* fahrlässig gehandelt hat, schon über § 276 Abs. 1 S. 1 BGB dazu, für sein Handeln die Beachtung der *Sorgfalt eines ordentlichen Kaufmanns* zu verlangen. Mithin hat § 347 Abs. 1 HGB nur eine klarstellende Funktion[235], ist also nicht eine Vorschrift i. S. v. § 276 Abs. 1 S. 1 BGB, die eine strengere oder mildere Haftung bestimmt. Konsequenterweise sollen dem Kaufmann dann gem. § 347 Abs. 2 HGB auch die *Haftungserleichterungen* des bürgerlichen Rechts (z. B. §§ 277, 300 Abs. 1, 521, 690 BGB – lesen und diese §§ am Rand von § 347 Abs. 2 HGB in den Gesetzestext schreiben!) zugute kommen.

2. Grundsatz der Entgeltlichkeit der Leistung

a) Vergütung

Nach *bürgerlichem Recht* wird eine *Vergütung* für eine vertragliche Leistung grundsätzlich nur *aufgrund einer Vereinbarung* gezahlt. **301**

■ Überlegen Sie, in welchen Vorschriften des BGB das insbesondere bestimmt ist?

▷ Antwort: vgl. Fußnote[236].

Wird ein *Kaufmann* in Ausübung seines Handelsgewerbes für einen anderen tätig, so kann er eine *Vergütung auch ohne Vereinbarung* (»Verabredung«) verlangen (§ 354 Abs. 1 HGB – lesen!) – »weil ein Kaufmann nichts umsonst tut und das allgemein bekannt ist.«[237]

235 So auch *Brox/Henssler*, Rdnr. 371.
236 **Z. B. §§ 611 Abs. 1, 631 Abs. 1, 2. HS, 652 BGB.**
237 Vgl. *Brox/Henssler*, Rdnr. 369, mit Hinweis auf diese hübsche Formulierung in RGZ 122, 232; vgl. auch *Steding*, WR 1993, 248: »Altruismus ist Kaufleuten grundsätzlich fremd. Mehr als für andere gilt für sie der Grundsatz ›*Pecunia non olet*‹ « (lat.: »Geld stinkt nicht«)!

b) Zinsen

302 Gem. § 354 Abs. 2 HGB kann ein Kaufmann für Darlehen, Vorschüsse, Auslagen und andere Verwendungen vom Tage der Leistung an Zinsen berechnen.

Außerdem können Kaufleute gem. § 353 S. 1 HGB bei beiderseitigen Handelsgeschäften unter der Voraussetzung, dass eine *Forderung fällig* ist, Zinsen fordern.

■ Zur Erinnerung(?): Welche Vorschrift des BGB regelt grundsätzlich die Zinspflicht des Schuldners? Welcher Zinssatz ist dort vorgesehen, »sofern nicht ein anderes bestimmt ist«?

▷ Wenn Sie sofort an § 288 BGB gedacht haben, war das eine gute Idee! Wenn Sie die Vorschrift lesen(!), merken Sie, dass dort aber nur *Verzugs*zinsen angesprochen sind.

Das ist also nicht die Vorschrift, die den – allgemeinen – »gesetzlichen Zinssatz« bestimmt. Der gesetzliche Zinssatz ist in § 246 BGB geregelt. Danach sind für eine Schuld, wenn das Gesetz oder ein Rechtsgeschäft (insbesondere Vertrag) ihre Verzinsung vorsieht, 4% Zinsen zu entrichten, sofern nicht – wie in § 288 BGB – »ein anderes bestimmt ist«. Nach § 288 Abs. 1 S. 2 BGB beträgt der *Verzugszins* im Gegensatz zu § 246 BGB 5% über dem Basiszinssatz (vgl. § 247 BGB und dazu die Fußnote in Ihrem Gesetzestext: Der Basiszinssatz[238] ändert sich halbjährlich und liegt seit dem 1.7.2007 bei 3,19%). Zu § 288 BGB enthält das HGB keine Sondervorschrift!

■ Stimmt das, wenn Sie § 352 HGB lesen?

▷ Ja: § 352 HGB erhöht für beiderseitige Handelsgeschäfte, also für Kaufleute, den »gesetzlichen Zinssatz« des § 246 BGB von 4% auf 5% »mit Ausnahme der Verzugszinsen«. Befindet sich ein Kaufmann in Verzug, muss er gem. § 288 Abs. 1 S. 1 BGB ebenfalls 5% Zinsen über dem Basiszinssatz zahlen.

Oben (Rdnrn. 5–5b) haben Sie erfahren, dass für Kaufleute im HGB teilweise strengere oder weniger strenge Vorschriften gelten als für Nichtkaufleute im BGB. Und Sie haben auch die Gründe dafür erfahren (ggf. oben nachlesen).

§ 352 HGB ist für den Kaufmann, der Schuldner ist, strenger (5% statt 4% Zinsen – ohne Verzug). Zugleich ist diese Vorschrift für den Kaufmann als Gläubiger, der »kassiert«, günstiger.

Kaufleute untereinander (»beiderseitiges Handelsgeschäft«) sollen Forderungen im Interesse der raschen Abwicklung des Handelsverkehrs (mit dem sie beide besser vertraut sind als der nur dem BGB unterworfene »Normalverbraucher« mit dem dort geregelten Rechtsverkehr) höher verzinsen und verzinst bekommen, und zwar schon ab Fälligkeit der Forderung, nicht erst, nachdem sie in Verzug gesetzt wurden. Sie »wissen Bescheid« und müssen nicht mehr gewarnt werden.

»Otto Normalverbraucher« weiß nicht Bescheid und muss zunächst weniger Zinsen zahlen. Wenn er in Verzug kommt, ist er indessen gemahnt bzw. gewarnt

---

238 Abrufbar im Internet unter »www.basiszinssatz.de«.

worden, wie auch der Kaufmann, der sich im Verzug befindet. Wer gewarnt wurde, verdient keinen Schutz mehr und wird gleich behandelt. Wer sich trotz Warnung bzw. Mahnung im Verzug befindet, muss daher 5% über dem Basiszinssatz bezahlen, ob er Kaufmann ist oder nicht!

3.   Vertragsgemäße Leistung

a)   Leistungszeit

§ 271 BGB (lesen!) findet handelsrechtliche Ergänzungen in den §§ 358, 359 **303** HGB (lesen!): Die Leistung kann im Zweifel nicht »sofort«, sondern nur während der gewöhnlichen Geschäftszeit bewirkt und gefordert werden (§ 358 HGB); § 359 HGB klärt (?) die handelsrechtliche Bedeutung der Begriffe »Frühjahr«, »Herbst« sowie »acht Tage«...[239]

b)   Leistungsqualität

Nach bürgerlichem Recht unterscheiden wir Stück- und Gattungsschuld[240], wovon letztere als Sache mittlerer Art und Güte im Gesetz verständlich umschrieben wird (lesen Sie zur Wiederholung § 243 Abs. 1 BGB!). **304**

Für *Kaufleute* gilt darüber hinaus[241] § 360 HGB: Danach ist *Handelsgut* mittlerer Art und Güte zu leisten. Das kann gegenüber § 243 Abs. 1 BGB ein Mehr, aber auch ein Weniger an Qualität bedeuten.[242]

c)   Vertragsstrafe

Vertragsparteien können grundsätzlich vereinbaren, dass der Schuldner im Fall **305** einer Pflichtverletzung einen bestimmten Geldbetrag als Vertragsstrafe zu zahlen hat (§ 339 BGB). Erscheint die vereinbarte Strafe dem Schuldner im Nachhinein unverhältnismäßig hoch, kann sie auf seinen Antrag vom Gericht auf einen angemessenen Betrag herabgesetzt werden. Dies bestimmt § 343 Abs. 1 S. 1 BGB, der damit den Schutz des unerfahrenen Vertragspartners bezweckt. Dieses Schutzes bedarf ein Kaufmann nicht, da er, wie bereits mehrfach angedeutet, als in Rechtsangelegenheiten erfahren gilt. Daher ist gem. § 348 HGB unter den *Voraussetzungen*, dass der *Versprechende Kaufmann ist* und die *Vertragsstrafe im Betrieb seines Handelsgeschäfts vereinbart* worden ist, *eine gerichtliche Herabsetzung nicht* möglich!

---

239 *Für Sommer und Winter gelten also keine handelsrechtlichen Besonderheiten? Doch! Es sind »in ähnlicher Weise bestimmte Zeitpunkte«.*
240 Vgl. *mein SchR AT*, S. 39 ff.
241 *Zur Erinnerung: vgl. Art. 2 Abs. 1 EGHGB.*
242 *Brox/Henssler*, Rdnr. 366.

4. Formfreiheit bestimmter Handelsgeschäfte

306 Wie bereits eingangs[243] erwähnt, kennt das BGB eine Reihe von Formvorschriften[244], die die an dem jeweiligen Rechtsgeschäft Beteiligten vor übereilten Entschlüssen schützen sollen. Da Kaufleute auf Grund ihres geschäftlichen »Knowhows« diesen Schutz nicht benötigen, sieht das HGB zur Erleichterung des handelsrechtlichen Rechtsverkehrs bei einigen dieser Rechtsgeschäfte von Formerfordernissen ab.

So finden gem. § 350 HGB die §§ 766 S. 1 und 2, 780, 781 S. 1 und 2 BGB, die für eine Bürgschaftserklärung, ein Schuldversprechen oder ein Schuldanerkenntnis die Einhaltung der Schriftform verlangen, keine Anwendung, sofern ein *Kaufmann* diese Rechtsgeschäfte als *Handelsgeschäfte* vornimmt. Eine Bank z. B. kann also eine Bürgschaftserklärung mündlich wirksam abgeben. Andererseits steht ihr unter den gleichen Voraussetzungen gem. § 349 HGB auch *keine Einrede der Vorausklage* (vgl. §§ 771, 773 BGB; davon § 771 lesen) zu.

Einige der wichtigsten Sonderregelungen des HGB, die für Kaufleute Abweichungen vom BGB enthalten, finden Sie auf der folgenden Übersicht 22.

---

243 Vgl. *oben* Rdnr. 5.
244 Vgl. dazu *mein* BGB AT, Rdnrn. 258 ff.

Übersicht 22

Einige wichtige Sonderregelungen des HGB für Handelsgeschäfte von Kaufleuten im Vergleich zum BGB		307
BGB	**HGB**	
§ 343: Herabsetzung von Vertragsstrafen	§ 348: Keine Herabsetzung von Vertragsstrafen	
Schriftform bei: § 766: Bürgschaft § 780: Schuldversprechen § 781: Schuldanerkenntnis	§ 350: Formfreiheit, wenn Handelsgeschäft	
§ 246: Gesetzlicher Zinssatz 4% § 288: Verzugszinsen Abs. 1 (nach Mahnung) – 5% über dem Basiszinssatz	§§ 352, 353: 5% Zinsen nach Fälligkeit	
§ 399 Ausschluss der Abtretung	§ 354a Ausschluss unwirksm	
§§ 145 ff.: Schweigen auf Angebot = keine Annahme	§ 362: Schweigen gilt als Annahme, falls nicht unverzügliche Ablehnung erfolgt	
	(Schweigen auf kaufmännisches Bestätigungsschreiben gilt dementsprechend als Genehmigung)	
§ 273: Zurückbehaltungsrecht ■ jeder Schuldner ■ wegen Leistungen aller Art ■ unmittelbar aus dem betreffenden Vertrag ■ an allen Sachen und Rechten ■ Leistungsverweigerungsrecht	§ 369: Kaufmännisches Zurückbehaltungsrecht: ■ jeder Kaufmann ■ nur wegen Geldforderungen ■ aus jedem Rechtsgeschäft mit demselben Gläubiger ■ nur an Wertpapieren und beweglichen Sachen ■ Leistungsverweigerungs- und Verwertungsrecht	
§§ 372 ff.: Bei Annahmeverzug des Gläubigers – keine Hinterlegung aller Waren	§ 373: Bei Annahmeverzug des Käufers – Hinterlegungsbefugnis; ggf. Selbsthilfeverkauf jeder Ware	
§§ 437 ff., 438 Abs. 1 Nr. 3: Käufer kann Mängelrüge bei beweglichen Sachen bis zwei Jahre nach Lieferung geltend machen	§ 377: Bei beiderseitigem Handelskauf Untersuchungspflicht und unverzügliche Rügepflicht; andernfalls Annahme ohne Gewährleistungsrechte nach §§ 437 ff. BGB[245]	

---

245 Dazu ausführlicher unten, Rdnrn. 320 ff.

Literatur zur Vertiefung (Rdnrn. 243–307):

Ahcin/Armbrüster, Grundfälle zum Zessionsrecht, JuS 2000, 549; *Alpmann und Schmidt*, HR, 6. Abschnitt; *Brox/Henssler,* §§ 14–16; *Bülow*, Zweiter Teil, Erster Abschnitt; *Canaris*, §§ 20–28; *Deckert*, Das kaufmännische und berufliche Bestätigungsschreiben, JuS 1998, 121; *Hofmann*, H I–III; *Hübner*, § 6; *Jung*, Kap. 9; *Petersen*, Der gute Glaube an die Verfügungsmacht im Handelsrecht, JURA 2004, 247; *ders.*, Rechtsgeschäftliches Abtretungsverbot im Handelsrecht, JURA 2005, 680; *ders.*, Schweigen im Rechtsverkehr, JURA 2003, 687; *Pfeiffer*, Die laufende Rechnung (Kontokorrent), JA 2006, 105; *Oetker*, § 7; *Richter*, JuS 2007, 647 (s. o. Rdnr. 105); *Riehm*, Aktuelle Fälle zum Bürgschaftsrecht, JuS 2003, 343; *Schärtl*, Das kaufmännische Bestätigungsschreiben, JA 2007, 567; *Steding*, Das kaufmännische Bestätigungsschreiben – eine rechtsgeschäftliche Spezialität, JA 1998, 288; *Wallenberg/Paulus*, Mit oder ohne Fracht?, JA 2006, 28 [Klausurfall]; *Weyer*, Handelsgeschäfte (§§ 343 ff. HGB) und Unternehmergeschäfte (§ 14 BGB), WM 2005, 490.

B. Besondere Handelsgeschäfte

I. Der Handelskauf

Der »Handelskauf« ist das am häufigsten getätigte Handelsgeschäft, für das die **308**
§§ 373–381 HGB Sondervorschriften zu den allgemeinen Regelungen des BGB
(und zu den »allgemeinen Vorschriften« der §§ 343–372 HGB) enthalten. Sinn
dieser Sondervorschriften ist es einmal mehr, die besonderen Erfahrungen der
Kaufleute im Rechtsverkehr zu berücksichtigen und zu ermöglichen, die Rechtsbeziehungen unter Kaufleuten möglichst rasch zu klären und zügig abzuwickeln.[246]

Eine Legaldefinition des Handelskaufs werden Sie in den genannten Sondervorschriften nicht finden. Dennoch sollten Sie sich zunächst die Zeit nehmen, die
§§ 373–381 HGB einmal im Zusammenhang durchzulesen.

■ Grundlage des Handelskaufs ist ein Kaufvertrag i. S. v. § 433 BGB, an dem
 mindestens ein Kaufmann beteiligt sein muss, für den der Vertragsschluss ein
 Handelsgeschäft gem. § 343 HGB ist. Wenn Sie dies nun wissen und (nochmals) die §§ 373 Abs. 1 und 381 Abs. 1 HGB lesen, sollten Sie in der Lage sein,
 die wesentlichen Merkmale des Handelskaufs selbst aufzuschreiben. Versuchen Sie das, bevor Sie weiterlesen!

▷ Aus den genannten HGB-Vorschriften ergibt sich, dass Gegenstand des Handelskaufs Waren oder Wertpapiere sein können. Somit lassen sich die wesentlichen Merkmale des Handelskaufs wie folgt beschreiben:

Der   Handelskauf   ist   **309**

- ein Kaufvertrag i. S. v. § 433 BGB,
- an dem wenigstens ein Kaufmann beteiligt ist,
  für den der Vertragsabschluss ein Handelsgeschäft gem. § 343 HGB ist
  (»Betriebszugehörigkeit«) und
- dessen Gegenstand Waren oder Wertpapiere
  sind (vgl. §§ 373 Abs. 1, 381 Abs. 1 HGB).

310

Waren i. S. d. HGB sind übrigens *bewegliche Sachen*, so dass die Sondervorschriften für den Handelskauf nicht auf Grundstückskaufverträge anwendbar
sind. Auch Rechte und Forderungen, die nicht in Wertpapieren verbrieft sind,
sind nicht Gegenstand eines Handelskaufs!

Außer den *§§ 369, 377 und 379 HGB*, deren Anwendung ausdrücklich ein
beiderseitiges Handelsgeschäft voraussetzt, gelten alle anderen Sondervorschriften in diesem Zweiten Abschnitt des Vierten Buchs des HGB auch für einseitige
Handelskäufe (vgl. nochmals § 345 HGB!).

246 *Creifelds*, »Handelskauf«.

1. Annahmeverzug des Käufers

311 § 373 HGB (lesen!) enthält zur Stärkung der Stellung des Verkäufers besondere *Rechtsfolgen*, die die bürgerlichrechtlichen Regelungen des Annahmeverzugs ergänzen. Gem. § 374 HGB gelten die Vorschriften des BGB über den Annahmeverzug gleichermaßen auch für Kaufleute.

Die *Voraussetzungen* für den Annahmeverzug (Gläubigerverzug) sind daher nach dem BGB zu überprüfen.

■ Gedächtnistraining: Welche Vorschriften sind für den Annahmeverzug nach dem BGB einschlägig?
▷ Die Antwort finden Sie unter Fußnote[247].

312

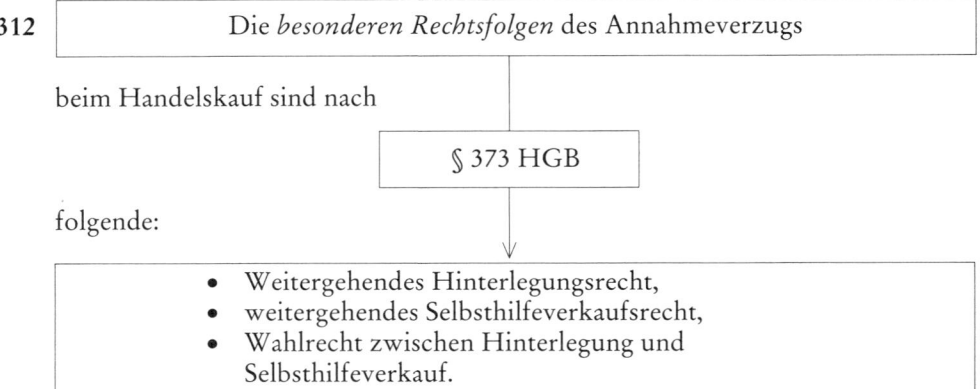

Die *besonderen Rechtsfolgen* des Annahmeverzugs

beim Handelskauf sind nach

§ 373 HGB

folgende:

- Weitergehendes Hinterlegungsrecht,
- weitergehendes Selbsthilfeverkaufsrecht,
- Wahlrecht zwischen Hinterlegung und Selbsthilfeverkauf.

313 Während die §§ 372 ff. BGB[248] die *hinterlegungsfähigen Gegenstände* eng begrenzen und eine öffentliche Stelle, i. d. R. das Amtsgericht, als Hinterlegungsstelle vorsehen, kann nach § 373 Abs. 1 HGB *jede Ware an jedem sicheren Ort*, wie z. B. einem öffentlichen Lagerhaus hinterlegt werden.

314 Der *Selbsthilfeverkauf* gem. § 373 Abs. 2 S. 1 HGB, der grundsätzlich nach *vorheriger Androhung* (falls die Ware nicht verderblich ist) möglich ist, erstreckt sich – im Gegensatz zum BGB, das nur den Selbsthilfeverkauf von nicht hinterlegungsfähigen Sachen zulässt – auf *alle Waren und Wertpapiere*. Der Selbsthilfeverkauf kann gem. § 373 Abs. 2 S. 1 HGB durch einen öffentlich ermächtigten Handelsmakler oder durch öffentliche Versteigerung erfolgen.

2. Bestimmungskauf

315 Ein Bestimmungskauf (auch: Spezifikationskauf) liegt gem. § 375 Abs. 1 HGB vor, wenn dem Käufer einer beweglichen Sache die nähere Bestimmung über

---

247 §§ **293–304 BGB!** *Falls nicht (mehr) gewusst, vgl. mein SchR AT, Rdnrn. 157–167.*
248 I. V. m. § 1 der Hinterlegungsordnung von 1937 (zu finden in der Gesetzessammlung *Schönfelder*, Nr. 121).

Form, Maß oder ähnliche Verhältnisse des Kaufgegenstands vorbehalten ist. In diesem Fall bedeutet diese Befugnis des Käufers zugleich eine Verpflichtung (§ 375 Abs. 1 HGB lesen!).

Beispiel:
Der Autovertragshändler A bestellt beim Hersteller H zehn Einheiten der Baureihe X, wobei er sich die Bestimmung der Farben noch vorbehält (lesen Sie § 375 Abs. 2 HGB).

Kommt der Käufer mit dieser »*Spezifikationspflicht*« in Verzug, kann der *Verkäufer* zwischen folgenden *Rechtsfolgen wählen:* **316**

> - Selbstspezifikation
>   (§ 375 Abs. 2 S. 1, 1. HS HGB)
>   oder
> - nach angemessener Fristsetzung zur Nacherfüllung
>   – Schadensersatz statt der Leistung gem. §§ 280 Abs. 1
>   und 3, 281 BGB
>   oder
>   – Rücktritt vom Vertrag nach § 323 BGB (§ 375 Abs. 2
>   S. 1, 2. HS HGB)
>   oder
> - Hinterlegung (§ 373 Abs. 1 HGB)
>   oder
> - Selbsthilfeverkauf (§ 373 Abs. 2 HGB).

■ »Denksportaufgabe«: Überlegen Sie, warum die Verletzung der Spezifikationspflicht durch Verzug des Käufers auch Rechtsfolgen des § 373 HGB nach sich ziehen kann!

▷ Wenn der Käufer den Kaufgegenstand nicht rechtzeitig näher bestimmt hat, kann er ihn auch nicht rechtzeitig annehmen und befindet sich somit als Gläubiger in Annahmeverzug!

Verlangt der Verkäufer nicht Schadensersatz statt der Leistung gem. §§ 280 Abs. 1 und 3, 281, kann er neben einem der anderen geltend gemachten Rechte Ersatz des eventuellen Verzögerungsschadens gem. §§ 280 Abs. 1 und 2, 286 BGB verlangen.[249]

3. Fixhandelskauf

Ein Fixhandelskauf liegt vor, wenn bei einem Handelskauf eine sog. *Fixklausel* **317** i. S. v. § 376 Abs. 1 HGB i. V. m. § 323 Abs. 2 Nr. 2 BGB (nicht vergessen: Vorschriften lesen!) des Inhalts vereinbart wurde, dass die *Leistung* zumindest des einen Vertragspartners genau *zu einer fest bestimmten Zeit* oder *innerhalb einer*

---

249 Dazu *mein* SchR AT, Rdnrn. 113–138.

fest bestimmten Frist erbracht werden soll. Zweck von § 376 HGB ist es, bei Ausbleiben der Leistung zum vereinbarten Zeitpunkt eine rasche Abwicklung des Vertrags zu ermöglichen.

Nicht ausreichend ist die Bestimmung eines nur kalendermäßigen Fälligkeitstermins, sondern es müssen Zusätze wie z. B. »genau, präzise, fix, spätestens« vereinbart werden.

Beispiel:
»Die Lieferung soll binnen einer Woche fix nach Abruf durch den Käufer erfolgen.«

Der Fixhandelskauf ist ein Sonderfall des sog. *relativen* (= vereinbarten!) bzw. *eigentlichen Fixgeschäfts* nach § 323 Abs. 2 Nr. 2 BGB, das vom gesetzlich nicht geregelten *absoluten* (uneigentlichen) *Fixgeschäft* zu unterscheiden ist:

318 Bei Letzterem kann die Leistung ohne besondere Vereinbarung bereits aufgrund ihrer spezifischen Eigenart nur zu einem bestimmten (»fixen«) Zeitpunkt erbracht werden, ist also nicht nachholbar, sondern wird bei Nichteinhaltung des Termins *unmöglich (Beispiele:* Brautstrauß zur Hochzeitsfeier, Bestellung einer Taxifahrt zum Abflug eines Flugzeugs). Beim relativen Fixgeschäft dagegen bleibt die Leistung nachholbar.

Vom schuldrechtlichen Fixgeschäft unterscheidet sich der Fixhandelskauf in seinen Voraussetzungen nur dadurch, dass Letzterer für einen Vertragspartner ein Handelsgeschäft i. S. v. § 343 HGB ist.

319

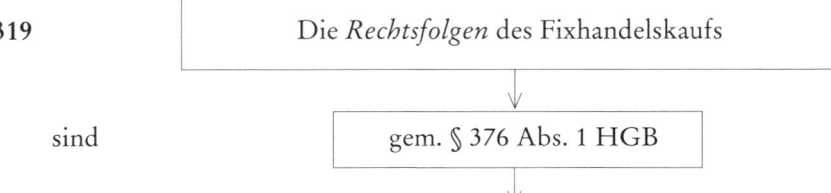

sind

- Rücktrittsrecht des Käufers – unabhängig davon, ob Verkäufer sich im Schuldnerverzug befindet.
- Bei Schuldnerverzug (für den immer Verschulden vorliegen muss – vgl. §§ 286 Abs. 4, 276 Abs. 1 S. 1 BGB) kann der Käufer (ohne Fristsetzung) statt der Erfüllung *Schadensersatz* statt der Leistung gem. §§ 280 Abs. 1 und 2, 281 BGB verlangen[250].
- Will der Gläubiger nicht zurücktreten, bleibt ihm der Erfüllungsanspruch nur bei sofortiger Anzeige erhalten (§ 376 Abs. 1 S. 2 HGB). Nach dem BGB behält der Gläubiger den Anspruch solange, bis er verjährt ist.

Für den Fall, dass Schadensersatz wegen Nichterfüllung verlangt wird, enthält § 376 HGB in den Absätzen 2 und 3 besondere Regelungen zur Schadensberechnung.

---

250 **Entgegen § 281 Abs. 1 S. 1 BGB ohne Nachfristsetzung, da ein »fixer« Termin bestimmt wurde!**

4.   Sonderregelungen für die Mängelhaftung

Ist der Handelskauf *für beide Seiten ein Handelsgeschäft*, sieht § 377 HGB (nicht **320** vergessen: zitierte Vorschriften lesen!) besondere Untersuchungs- und Rügepflichten des Käufers vor, falls die Ware zwar pünktlich, aber nicht ordnungsgemäß geliefert wird. Dies ist entweder der Fall, wenn die Ware mit einem *Qualitätsmangel* (Schlechtlieferung) oder mit einem *Quantitätsmangel* (Mengenfehler) behaftet ist oder eine andere Ware als die bestellte geliefert wird (*Falschlieferung*).

Die Untersuchungs- und Rügepflicht i. S. d. § 377 HGB spielt in der Praxis eine große Rolle, so dass wir Voraussetzungen und Inhalt dieser Pflichten anhand eines Falls betrachten wollen, dessen Lösung (zur Übung) gutachtenähnlich dargestellt wird.

a)   Untersuchungs- und Rügepflicht bei Qualitätsmängeln

Übungsfall 10[251]:	*Kartoffeln mit Hering*	**321**
Privatier P bestellt beim Lebensmittelhändler K fünf Ztr. Kartoffeln der Sorte »Hansa«, die er einkellern will. K, der selbst kein Lager hat, kauft die Kartoffeln beim Großhändler V, der die Kartoffeln unmittelbar zu P bringen sollte. Außerdem bestellt K bei V 50 Dosen eingelegte Heringe, die in seinen Laden geliefert wurden. Als K drei Wochen später von P Bezahlung der Kartoffeln verlangt, erklärt P dem K, die Kartoffeln könnte er zurücknehmen, da sie offenbar uralt sowie größtenteils verschimmelt oder angefault seien. Als dem K von einem anderen Kunden am selben Tag (= nach drei Wochen) eine Dose Heringe zurückgebracht wird, weil sich diesen ungenießbare andere Lebewesen hinzugesellt hatten, öffnet K die restlichen Dosen. Dabei muss er feststellen, dass 25 weitere Dosen verdorben sind. K zeigt daraufhin dem V diese Mängel sofort an und setzt dem V eine Frist zur Nacherfüllung (Lieferung mangelfreier Ware). V meint, dass ihn das nach drei Wochen nichts mehr »angehe« . . . Kann K nach Ablauf der Nachfrist von den mit V geschlossenen Verträgen zurücktreten?		

(I)   Rücktrittsrecht wegen der Kartoffeln:

Ein Rücktrittsrecht des K könnte sich aus § 437 Nr. 2, 1. Var. i. V. m. § 434 Abs. 1 **322** S. 2 Nr. 2 und § 323 Abs. 1 BGB ergeben.

(1) Dies setzt zunächst einen wirksamen Kaufvertrag i. S. v. § 433 BGB voraus, der zwischen V und K geschlossen wurde.

(2) Die Kartoffeln müssen zum Zeitpunkt des Gefahrübergangs (§§ 434 Abs. 1 **323** S. 1, 446 BGB) mangelhaft gewesen sein.

Gem. § 360 HGB schuldete V Kartoffeln »mittlerer Art und Güte«, wozu angefaulte Kartoffeln nicht gehören. Somit liegt ein Sachmangel i. S. v. § 434 Abs. 1 S. 2 Nr. 2 vor, da die gelieferten Kartoffeln für die gewöhnliche Verwendung un-

251 Ähnlich *Alpmann und Schmidt*, HR, Fall 20.

geeignet sind und eine Beschaffenheit, die bei Kartoffeln der gleichen Art üblich ist, nicht aufweisen.

324 (3) Dieser Mangel lag auch schon bei der Übergabe an P, also bei Gefahrübergang (§ 446 BGB), vor.

(4) Somit kann K grundsätzlich unter den Voraussetzungen von § 323 Abs. 1 BGB vom Vertrag zurücktreten. Da

(a) der Kaufvertrag ein gegenseitiger Vertrag ist,

(b) V seine fällige Leistung nicht vertragsgemäß erbracht hat und

(c) K ihm erfolglos eine angemessene Frist zur Nacherfüllung gesetzt hat,

sind diese Voraussetzungen erfüllt.

325 (5 a) Zu berücksichtigen ist jedoch, dass der Kaufvertrag zwischen V und K ein *beiderseitiges Handelsgeschäft* darstellt, da beide Kaufleute i. S. v. § 1 HGB sind und sie den Vertrag im Rahmen ihres Handelsgewerbes (vgl. § 343 HGB) geschlossen haben.

Unter dieser Voraussetzung ist grundsätzlich § 377 HGB zu beachten (lesen Sie davon nochmals Abs. 1!).

(b) Gem. § 377 Abs. 1 HGB muss die »Ware«[252] durch den Verkäufer abgeliefert sein. Ablieferung bedeutet, dass der Käufer oder eine von ihm benannte Person in eine solche tatsächliche räumliche Beziehung zu der Ware kommt, dass er deren Beschaffenheit überprüfen kann.[253]

In unserem Fall ist diese Voraussetzung erfüllt, da die Übergabe an den von K benannten P stattgefunden hat.

(c) Die Ware muss gem. § 377 Abs. 1 HGB weiterhin einen *Mangel* haben. Mangels besonderer Regelungen im HGB ist hier auf einen Sachmangel i. S. v. § 434 BGB abzustellen.

Da die Kartoffeln einen Qualitätsmangel aufweisen, ist auch die Voraussetzung in Form eines Sachmangels i. S. v. § 434 Abs. 1 S. 2 Nr. 2 (vgl. oben Rdnr. 323) gegeben.

326 (6) Rechtsfolge ist nach § 377 Abs. 1 HGB die *Untersuchungs-* und unverzügliche[254] *Rügepflicht*, sofern nicht der Verkäufer den *Mangel arglistig verschwiegen* hat (§ 377 Abs. 5 HGB).

327 (7) Die *Rügepflicht* ist *verletzt*, wenn die (formlose) Rüge inhaltlich nicht als Mängelanzeige erkennbar ist oder wenn sie *nicht rechtzeitig* erfolgt. Die Rechtzeitigkeit hängt davon ab, ob es sich um einen offenen oder *versteckten Mangel* handelt. Bei Unterlassen der Rüge eines offenen Mangels *gilt die Ware* gem. § 377 Abs. 2 HGB *als genehmigt*.

Versteckte Mängel, die bei ordnungsgemäßer Untersuchung nicht erkennbar waren, sind unverzüglich nach ihrer Entdeckung anzuzeigen (§ 377 Abs. 3 HGB).

In unserem Fall lag ein offener Mangel vor, den K erst drei Wochen nach Ablieferung angezeigt hat. Dass die Verspätung durch P verursacht wurde, ändert

---

252 § 377 HGB ist anwendbar auf »Waren« und Wertpapiere (vgl. § 381 Abs. 1 HGB).

253 *Brox/Henssler*, Rdnr. 400.

254 *§ 121 Abs. 1 S. 1 BGB!*

nichts daran, dass die Anzeige nicht unverzüglich erfolgte. K hätte als ordentlicher Kaufmann, der seine Pflicht aus § 377 HGB kennen muss, bei P nachfragen können und müssen. Das Risiko der fehlenden Rechtzeitigkeit hat der Käufer zu tragen, unabhängig davon, ob *sein* Kunde Kaufmann ist oder nicht. Wegen Verletzung der Rügepflicht durch K greift daher § 377 Abs. 2 HGB ein: Die Ware gilt als genehmigt. V hat seinen Vertrag erfüllt, und K hat kein Rücktrittsrecht (oder andere Gewährleistungsrechte) mehr.

(II) Auch wegen der verdorbenen Heringe könnte sich ein Rücktrittsrecht des K aus § 437 Nr. 2, 1. Var., i. V. m. § 434 Abs. 1 S. 2 Nr. 2 und § 323 Abs. 1 BGB ergeben. **328**

Hier gilt das Gleiche wie soeben unter (I) (1)–(6) ausgeführt (Rdnrn. 322–326).
Voraussetzungen dafür sind somit – [zur *Wiederholung* im »Zeitraffer«]:
(1) Kaufvertrag zwischen K und V = liegt vor.
(2) Heringe müssen mangelhaft i. S. v. § 434 Abs. 1 BGB gewesen sein. Da die Heringe verdorben sind, entsprechen sie nicht einem Handelsgut von mittlerer Art und Güte nach § 360 HGB. Somit sind sie mangelhaft i. S. d. § 434 Abs. 1 S. 2 Nr. 2 BGB.
(3) Ob der Mangel bereits bei Gefahrübergang (§ 446 BGB) vorlag, ist nicht mehr feststellbar und wird daher zu Lasten des Verkäufers unterstellt.
(4) Also ist der Rücktritt des K grundsätzlich unter den Voraussetzungen von § 323 Abs. 1 BGB möglich.
(5) a) Da ein beiderseitiges Handelsgeschäft (§ 343 HGB) vorliegt, gilt wieder § 377 Abs. 1 HGB.
     b) Ablieferung von V an K ist erfolgt.
     c) Ein Mangel der Kaufsache i. S. v. § 434 Abs. 1 BGB liegt vor.
(6) Rechtsfolge: Untersuchungs- und Rügepflicht des Käufers nach § 377 Abs. 1 HGB.

■ Überlegen Sie, ob K sich auf § 377 Abs. 3, 1. HS HGB berufen kann, da er unverzüglich nach Entdeckung des Mangels gerügt hat? (Überlegen Sie mit der Sorgfalt eines »ordentlichen Studenten«!)
▷ Bei der Untersuchung der Ware trifft den Kaufmann die kaufmännische Sorgfaltspflicht i. S. v. § 347 HGB. Dazu gehört es, dass er bei (z. B. in Dosen) *verschlossener Ware Stichproben* (durch Öffnung) vornimmt! Die Zahl der Stichproben richtet sich nach der gelieferten Gesamtmenge; als Regel gelten 4%.[255] Da K bei Ablieferung keine Dose geöffnet hat, sondern erst drei Wochen später, hat er seine Untersuchungs(= Stichprobenentnahme)pflicht verletzt und kann sich *nicht* auf einen verdeckten Mangel i. S. v. § 377 Abs. 3 HGB berufen. **329**

K hat somit auch in diesem Fall kein Rücktrittsrecht.

---

255 *Alpmann und Schmidt*, HR, S. 138.

b) Untersuchungs- und Rügepflicht bei Falschlieferung und Quantitätsmängeln

330 Gem. § 378 HGB a. F., der durch das Schuldrechtsmodernisierungsgesetz aufgehoben wurde, traf den Kaufmann die Untersuchungs- und Rügepflicht auch bei Falschlieferungen oder Mengenfehlern. Da der (seit der Schuldrechtsreform[256]) neue § 434 Abs. 3 BGB die Falsch- und die Zuweniglieferung einem Sachmangel gleichstellt, gilt § 377 HGB auch für diese Mängel. Die Regelung des § 378 HGB a. F.[257] bleibt allerdings bei Falschlieferungen und Mengenfehlern bedeutsam für Verträge, die vor dem 1.1.2002 geschlossen wurden. Denn für Schuldverhältnisse, welche vor diesem Termin entstanden sind, hat man die Überleitungsvorschrift des Art. 229 § 5 EGBGB zu beachten, wonach auf solche Schuldverhältnisse noch das bis zum 31.12.2001 geltende Recht anzuwenden ist.

Falschlieferungen oder Mengenabweichungen sind in verschiedenen Formen möglich.

331 Nehmen Sie an, in Fall 10 hat V fünf Ztr. »Melica«-Kartoffeln statt »Hansa«-Kartoffeln geliefert. Die einen sind kleiner und »mehlig« kochend, die anderen sind größer und bissfester.

■ Wie würden Sie diese offenbar mangelhafte Lieferung klassifizieren?
▷ Hier liegt eine Falschlieferung, ein sog. »*qualitatives Aliud*«[258] (Artabweichung) vor. Auch hier gilt § 377 HGB!

332 Liefert V statt der bestellten fünf Ztr. »Hansa« z. B. nur vier Ztr., liegt ein sog. »*quantitatives Aliud*« (Mengenabweichung) vor. Wiederum greift § 377 HGB ein.

333 Liefert V dagegen fünf kg statt fünf Ztr., ist die Abweichung so erheblich, dass V sie auch ohne Rüge des K sofort hätte selbst bemerken müssen. Auch für ihn (V) gilt § 347 HGB! Es handelt sich nunmehr um ein *nicht genehmigungsfähiges quantitatives Aliud (grobe* Mengenabweichung). Da V in diesem Fall mit einer Genehmigung durch K nicht rechnen konnte, soll auch die Genehmigungsfiktion[259] des *§ 377 HGB nicht* eintreten.

334 Liefert V schließlich statt der bestellten »Hansa«-Kartoffeln 5 Ztr. »Delicious«-Äpfel, hat V (entweder »arglistig« oder nach übermäßigem Alkoholkonsum) jedenfalls seine kaufmännische Sorgfaltspflicht so arg verletzt, dass er auch in diesem Fall mit einer Genehmigung durch K nicht rechnen konnte. Er hat ein

---

256 Vgl. dazu *Steck*, NJW 2002, 3201.
257 **§ 378 HGB a.F. lautete:**
   [Untersuchungs- und Rügepflicht bei Falschlieferung oder Mengenfehlern] Die Vorschriften des § 377 finden auch dann Anwendung, wenn eine andere als die bedungene Ware oder eine andere als die bedungene Menge von Waren geliefert ist, sofern die gelieferte Ware nicht offensichtlich von der Bestellung so erheblich abweicht, daß der Verkäufer die Genehmigung des Käufers als ausgeschlossen betrachten mußte.
258 Lat. = »ein Anderes«.
259 Vgl. zur »Fiktion« *mein* BGB AT, Rdnr. 45.

nicht genehmigungsfähiges[260] *qualitatives Aliud* (»grobe« Artabweichung) geliefert, bei dem *§ 377 HGB* ebenfalls *nicht anwendbar* ist!

■ »Wie würden Sie entscheiden«, wenn V dem K nicht weniger, sondern *mehr* Kartoffeln als bestellt hat?

▷ Schwierige Frage – oder? Nicht nur für Sie! Auch unter Rechtsgelehrten herrscht hier keine Einigkeit. Merken wir uns nur die h. M.: Danach muss der Käufer, wenn er nicht unverzüglich gerügt hat, die Mehrlieferung bezahlen, da er damit ein neues Angebot des Verkäufers nicht abgelehnt, sondern angenommen hat.

Als Faustregel für die Festsetzung des Kaufpreises bei Lieferung eines höher- oder minderwertigen Aliud bzw. bei Mehr- oder Zuweniglieferung lässt sich festhalten: Bei höherwertigem Aliud oder bei Mehrlieferung ist der *höhere*, bei minderwertigem Aliud oder Zuweniglieferung der *vereinbarte* Kaufpreis zu zahlen.

Die Voraussetzungen und Rechtsfolgen von § 377 HGB verdeutlicht die folgende Übersicht (23).

---

260 Das Kriterium der Genehmigungsfähigkeit bzw. -unfähigkeit i. S. v. § 378 HGB a. F. wird kritisch untersucht von *Roth*, Rdnrn. 702 ff., am Beispiel: »Faule Eier sind natürlich schlechte Eier, aber Eier der (Güte-)Größenklasse B, wenn solche der Klasse A bestellt waren?«

Übersicht 23

335

Kaufmännische Untersuchungs- und Rügepflicht nach § 377 HGB		
Voraussetzungen		

• Beiderseitiges Handelsgeschäft
• Gegenstand: Kaufvertrag über Waren (oder Wertpapiere – § 381 HGB)
• Ablieferung der Waren durch Verkäufer
• Sachmangel i. S. v. § 434 BGB:
  – Regelfall: Qualitätsmangel
  – Quantitätsmangel und Falschlieferung: Gleichstellung nach § 434 Abs. 3 BGB
• Kein arglistiges Verschweigen durch Verkäufer		

Qualitätsmangel	**Falschlieferung**	**Quantitätsmangel**
Rechtsfolgen bei ordnungsmäßiger Rüge		
• Gewährleistungsrechte nach §§ 437 ff. BGB	• §§ 437 ff. BGB bei genehmigungsfähigem Aliud	• Zurückweisung bei *Mehrlieferung* • Zurückweisung (§ 266 BGB) und Erfüllungsanspruch bei *Zuweniglieferung*
Rechtsfolgen bei nicht ordnungsgemäßer Rüge		
• Ware gilt gem. § 377 Abs. 2 HGB als genehmigt	• Ware gilt gem. § 377 HGB als genehmigt; höherwertiges Aliud: höherer Kaufpreis; minderwertiges Aliud: vereinbarter Kaufpreis!	• Warenmenge gilt gem. § 377 HGB als genehmigt; bei *Mehrlieferung*: höherer Kaufpreis; bei *Zuweniglieferung*: vereinbarter Kaufpreis ohne Nachlieferung!

Literatur zur Vertiefung (Rdnrn. 308–335):

Alpmann und Schmidt, HR, 7. Abschnitt, 1; *Brox/Henssler*, §§ 19, 20; *Bülow*, Zweiter Teil, Zweiter Abschnitt, A; *Canaris*, § 29; *Hofmann*, J, I; *Jung*, Kap. 10; *Lettl*, Die Falschlieferung durch den Verkäufer nach der Schuldrechtsreform, JuS 2002, 866; *Lorenz*, Aliud, peius und indebitum im neuen Kaufrecht, JuS 2003, 36; *ders.*, Sachmangel und Beweislastumkehr im Verbrauchsgüterkauf – Zur Reichweite der Vermutung des § 476 BGB, NJW 2004, 3020; *Mankowski*, Das Zusammenspiel der Nacherfüllung mit den kaufmännischen Untersuchungs- und Rügeobliegenheiten; NJW 2006, 865; *Oetker*, § 8; *Peters*, Zum Anwendungsbereich des § 377 HGB, JZ 2006, 230; Roth, § 31; *Steck*, Das HGB nach der Schuldrechtsreform, NJW 2002, 3201; *Stoppel*, Untersuchungspflichten auf Verkäuferseite im Zusammenspiel mit Untersuchungsobliegenheiten auf der Käuferseite, ZGS 2006, 49; *Thamm/Möffert*, Die Mängelrüge im Handelsverkehr im Lichte jüngster Rechtsprechung, NJW 2004, 2710.

II. Das Kommissionsgeschäft

1. Begriff des Kommissionärs

Bei der Abwicklung ihrer Handelsgeschäfte nehmen Kaufleute bekanntlich[261] **336** häufig Dienste von Hilfspersonen in Anspruch. Dies können unselbstständige (wie Prokurist – §§ 48, 49 HGB, Handlungsbevollmächtigter – § 54 HGB, Ladenangestellter – § 56 HGB) oder selbstständige Hilfspersonen sein. Selbstständige Hilfspersonen des Kaufmanns sind der Handelsvertreter (§§ 84 ff. HGB) und der Handelsmakler (§§ 93 ff. HGB) sowie Kommissionäre (§§ 383 ff. HGB), Frachtführer (§§ 407 ff. HGB), Spediteure (§§ 453 ff. HGB) und Lagerhalter (§§ 467 ff. HGB).

Während Handelsvertreter und Handelsmakler stets in fremdem Namen tätig **337** werden, handeln die vier Letztgenannten immer im eigenen Namen.

Ein Kommissionär (wie auch ein Spediteur) handelt dabei jedoch »für Rechnung eines anderen« (vgl. § 383 Abs. 1 HGB – lesen!). Im Einzelnen lassen sich dieser Vorschrift folgende Merkmale des Kommissionärs bzw. des Kommissionsgeschäfts entnehmen:

Ein Kommissionsgeschäft betreibt, wer **338**
  (1) gewerbsmäßig
  (2) für Rechnung eines anderen
  (3) im eigenen Namen
  (4) Waren oder Wertpapiere ankauft oder verkauft.
Von besonderer rechtlicher Bedeutung sind dabei die Merkmale (2) und (3), das *Handeln für fremde Rechnung* und das *Handeln im eigenen Namen*. Letzteres unterscheidet den Kommissionär vom *Stellvertreter* i. S. d. § 164 Abs. 1 S. 1 BGB, der bekanntlich erkennbar und unmittelbar für einen *anderen* in dessen

---

261 Vgl. *oben*, 5. Kapitel.

Namen, also *in fremdem* Namen handelt. Beim *Kommissionsgeschäft* liegt dagegen *mittelbare Stellvertretung* vor. Berechtigter und Verpflichteter aus dem Rechtsgeschäft, das der Kommissionär als mittelbarer Stellvertreter (seines Auftraggebers) mit dem Dritten abschließt, ist allein der Kommissionär.

2. Die Rechtsstellung des Kommissionärs

339 Der Kommissionär i. S. d. § 383 HGB steht in einem *doppelten Rechtsverhältnis:*
Mit seinem Auftraggeber, dem *Kommittenten,* verbinden ihn der *Kommissionsvertrag* sowie später das *Abwicklungsgeschäft.* Dem *Dritten* gegenüber ist er aus dem *Ausführungsgeschäft* zur Abwicklung verpflichtet.
Verdeutlichen wir uns die Rechtsstellung des Kommissionärs an der folgenden grafischen Skizze:

Übersicht 24a

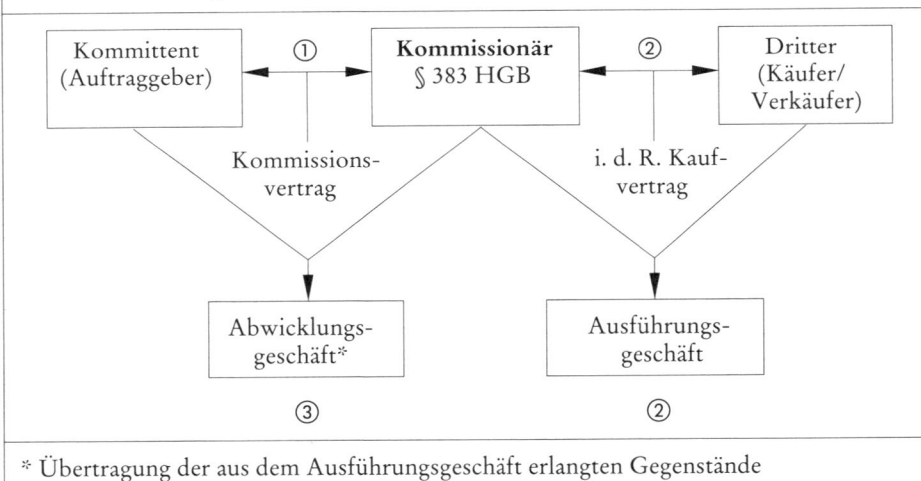

340
Die Rechtsstellung des Kommissionärs

Kommissionär ist gem. § 383 HGB, wer *in eigenem Namen* und *für fremde* (des Kommittenten) *Rechnung* gewerbsmäßig Waren oder Wertpapiere verkauft (= *mittelbare Stellvertretung*).

* Übertragung der aus dem Ausführungsgeschäft erlangten Gegenstände

Bevor wir uns näher mit dem Kommissionsvertrag und dem Ausführungsgeschäft befassen, kurz einiges über die

3. wirtschaftliche Bedeutung des Kommissionsgeschäfts.

Im modernen Warenverkehr hat das Kommissionsgeschäft zunehmend an Be- **341**
deutung verloren, da vornehmlich Handelsvertreter und Vertragshändler u. a. als
Absatzmittler[262] auftreten.

Kommissionsgeschäfte kommen heute noch überwiegend in folgenden Berei-
chen des Wirtschaftslebens vor: Im Kunst- und Antiquitäten (Briefmar-
ken)handel, im Gebrauchtwagenhandel, bisweilen im Import- und Exportge-
schäft und schließlich als sog. *Effektenkommission* im Wertpapiergeschäft, d. h.
beim Ein- und Verkauf von an der Börse zugelassenen Wertpapieren. Hier treten
regelmäßig die Banken als Kommissionäre auf.

Man bezeichnet die in § 383 genannten Kommissionsgeschäfte übrigens als
Einkaufskommission oder als *Verkaufskommission*.

Diesen sog. *eigentlichen* Kommissionen sind gem. § 406 Abs. 2 HGB Geschäfte gleichgestellt, bei denen der Kommissionär einen kaufvertrags*ähnlichen* Vertrag i. S. v. § 651 BGB abschließt.

Darüber hinaus erweitert das Gesetz die Anwendung der §§ 383 ff. auf einige

4. Sonderformen des Kommissionsgeschäfts.

Lesen Sie hierzu § 406 Abs. 1 HGB! Das, was in Satz 1 angesprochen wird, be- **342**
zeichnet man als *Geschäftsbesorgungskommission* (auch: *uneigentliche* Kommission).

Sie liegt demnach vor, wenn ein Kommissionär Geschäfte abschließt, die sich
auf *andere Gegenstände als Waren oder Wertpapiere* beziehen.

Beispiel: »Verlagskommission« – Verleger übernimmt es als Kommissionär, ein
literarisches Werk für den Verfasser als Kommittenten, also auf dessen Rechnung,
zu vertreiben.

Außerdem fällt unter § 406 Abs. 1 S. 2 HGB die sog. *Gelegenheitskommission*.

Sie liegt vor, wenn ein Kaufmann, der nicht gewerbsmäßiger Kommissionär
ist, im Betrieb seines Handelsgewerbes ein Kommissionsgeschäft vornimmt.

Beispiel: Ein Buchhändler verkauft auf Rechnung eines Kunstmalers dessen
Bilder, die er vorher in Kommission genommen hat.

Einen zusammenfassenden Überblick über die Arten des Kommissionsgeschäfts gibt

---

262 *Vgl. oben, Rdnrn. 107–121 u. 130–133.*

Übersicht 24b

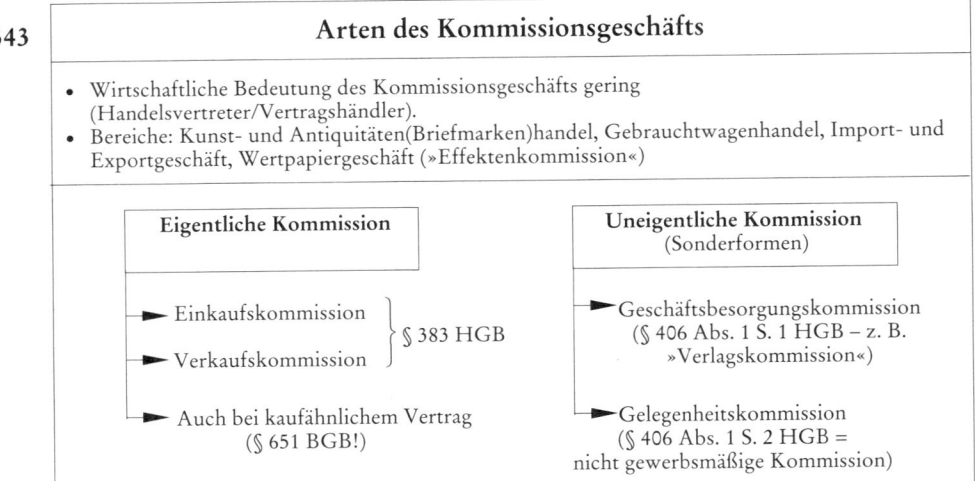

343

Arten des Kommissionsgeschäfts
• Wirtschaftliche Bedeutung des Kommissionsgeschäfts gering (Handelsvertreter/Vertragshändler).   • Bereiche: Kunst- und Antiquitäten(Briefmarken)handel, Gebrauchtwagenhandel, Import- und Exportgeschäft, Wertpapiergeschäft (»Effektenkommission«)

Eigentliche Kommission

► Einkaufskommission
► Verkaufskommission } § 383 HGB

► Auch bei kaufähnlichem Vertrag
(§ 651 BGB!)

Uneigentliche Kommission
(Sonderformen)

►Geschäftsbesorgungskommission
(§ 406 Abs. 1 S. 1 HGB – z. B.
»Verlagskommission«)

►Gelegenheitskommission
(§ 406 Abs. 1 S. 2 HGB =
nicht gewerbsmäßige Kommission)

Betrachten wir nun die

5. Rechtsnatur des Kommissionsvertrags

etwas näher.

344 Der Kommissionsvertrag regelt die Rechte und Pflichten im Verhältnis von Kommittent zu Kommissionär. Es ist ein formlos gültiger Vertrag, der eine entgeltliche Geschäftsbesorgung zum Inhalt hat. Sofern sich aus dem HGB keine Besonderheiten ergeben, auf die unten noch eingegangen wird, gelten für diesen Vertrag die Vorschriften des BGB über den entgeltlichen Geschäftsbesorgungsvertrag, d. h. zunächst § 675 BGB (lesen!).

Auf diesen Vertrag finden also einige Vorschriften über den Auftrag, der eine *un*entgeltliche Geschäftsbesorgung zum Inhalt hat, entsprechende Anwendung.

Ob es sich beim Kommissionsvertrag um einen Dienst- oder Werkvertrag handelt, kann man beurteilen, wenn man den grundsätzlichen Unterschied zwischen einem Dienstvertrag i. S. d. § 611 BGB und einem Werkvertrag i. S. d. § 631 BGB kennt: Während der Dienstverpflichtete beim Dienstvertrag nur das Tätigwerden als solches schuldet, schuldet der Unternehmer beim Werkvertrag auch den Erfolg seiner Tätigkeit.[263]

Handelt es sich daher bei der Tätigkeit des Kommissionärs um eine einmalige Geschäftsbesorgung, gilt Werkvertragsrecht. Wird der Kommissionär für den Kommittenten dauernd tätig, liegt ein Dienstvertrag vor.

345 Diese Abgrenzungsfrage ist nicht nur von akademischer Bedeutung, sondern hat praktische Auswirkungen: So können z. B. beim Dienstvertrag beide Parteien

---

263 Vgl. *mein* SchR BT, Rdnrn. 258, 261.

(nach § 626 oder § 627 BGB) jederzeit kündigen, während beim Werkvertrag allein der Kommittent ein Kündigungsrecht gem. § 649 BGB hat.

Zum andern gelten verschiedene Verjährungsfristen für Schadensersatzansprüche bei mangelhafter Durchführung der Kommission:

Mangels besonderer Regelungen gilt für den Dienstvertrag die allgemeine Verjährungsfrist des § 195 BGB von drei Jahren, während für Ansprüche aus dem Werkvertrag gem. § 634a Abs. 1 Nr. 1 BGB (für bewegliche Sachen) die kürzere Frist von zwei Jahren gilt.

Ob Dienst- oder Werkvertrag, immer handelt es sich beim Kommissionsvertrag um einen *gegenseitigen* Vertrag.[264]

Falls der Kommissionär z. B. mit seiner Leistung in Verzug kommt oder sie ihm unmöglich wird, bedeutet dies, dass für diese Leistungsstörungen neben den §§ 275 ff. und §§ 280 ff. BGB die §§ 320 ff. BGB anzuwenden sind.

Wiederholen Sie das Wichtigste zur Rechtsnatur des Kommissionsvertrags nochmals anhand der folgenden grafischen Übersicht 24c:

Übersicht 24c

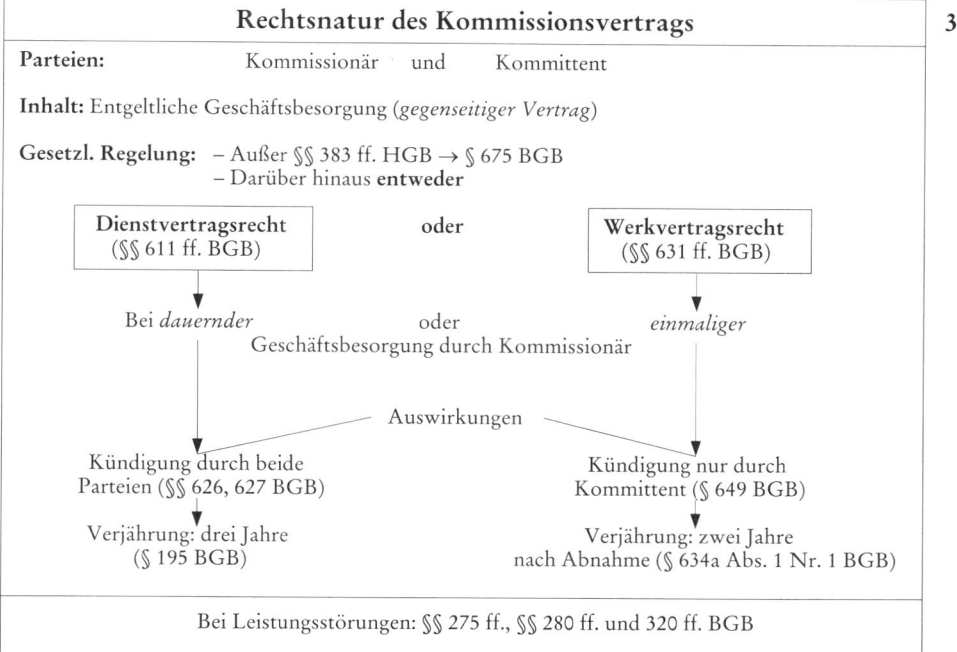

| Rechtsnatur des Kommissionsvertrags | 346 |

Parteien: Kommissionär   und   Kommittent

Inhalt: Entgeltliche Geschäftsbesorgung *(gegenseitiger Vertrag)*

Gesetzl. Regelung: – Außer §§ 383 ff. HGB → § 675 BGB
                – Darüber hinaus **entweder**

Dienstvertragsrecht (§§ 611 ff. BGB)   oder   **Werkvertragsrecht** (§§ 631 ff. BGB)

Bei *dauernder*   oder   *einmaliger*
Geschäftsbesorgung durch Kommissionär

Auswirkungen

Kündigung durch beide Parteien (§§ 626, 627 BGB)   Kündigung nur durch Kommittent (§ 649 BGB)

Verjährung: drei Jahre (§ 195 BGB)   Verjährung: zwei Jahre nach Abnahme (§ 634a Abs. 1 Nr. 1 BGB)

Bei Leistungsstörungen: §§ 275 ff., §§ 280 ff. und 320 ff. BGB

---

264 Ausführlich hierzu *mein* SchR AT, 2. Kapitel, I 1.

6. Pflichten und Rechte des Kommissionärs

Lesen Sie hierzu

347

Übungsfall 11	

> »Der verschleuderte Gebrauchtwagen«:
>
> Auto- und Oldie-Fan Anton (A) befindet sich in Liquiditätsschwierigkeiten. Schweren Herzens entschließt er sich zur Veräußerung seines liebevoll gepflegten 40 Jahre alten Porsches »Super 90«, den er 20 Jahre zuvor als unfallfreies Fahrzeug gekauft hat. Er beauftragt den Gebrauchtwagenhändler Karl Knete (K), den Porsche für ihn »nicht unter 30 000 €« zu verkaufen. K hatte als Fachmann indessen Bedenken bekommen, ob das Auto auch wirklich unfallfrei sei. Als sich sein Verdacht nach genaueren Untersuchungen verstärkte, glaubt K zugunsten des A zu handeln, als der Autonarr Donald (D) 20 000 € bietet und verkauft den Oldie zu diesem Preis.
> A ist »sauer« und fragt nach seinen Rechten.

Zwischen Auftraggeber (Kommittent) A und Kommissionär K wurde ein Kommissionsvertrag i. S. v. § 383 HGB i. V. m. § 675 BGB geschlossen.

Die Rechte des Kommittenten ergeben sich aus den

a) Pflichten

des Kommissionärs:

Lesen Sie zunächst § 384 Abs. 1 HGB!

348   Danach hat K eine *Aus- und Durchführungspflicht*, d. h. der Kommissionär ist verpflichtet, das sog. *Ausführungsgeschäft* vorzunehmen.

Eine weitere Hauptpflicht des Kommissionärs ergibt sich aus § 384 Abs. 2 HGB (lesen!). Maßgeblich ist vor allem der letzte Halbsatz! Danach trifft den Kommissionär eine *Herausgabepflicht*, d. h. er hat dem Kommittenten das durch das Ausführungsgeschäft Erlangte herauszugeben (vgl. Übersicht 19a: »Abwicklungsgeschäft«).

Neben der Ausführungspflicht und der Herausgabepflicht als gegenseitige Hauptpflichten treffen den Kommissionär noch einige Nebenleistungspflichten.

349   Aus § 384 Abs. 1 HGB, der verlangt, dass der Kommissionär die Interessen des Kommittenten wahrzunehmen hat, folgt eine allgemeine *Treuepflicht*, die in den §§ 387 und 388 HGB konkretisiert wird. Lesen Sie dazu § 387 Abs. 1 HGB!

Dazu folgender kleiner

Übungsfall 12	

> A hat den K angewiesen, eine antike Uhr »in Kommission« für 2 000 € zu verkaufen. D bietet dem K 3 000 €.
> Darf K den Vertrag zu diesem Preis schließen und ggf. den Überschuss von 1 000 € behalten?

■ Die Antwort ergibt sich aus § 387 Abs. 1 i. V. m. § 384 Abs. 1, 2. HS und Abs. 2, 2. HS HGB (lesen und wieder einmal selbst überlegen!).

▷ K muss den Vertrag zu 3 000 € abschließen und dem A diese 3 000 € herausgeben!

Aus § 384 Abs. 1, 2. HS i. V. m. § 385 Abs. 1 HGB (lesen!) wird außerdem eine *Gehorsamspflicht* des Kommissionärs hergeleitet.

Bei Verstoß gegen diese Pflicht ist der Kommissionär ggf. zum Schadensersatz verpflichtet, sofern sich nicht aus § 385 Abs. 2 HGB i. V. m. § 665 BGB ergibt, dass er von den Weisungen des Kommittenten ausnahmsweise abweichen darf.

Aus § 384 Abs. 2, 2. HS HGB ergibt sich weiterhin eine *Rechenschaftspflicht* **350** und aus § 384 Abs. 3 HGB schließlich eine *Benachrichtigungspflicht*.

Dazu gehören insbesondere die Ausführungsanzeige und die Nennung des Vertragspartners.

Prägen Sie sich die Pflichten des Kommissionärs nochmals ein anhand von

Übersicht 24d

Pflichten des Kommissionärs   **351**

• Aus- bzw. Durchführungspflicht: § 384 Abs. 1 HGB
• Herausgabepflicht: § 384 Abs. 2 HGB

Gegenseitige   Hauptpflichten

Außerdem:

Nebenleistungspflichten:

• Treuepflicht: § 384 Abs. 1 i. V. m. §§ 387 u. 388 HGB
• Gehorsamspflicht: § 384 Abs. 1, 2. HS i. V. m. § 385 Abs. 1 HGB
• Rechenschaftspflicht: § 384 Abs. 2, 2. HS HGB
• Benachrichtigungspflicht: § 384 Abs. 3 HGB

Aus diesen Pflichten des Kommissionärs folgen entsprechende Rechte des **352** Kommittenten, so dass wir nun in der Lage sind, Fall 11 vollständig zu lösen, in dem der Kommittent A nach seinen Rechten fragt.

Da Kommissionär K das Auto entgegen den Weisungen des A unter 30 000 € an den Dritten D verkauft hat, könnte er gegen die aus § 384 Abs. 1 i. V. m. § 385 Abs. 1 HGB folgende Gehorsamspflicht verstoßen haben.

Grundsätzlich käme daher ein Schadensersatzanspruch des A gegen K gem. § 385 Abs. 1 HGB in Betracht.

Unterstellen wir aber, dass es sich, was unser Fall letztlich offenlässt, bei dem Porsche tatsächlich um einen Unfallwagen handelt, so ist folgendes zu erwägen:

Da sich ein Unfall immer erheblich wertmindernd auswirkt und manche Interessenten gar vom Kauf des Autos abhält, konnte A eigentlich froh sein, dass er noch 20 000 € bekam. Ihm ist somit gar kein Schaden entstanden. K hat mit dem Verkauf zu 20 000 € vielmehr die Interessen des A gewahrt und durfte angesichts der Sachlage gem. § 385 Abs. 1 HGB i. V. m. § 665 S. 1[265] BGB von den Weisungen des A abweichen und davon ausgehen, dass A diesen Verkauf billigen würde.

Ein Anspruch des Kommittenten A ist daher nicht begründet.

Ist ein Kommissionsgeschäft ordnungsgemäß durchgeführt, so interessieren die

b) Rechte (Ansprüche)

353 des Kommissionärs:

Gem. § 396 Abs. 1 S. 1 HGB hat der Kommissionär einen *Provisionsanspruch*, der ihm allerdings erst *nach* Abschluss des Ausführungsgeschäfts zusteht. Das bedeutet konkret, dass der Kommissionär die Provision erst fordern kann, wenn das Geschäft von dem *Dritten* erfüllt worden ist.

»Ausführung« i. S. v. § 396 Abs. 1 S. 1 HGB liegt also nicht schon vor, wenn der Kommissionär seine Leistung aus dem Kommissionsvertrag erbracht hat, indem er einen Vertrag mit einem Dritten *geschlossen* hat.

Davon macht § 396 Abs. 1 S. 2 HGB zwei Ausnahmen (lesen!).

354 Eine *Auslieferungsprovision trotz Nichtauslieferung* kann z. B. ortsüblich sein, wenn der Kommissionär bei der Verkaufskommission Ware für den Kommittenten einige Zeit verwahrt hat und die Ware dann vor Übergabe an den Dritten ohne Verschulden des Kommissionärs untergeht (= Provision als Entgelt für die Verwahrung).

Denkbar ist folgendes *Beispiel* bei einer Einkaufskommission:

> K sollte für A einen Gebrauchtwagen von D kaufen. K schließt Samstagvormittag einen Vertrag mit D ab, der das Auto am Montag liefern soll. Beim Sonntagsspaziergang besichtigt A das Auto schon einmal auf dem Gelände des D. Kurze Zeit später verursacht die von A achtlos weggeworfene Zigarette auf dem Gelände des D einen Brand, bei dem das für A bestimmte Auto vollends zerstört wird. K kann die Auslieferungsprovision verlangen, obwohl A das Auto nicht mehr bekommt.

355 Neben dem Provisionsanspruch hat der Kommissionär (hier: K) ggf. einen *Anspruch auf Aufwendungsersatz* gem. § 396 Abs. 2 HGB i. V. m. §§ 675 und 670 BGB, d. h. er kann Ersatz der Aufwendungen verlangen, die er den Umständen nach für erforderlich halten durfte.

Dazu gehört z. B. eine Vergütung für die Benutzung von Lagerräumen oder Beförderungsmitteln des Kommissionärs oder Fahrtkosten, die dieser benötigte, um zum Ort des Vertragsschlusses mit dem Dritten zu gelangen.

---

265 Dass K dabei übersehen hat, dem A gem. § 665 S. 2 BGB von der Abweichung vorher Anzeige zu machen, steht diesem Ergebnis nicht entgegen, da dem A kein Schaden entstanden ist.

Sämtliche Ansprüche des Kommissionärs sind gem. § 397 HGB durch ein gesetzliches Pfandrecht am Kommissionsgut gesichert.

Weitere Rechte bzw. Ansprüche des Kommissionärs, die hier nicht näher beschrieben, sondern nur aufgezählt werden, ergeben sich aus den §§ 394, 398, 399 und §§ 400 ff. HGB. Dazu

Übersicht 24e

Rechte (Ansprüche) des Kommissionärs	356

Provisionsanspruch: § 396 Abs. 1 S. 1 HGB

– Nach »*Ausführung*« des Geschäfts: Nicht schon mit Vertragsschluss des Ausführungsgeschäfts, sondern erst *nach Erfüllung durch Dritten*.

Ausnahmen: »Auslieferungsprovision« trotz Nichtauslieferung ortsüblich
(§ 396 Abs. 1 oder
S. 2 HGB) Unterbleiben des Ausführungsgeschäfts aus einem allein in der Person des Kommittenten liegenden Grund
– (Provisionszahlung ist *gegenseitige* Pflicht des Kommittenten)

Anspruch auf Aufwendungsersatz: § 396 Abs. 2 HGB i. V. m. §§ 675 und 670 BGB
– z. B.: Benutzungsvergütung für Lagerräume od. Beförderungsmittel; Fahrtkosten des Kommissionärs

....

§ 394 HGB:	evtl. Delkredereprovision
§§ 397, 398 HGB:	Gesetzliches Pfandrecht am Kommissionsgut
§ 399 HGB:	Bevorzugte Befriedigung aus Forderungen aus Ausführungsgeschäft
§§ 400 ff. HGB:	Selbsteintritt des Kommissionärs

Neben dem Kommissionsvertrag schließt der Kommissionär im eigenen Namen für Rechnung des Kommittenten, wie bereits mehrfach erwähnt, einen Vertrag mit einem Dritten, das sog.

7. Ausführungsgeschäft

Die rechtlichen Auswirkungen dieser Konstellation soll folgender Fall verdeutlichen. 357

Übungsfall 13	

A gibt dem K wiederum einen Gebrauchtwagen zum Verkauf »in Kommission«. K verkauft den Wagen an D. Unter welcher Voraussetzung kann A von D als Schuldner der Kaufpreisforderung diese direkt von D verlangen?

A müsste Inhaber dieser Forderung sein! Dies ist aber zunächst der K als alleiniger Vertragspartner des D. K müsste diese Forderung daher an A gem. § 398 BGB abtreten mit der Folge, dass A als neuer Gläubiger an die Stelle von K tritt.

Daher bestimmt § 392 Abs. 1 HGB konsequenterweise, dass der Kommittent Forderungen aus dem Ausführungsgeschäft gegen den Dritten nur nach deren Abtretung geltend machen kann (§ 392 Abs. 1 HGB lesen!).

Solange die Forderung an den Kommittenten, dem sie ja *wirtschaftlich* zusteht, nicht abgetreten ist, besteht für den Kommittenten eine gewisse Gefahr, die Forderung ggf. nicht realisieren zu können.

Nehmen wir z. B. an, K, der noch Inhaber der Forderung gegen D ist, befindet sich in Liquiditätsschwierigkeiten, und sein Gläubiger G verlangt die Erfüllung einer Forderung.

K könnte nun die Forderung, die er gegen den Dritten aus dem Ausführungsgeschäft erlangt hat, an seinen Gläubiger abtreten. Da K rechtlich Inhaber der Forderung ist, wäre diese Abtretung nach § 398 BGB wirksam!

358 Die Frage, wie sich der Kommittent dagegen schützen kann, behandelt

Übungsfall 14	

K verkauft das Auto des A »in Kommission« an D. Die Kaufpreisforderung tritt K an seinen Gläubiger G zur Sicherung eines Darlehens ab.
Ist G Inhaber dieser Forderung geworden?

Nach § 398 BGB sicherlich ja, aber lesen Sie nun § 392 Abs. 2 HGB!

Das bedeutet für unseren Fall, dass die Abtretung der Forderung von K an G unwirksam ist, da ihm gegenüber aufgrund der Regelung des § 392 Abs. 2 HGB nicht K, sondern der Kommittent A als Inhaber der Forderung gilt (Fiktion!).

(Im Gegensatz zum gutgläubigen Eigentumserwerb ist ein gutgläubiger Forderungserwerb nach deutschem Privatrecht nicht möglich!)

Übersicht 24f

Das Ausführungsgeschäft	359

- **Vertragspartner:** Kommissionär und Dritter
- **Forderungsrecht des Kommittenten gegenüber Dritten:**

  Erst nach Abtretung durch den Kommissionär an den Kommittenten (§ 392 Abs. 1 HGB)

- **Schutz des Kommittenten:**

  Solange Forderung nicht an Kommittenten abgetreten ist, *gilt* sie für Kommissionär oder dessen Gläubiger gem. *§ 392 Abs. 2 HGB* (= kein gutgläubiger Forderungserwerb) als Forderung des Kommittenten.

8. Gefährliche Dreierbeziehung?

Aus der Rechtsstellung des Kommissionärs als Vertragspartner des Kommissi- 360 onsvertrags einerseits und des Ausführungsgeschäfts andererseits können sich Probleme ergeben, wenn der Dritte schuldhaft seine Vertragspflichten verletzt und dadurch die Erfüllung des Ausführungsgeschäfts erschwert oder unmöglich macht. Dazu

Übungsfall 15	

K hat für A »in Kommission« (= im eigenen Namen ...) einen Gebrauchtwagen für 5 000 €, die A ihm gegeben hatte, (ein)gekauft. Die Übergabe des Autos soll in drei Tagen stattfinden. Einen Tag später wird das Auto durch Verschulden des Verkäufers D (der den Kaufpreis von K schon bekommen hat) zerstört.
A will Schadensersatz!

Um Schadensersatz verlangen zu können, braucht A eine Anspruchsgrundlage 361 gegen den Schädiger D. Da ein Vertrag zwischen A und D nicht besteht, ist an deliktische Ansprüche zu denken: § 823 Abs. 1 BGB scheidet allerdings als Anspruchsgrundlage aus, denn das Auto stand noch im Eigentum des D. A hat einen Vermögensschaden, der allenfalls über § 823 Abs. 2 BGB ersetzt werden könnte. D hat aber kein Schutzgesetz im Sinne dieser Vorschrift verletzt!

Im Deliktsrecht ist Geschädigter und damit grundsätzlich allein Ersatzberechtigter derjenige, dessen Rechte, Rechtsgüter oder ggf. auch Vermögen durch eine Handlung verletzt worden sind.

Schadensersatz als Folge eines (leistungs-)gestörten Vertrags kann grundsätzlich nur der Vertragspartner bzw. beim Vertrag zugunsten Dritter (oder mit Schutzwirkung für Dritte) der Begünstigte verlangen.

Allgemein gilt im Schadensersatzrecht der »Grundsatz der Subjektbezogenheit des Schadens«[266]: Verletzter und Geschädigter müssen dieselbe Person sein; trifft der Schaden eine andere Person als den Verletzten, kann der Geschädigte mangels einer Anspruchsgrundlage regelmäßig keinen Ersatz verlangen.

362   Von diesem Grundsatz wird durch das Rechtsinstitut der sog. **Drittschadensliquidation**[267] eine Ausnahme gemacht. Die Drittschadensliquidation wurde von der Rechtsprechung und Lehre zur Regelung des unbefriedigenden Zustands geschaffen, bei dem jemand einen Anspruch gegen den Schädiger hat, ohne selbst einen Schaden zu haben. Der Schaden liegt *zufällig* bei einem Dritten, der jedoch keinen Anspruch gegen den Schädiger hat. Die Geltendmachung eines Anspruchs im Wege der Drittschadensliquidation hat (»prüfungssystematisch geordnet«) *vier Voraussetzungen:*

(1) *Anspruch* gegen den Schädiger, (2) *zufällige Schadensverlagerung* vom Anspruchsinhaber auf den Geschädigten (wobei der Schädiger damit rechnen konnte oder musste, dass dieser Schaden beim Anspruchsinhaber eintritt), (3) *Geschädigter hat keinen Anspruch* gegen Schädiger und (4) zwischen Geschädigtem und Anspruchsinhaber muss eine *Interessenverknüpfung* bestehen!

Genau dies ist die Lösung für unseren Fall:

363   (1) K hat gegen den Schädiger D einen Anspruch aus §§ 280 Abs. 1 und 3, 283 BGB: Zwischen K und D besteht ein Schuldverhältnis (Kaufvertrag i. S. d. § 433 BGB) und die *Leistung* des D (Lieferung des Autos) wurde *nachträglich objektiv unmöglich*, so dass die Leistungspflicht des D gem. § 275 Abs. 1 BGB ausgeschlossen ist. In der Nichtlieferung des Autos liegt eine Pflichtverletzung durch D i. S. v. § 280 Abs. 1, die D, der die Zerstörung des Autos verschuldet hat, gem. §§ 280 Abs. 1 S. 2, 276 Abs. 1 S. 1 und Abs. 2 BGB zu vertreten hat. *Aber:* K hat keinen Schaden (er hat den Kaufpreis mit dem Geld des A bezahlt).

(2) Der Schaden hat sich somit zufällig auf A verlagert.

(3) A als Geschädigter hat keinen Anspruch gegen D. §§ 280 Abs. 1 und 3, 283 BGB scheitern als Anspruchsgrundlage, da zwischen A und D kein Vertrag besteht, und § 823 Abs. 1 BGB scheidet mangels Rechtsgutverletzung aus (das Auto befand sich – § 929 S. 1 BGB! – noch im Eigentum des D).

(4) Zwischen A und K bestand *aufgrund des Kommissionsvertrags eine Interessenverknüpfung.*

Rechtsfolge ist, dass K den Schaden des A bei D geltend machen kann[268] und seinen Anspruch gegen D dann analog § 285 Abs. 1 BGB an A abtreten muss. Die Gefahr für A hielt sich in dieser Beziehung also in Grenzen!

Das Prüfungsschema für die Drittschadensliquidation verdeutlicht Übersicht 25:

---

266 Vgl. Hk-BGB/*Schulze*, vor §§ 249–259, Rdnr. 26.
267 Ausführlicher dazu *mein* SchR BT, S. 155 ff. sowie BGH NJW 1998, 1864 mit Besprechung von *Emmerich*, JuS 1998, 947.
268 Vgl. *Baumbach/Hopt*, § 383, Rdnr. 14.

Übersicht 25

Drittschadensliquidation

363a

I. Voraussetzungen

1. Anspruch gegen Schädiger → §§ 280 Abs. 1 und 3, 283 BGB
2. Zufällige Schadensverlagerung
3. Geschädigter hat keinen Anspruch gegen Schädiger
4. Interessenverknüpfung zwischen Anspruchsinhaber und Geschädigtem

II. Rechtsfolge

Abtretung des Anspruchs von Anspruchsinhaber an Geschädigten →
§ 285 BGB

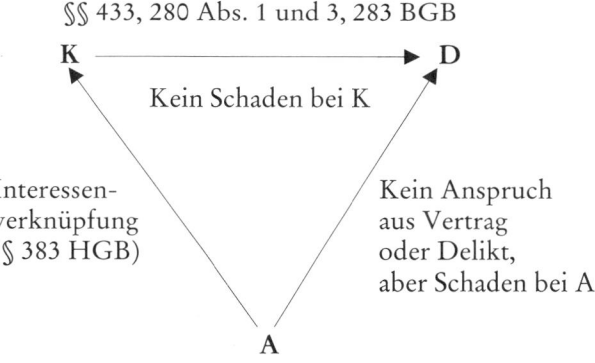

§§ 433, 280 Abs. 1 und 3, 283 BGB

K ──────────────→ D

Kein Schaden bei K

Interessen-
verknüpfung
(§ 383 HGB)

Kein Anspruch
aus Vertrag
oder Delikt,
aber Schaden bei A

A

III. Transportgeschäfte

Durch das parallel zum Handelsrechtsreformgesetz am 1.7.1998 in Kraft getrete- **364**
ne Transportrechtsreformgesetz ist das gesamte Transportrecht des HGB neu geregelt worden. Das Transportrecht hat sich immer mehr zu einem eigenständigen
Rechtsgebiet entwickelt und kann in einem Grundriss, der nur einen ersten Einstieg ins Handelsrecht vermitteln will, nur in einem kurzen Überblick dargestellt
werden. Die Transportgeschäfte – das Frachtgeschäft und das Speditionsgeschäft
– sowie das Lagergeschäft sind in dieser neuen Reihenfolge im Vierten bis Sechsten Abschnitt des Vierten Buchs des HGB in den §§ 407–475h HGB geregelt, die
das zuvor geltende Transportrecht harmonisiert und die zum Teil zersplitterten
und verstreuten Einzelregelungen[269] zusammengeführt haben.

---

269 Vgl. dazu den Anhang bei *Müglich*, Anlagen 2–20.

1. Das Frachtgeschäft

365 Die Regelungen des Frachtgeschäfts sind im Vierten Abschnitt (§§ 407–452 d HGB) in drei Unterabschnitte gegliedert: Die Allgemeinen Vorschriften (§§ 407–450 HGB) gelten für alle Frachtgeschäfte zu Lande und auf Binnengewässern, die §§ 451–451 h HGB enthalten Sonderregelungen für die Beförderung von Umzugsgut und die §§ 452–452 d HGB stellen Sonderregelungen für einheitliche Frachtverträge über die Beförderung mit verschiedenartigen Beförderungsmitteln auf.

Die Kaufmannseigenschaft ist für die Geltung des Frachtrechts nicht Voraussetzung, d. h., die Vorschriften finden auch auf Kleingewerbetreibende Anwendung, die auf eine Eintragung ins Handelsregister nach § 2 HGB verzichtet haben (§ 407 Abs. 3 S. 2 HGB).

a) Der Frachtvertrag

366 Durch den Frachtvertrag, der zwischen Absender und Frachtführer geschlossen wird, wird Letzterer verpflichtet, das Frachtgut zum Bestimmungsort zu befördern und dort an den Empfänger abzuliefern (§ 407 Abs. 1 HGB – lesen!), während der Absender verpflichtet wird, die vereinbarte Frachtvergütung, die der Gesetzgeber etwas unglücklich nur mit »Fracht« bezeichnet (§ 407 Abs. 2 HGB), zu zahlen. Seiner Rechtsnatur nach ist der Frachtvertrag ein Werkvertrag i. S. v. § 631 BGB, auf den auch die Vorschriften über den Geschäftsbesorgungsvertrag, also die §§ 675 ff. BGB anzuwenden sind.

b) Die Rechtsstellung des Frachtführers

367 Der Versender (meist ein Verkäufer, möglicherweise aber auch ein Kommissionär oder – s. u. – ein Spediteur) schließt mit dem Frachtführer einen Frachtvertrag und mit dem Empfänger einen Liefervertrag (i. d. R. handelt es sich dabei um einen Kaufvertrag, der beiderseits ein Handelskauf ist). Unmittelbare Vertragsbeziehungen bestehen also zwischen Versender und Frachtführer sowie zwischen Versender und Empfänger. Zum Empfänger hat der Frachtführer somit nur mittelbare Beziehungen. Der Empfänger hat jedoch gegenüber dem Frachtführer bestimmte Rechte und Pflichten, die sich aus den §§ 421 und 418 HGB (lesen!) ergeben. Anhand einer grafischen Skizze lässt sich dieses Dreiecksverhältnis[270] wie folgt verdeutlichen:

---

270 Vgl. die stringente Darstellung bei *Schünemann*, B I 6 (Transport).

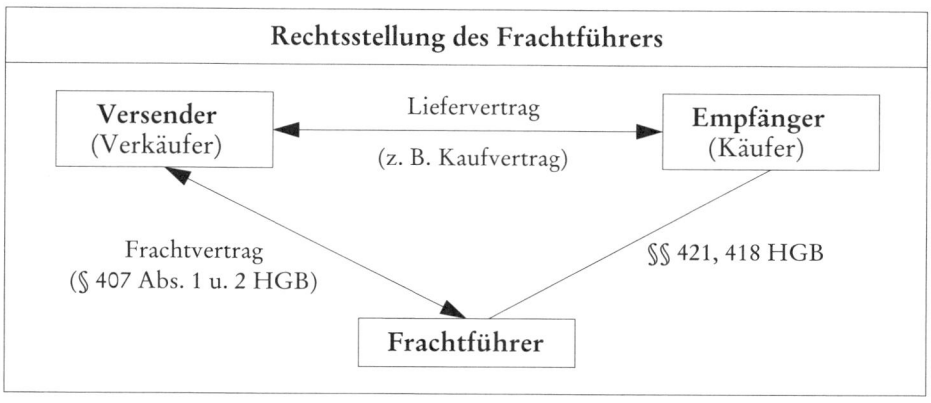

Abb. 10

c) Rechte und Pflichten des Frachtführers

Da in diesem Rahmen nur ein kurzer Überblick (s. o.) gegeben werden soll, werden die wichtigsten Rechte und Pflichten des Frachtführers sogleich anhand der nachfolgenden Übersicht dargestellt:

Übersicht 26

Rechte und Pflichten des Frachtführers		368
• Anspruch auf Zahlung der Vergütung durch den Absender nach Abschluss der Beförderung (§ 407 Abs. 2 HGB i. V. m. § 641 BGB)	• Beförderungs- und Ablieferungspflicht (§ 407 Abs. 1 HGB)	
• Anspruch auf Ausstellung von Frachtbrief und Übergabe von Begleitpapieren (§§ 408, 413 HGB)	• Befolgung von Weisungen des Absenders bis zur Ablieferung (§ 418 HGB)	
• Anspruch auf Aufwendungsersatz (§§ 675, 670 BGB)	• Sorgfaltspflicht: arg. aus § 425 HGB	
• Gesetzliches Pfandrecht mit Vorrang (§§ 441–443 HGB)	• Bei Verstoß Pflicht zur Haftung gem. § 425 Abs. 1 HGB	
	• Pflicht zur Beachtung der Rechte des Empfängers (§ 421 HGB)	

d) Beförderung von Umzugsgut

Die §§ 451–451h HGB passen die aus den allgemeinen Vorschriften folgenden **369** Rechte und Pflichten an die Besonderheiten des Umzugsgeschäfts an. Gem. § 451 a Abs. 1 HGB umfassen die Pflichten des Frachtführers auch das Ab- und

171

Aufbauen der Möbel sowie das Ver- und Entladen des Umzugsguts. Besonderheiten ergeben sich namentlich in Haftungsfragen (vgl. §§ 451c–d und g HGB).

e) Beförderung mit verschiedenartigen Beförderungsmitteln

370 Die Sonderregeln der §§ 452–452d HGB beziehen sich auf den Transport, der aufgrund eines einheitlichen Frachtvertrags mit verschiedenartigen Beförderungsmitteln durchgeführt wird (»multimodaler Transport«).

2. Das Speditionsgeschäft

371 Das Speditionsgeschäft ist im Fünften Abschnitt des Vierten Buchs des HGB in den §§ 453–466 (Vorschriften ganz lesen!) neu geregelt. Diese Vorschriften gelten gem. § 453 Abs. 3 S. 1 HGB nur, wenn die Besorgung der Versendung zum Betrieb eines gewerblichen Unternehmens gehört. Die Kaufmannseigenschaft ist hierfür allerdings nicht erforderlich, d. h. die Vorschriften gelten – ebenso wie im Frachtrecht – auch für Kleingewerbetreibende, die auf eine Eintragung nach § 2 HGB verzichtet haben (§ 453 Abs. 3 S. 2 HGB).

a) Der Speditionsvertrag

372 Seiner Rechtsnatur nach ist der Speditionsvertrag ein spezieller entgeltlicher Geschäftsbesorgungsvertrag i. S. v. § 675 BGB, auf den neben den genannten §§ 453–466 HGB vor allem die im Zuge der Transportrechtsreform neugefassten Allgemeinen Deutschen Spediteurbedingungen (ADSp)[271] Anwendung finden.

Durch den Speditionsvertrag wird der Spediteur gem. § 453 Abs. 1 HGB verpflichtet, die Versendung des Gutes zu besorgen. Das bedeutet grundsätzlich, dass der Spediteur die Beförderung nicht selbst vornimmt, sondern diese einem Frachtführer überlässt. Mit diesem schließt er einen eigenen Frachtvertrag, sofern er nicht von seinem Selbsteintrittsrecht nach § 458 HGB Gebrauch macht. Im Regelfall ist derjenige, der im allgemeinen Sprachgebrauch als »Spediteur« bezeichnet wird, in der juristischen Wirklichkeit ein Frachtführer, da er die Beförderung des Gutes durchführt. Der Wortlaut von § 453 Abs. 1 HGB wäre weniger missverständlich, wenn der Gesetzgeber den Spediteur durch den Speditionsvertrag verpflichtet hätte, »*für* die Versendung des Gutes zu *sorgen*« (statt sie zu *besorgen*)!

b) Die Rechtsstellung des Spediteurs

373 Der Spediteur »besorgt« die Versendung des Gutes im Regelfall also dadurch, dass er im eigenen Namen (also nicht in Vertretung, aber auf Rechnung seines Kunden) einen Frachtvertrag abschließt.

---

271 Abgedruckt bei *Müglich*, Anhang, Anlage 10.

■ An welche Konstellation erinnert Sie das: Jemand handelt im eigenen Namen auf fremde Rechnung?

▷ Dieser Konstellation sind Sie, wenn Sie dieses Buch bis hier durchgearbeitet haben, noch vor kurzem begegnet: Die Rechtsstellung des Spediteurs ist insofern der des Kommissionärs ähnlich.

Prägen Sie sich die Rechtsstellung des Spediteurs anhand der folgenden grafischen Skizze ein:

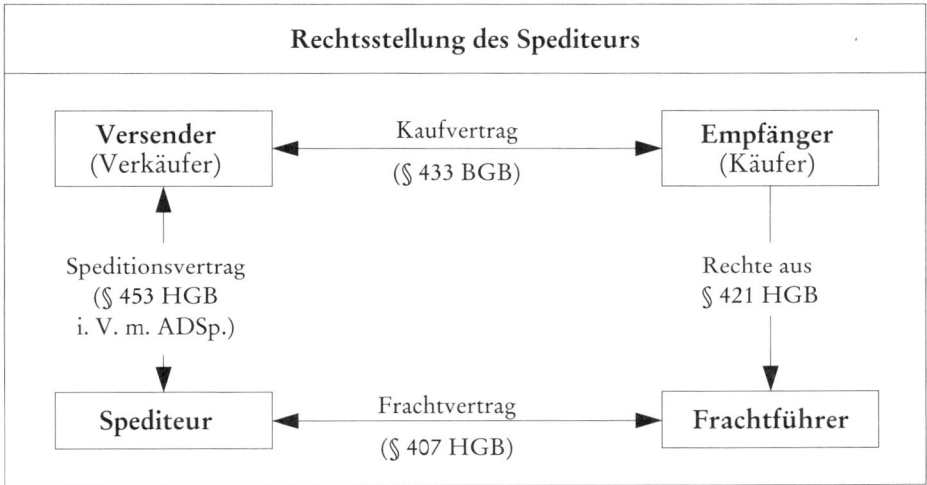

Abb. 11

c) Rechte und Pflichten des Spediteurs

Der Hauptpflicht des Spediteurs aus § 453 Abs. 1 HGB, »die Versendung des **374** Gutes zu besorgen«, folgt das Recht aus § 453 Abs. 2 HGB, vom Versender die vereinbarte Vergütung zu verlangen, die fällig wird, wenn das Gut dem Frachtführer oder Verfrachter übergeben worden ist (§ 456 HGB).

Die wichtigsten Rechte und Pflichten des Spediteurs ergeben sich aus

Übersicht 27

Rechte und Pflichten des Spediteurs	
• Vergütungsanspruch: § 453 Abs. 2 HGB (Fälligkeit § 456 HGB)	• Besorgung der Versendung: § 454 Abs. 1 i. V. m. § 453 HGB
• Anspruch auf Aufwendungsersatz: § 455 Abs. 2 HGB (ggf. auch §§ 675, 670 BGB)	• Wahrnehmung von Interessen des Versenders: § 454 Abs. 4 HGB
• Gesetzliches Pfandrecht am Speditionsgut: § 464 HGB	• Befolgung von Weisungen des Versenders: § 454 Abs. 4 HGB
• Selbsteintrittsrecht: § 458 HGB	• Sorgfaltspflichten, deren Verletzung zur Haftung des Spediteurs führen kann: § 461 HGB
	• Haftung für andere: § 462 HGB

3. Das Lagergeschäft

375 Das Lagergeschäft ist im Sechsten Abschnitt des Vierten Buchs des HGB in den §§ 467–475h geregelt.

Begrifflich gehört das Lagergeschäft eigentlich nicht mehr zu den Transportgeschäften, da es sich dabei um einen *Verwahrungsvertrag* (vgl. §§ 688 ff. BGB) handelt. In manchen Lehrbüchern wird es daher in einem eigenen Abschnitt außerhalb der Transportgeschäfte behandelt, in vielen Grundrissen (wie auch hier) unter der Rubrik Transportgeschäfte dargestellt. Dies mag insofern gerechtfertigt erscheinen, als die Lagerung des Gutes regelmäßig seinen Transport voraussetzt.

a) Der Lagervertrag

376 Durch den Lagervertrag wird der Verwahrer, der hier *Lagerhalter* heißt, gem. § 467 Abs. 1 HGB verpflichtet, das Gut zu lagern und aufzubewahren.

Der Hinterleger bzw. der *Einlagerer* hat dafür eine Vergütung zu zahlen (§ 467 Abs. 2 HGB).

b) Die Rechtsstellung des Lagerhalters

377 Zwischen Lagerhalter und Einlagerer bestehen unmittelbare Vertragsbeziehungen, aus denen sich für die Rechtsstellung des Lagerhalters keine Besonderheiten

wie bei den Dreiecksbeziehungen (oder gar Vierecksbeziehungen, vgl. Abb. 11) von Frachtführer und Spediteur ergeben.

c) Rechte und Pflichten der Vertragsparteien

Neben der Einlagerungs- und Aufbewahrungspflicht gem. § 467 Abs. 1 HGB hat **378** der Lagerhalter die Pflicht, dem Einlagerer die Besichtigung des Gutes, die Entnahme von Proben und die zur Erhaltung des Gutes notwendigen Handlungen während der Geschäftsstunden zu gestatten (§ 471 Abs. 1 S. 1 HGB). Grundsätzlich hat der Lagerhalter keine Pflicht zur Erhaltung des Gutes, ist aber gem. § 471 Abs. 1 S. 2 HGB dazu berechtigt. Im Fall einer Sammellagerung (§ 469 HGB) wird aus dieser Berechtigung indessen eine Verpflichtung (§ 471 Abs. 1 S. 2 HGB). Neu ist die in § 471 Abs. 2 HGB begründete Pflicht des Lagerhalters, den Einlagerer zu unterrichten und Weisungen einzuholen, wenn nach dem Empfang Veränderungen an dem Gut entstanden oder zu befürchten sind.

Der Einlagerer ist außer zur Zahlung der vereinbarten Vergütung (§ 467 Abs. 2 HGB) gem. § 468 Abs. 1 S. 1 HGB verpflichtet, den Lagerhalter rechtzeitig zu informieren, wenn gefährliches Gut eingelagert werden soll. Soweit erforderlich hat der Einlagerer das Gut zu verpacken und zu kennzeichnen (§ 468 Abs. 1 S. 2), sofern er nicht »Verbraucher« i. S. v. § 13 BGB ist (§ 468 Abs. 2 HGB).

Gem. § 475b HGB hat der Lagerhalter ein gesetzliches Pfandrecht an dem eingelagerten Gut.

Literatur zur Vertiefung (Rdnrn. 336–378):

Alpmann u. Schmidt, HR, 7. Abschnitt, 2.–5.; *Bellardita*, Fachanwalt: Einführung in das Transport- und Speditionsrecht, JuS 2006, 136; *Brox/Henssler*, §§ 21–24; *Bülow*, Zweiter Abschnitt, B I, C II, D; *Herber*, Die Neuregelung des deutschen Transportrechts, NJW 1998, 3297; *Homann*, Die Drittschschadensliquidation beim Versendungskauf, JA 1999, 978; *Gran*, Die Rechtsprechung zum Transportrecht in den Jahren 2002–2004; NJW 2004, 2064; *Jung*, Kap. 11 und 12; *Müglich*, Einführung I–III (Rdnr. 1–24); *Oetker*, §§ 9, 10; *ders.*, Versendungskauf, Frachtrecht und Drittschadensliquidation, JuS 2001, 833; *Roth*, § 32; *Schünemann*, B I 3–6; *Wieske*, Einführung 1–4; *Zerres*, X.

Zur Selbstkontrolle:

Ob und wie gut Sie den Inhalt dieses Buchs verstanden haben, können Sie feststellen, wenn Sie Ihr Wissen anhand von den Fragen 776–899 in *Wörlen/Metzler-Müller* (Zivilrecht – 1000 Fragen und Antworten ..., vgl. Literaturverzeichnis = Carl Heymanns Verlag) überprüfen.

Sachregister

(Die Zahlen beziehen sich auf die Randnummern.)

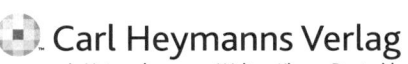